见证中华民族复兴之路

《复兴之路》展览文物细说

黄黎 编著

中共党史出版社

图书在版编目(CIP)数据

见证中华民族复兴之路:《复兴之路》展览文物细说/黄黎编著.
—北京:中共党史出版社,2017.1
ISBN 978-7-5098-3963-8

Ⅰ.①见… Ⅱ.①黄… Ⅲ.①历史文物－中国－近现代－图集
Ⅳ.①K871.602

中国版本图书馆 CIP 数据核字(2016)第 276676 号

出版发行:**中共党史出版社**
责任编辑:李亚平
复　　审:黄　艳
终　　审:汪晓军
责任校对:龚秀华
责任印制:谷智宇
责任监制:贺冬英
社　　址:北京市海淀区芙蓉里南街6号院1号楼
邮　　编:100080
网　　址:www.dscbs.com
经　　销:新华书店
印　　刷:北京盛通印刷股份有限公司
开　　本:170mm×240mm　1/16
字　　数:220 千字
印　　张:19.5
印　　数:1－4055 册
版　　次:2017 年 1 月第 1 版
印　　次:2017 年 1 月第 1 次印刷
ISBN 978-7-5098-3963-8
定　　价:60.00 元

此书如有印制质量问题,请与中共党史出版社出版业务部联系
电话:010－82517197

前　言

    2013年6月25日，习近平总书记在主持政治局集体学习时强调，历史是最好的教科书。学习党史、国史，是坚持和发展中国特色社会主义、把党和国家各项事业继续推向前进的必修课。这门功课不仅必修，而且必须修好。

    作为中华优秀历史文化遗产的重要组成部分，革命文物是最富感染力和说服力的爱国主义教材。做好新形势下革命文物工作，充分发挥革命文物教育作用，是弘扬光荣革命传统，推动中华民族伟大复兴的重要组成部分。然而，目前革命文物的社会教育功能并没有被充分利用与发掘，观众无法进行深度阅读，笔者感到有些遗憾。

    本书以中华民族的复兴之路作为线索，以《复兴之路》展览中精选的文物为载体，讲述了一连串不寻常的事件，而这些事件往往被认为是构成了中国革命进程的主要片段。

    在复兴之路的征途中，每一件文物都有自己的故事，也是那个时代的缩影。应该说，本书讲述中国革命历史的角度是独特的，从"虎门大炮"这个具有一个时代象征意义的文物开始，古老的历史积淀和近代的革命洪流就开始不断地撞击、交融，并顺理成章地开启了中国近现代史和民族复兴的伟大历程。可以说，无论历史如何变迁，对党和人民无限忠诚，保持先进、纯洁和优秀，始终是共产党人在复兴之路上如磐的根和不变的魂。

本书的写作目的，是希望读者通过阅读本书，重新拾起记忆的碎片，让那段渐渐模糊的历史，重新变得清晰起来，与中国共产党人一道，在复兴之路上砥砺前行。

目录

– 01 –

虎门大炮

从康乾盛世之后，清王朝逐渐走向衰落。18世纪末期，英国把大量鸦片非法输入中国。鸦片俗称大烟，含有大量吗啡和尼古丁，是一种吸上了瘾就不易戒绝的毒品。源源输入的鸦片，不仅在生理上、精神上毒害中国人民，而且使白银大量外流，导致国敝民穷。

对于鸦片的危害，清王朝的统治者早有认识，乾隆曾严令国内商人、官吏不得贩卖鸦片，违者处以徒刑。嘉庆时也屡次颁布禁烟令，对吸食贩卖者的刑罚亦不断加重。然而，由于清王朝的吏治腐败和外国鸦片烟贩子的破坏，使得这些禁烟令几乎形同虚设。

道光帝即位之时，正值清王朝日趋衰落，内外交困，鸦片贸易甚为严重，不仅损害吸食者的健康，而且造成白银外流，直接破坏社会生产。为挽救国家财政危机，道光帝多次发布严禁鸦片的命令，查拿烟贩，禁民吸食，对地方官查拿鸦片不力者，订立议处失察条例。道光十一年，他又命两广总督李鸿宾等"务将来源杜绝，以尽根株，勿令流入内地，以除后患"。道光十二年八月，又谕令各省督抚提镇严禁陆路水师将弁兵丁吸食鸦片。但这些禁烟措施并未能遏止鸦片流毒的汹涌泛滥，清王朝统治集团内部围绕着禁烟的争论日益激化。

1834年，两艘英国军舰闯入广东省内河，炮击虎门炮台。为了加强海防，道光帝特授关天培为广东水师提督。关天培，字仲因，号滋圃，1781年出生于江苏山阳（今淮安）的一个行伍家庭。1803年，关天培考取武庠生，升千总，历任扬州营守备、苏松镇标左营游击、川沙营参将等职。1827年，关天培被特旨补授苏松镇总兵，1833年署江南提督，在朝廷官员中颇有誉辞。上任伊始，关天培就亲往各口岸，考察炮台，布置防务。在调查了解的基础上，他明确指出：虎门是通往广州的必经之地，东为沙角，西为大角，是第一重门户；进口不远，有横档山屹立中央，将海道一分为二，其左一条以南岸山为岸，系船只出入之道，是第二重门户；由此再进口数里，为大虎山炮台，西面为狮子洋，是第三重门户。

为了加强海防力量，关天培把虎门炮台的大炮增加到40门，还在南山与横档山之间，设置木排铁链，用以阻止前来侵犯的敌船。同时，关天培加强对水师的严格训练，将虎门要塞的详图、战阵图以及有关广东海防的资料汇集成册，编为《筹海初集》四卷，体现了他关心时事，抵御侵略的海防思想。

随着形势的发展，在鸦片贸易将导致民族危亡的严峻现实面前，特别是在广东这个鸦片走私贸易首当其冲的关口，在经过一番认真的调查研究后，邓廷桢改变了自己过去的弛禁主张，开始认真执行严禁政策。

1837年，英国商务监督义律与鸦片贩子查顿、颠地、马地臣等人蓄意破坏鸦片禁令，敦促英国当时的资产阶级政府派兵舰，以武力威胁中国开烟禁，扩大鸦片贸易并使之合法化。面对义律的无理挑衅，邓廷桢予以严厉的谴责，他坚持寸步不让的方针，迫使义律不得不退出广州。与此同时，邓廷桢认真组织广东水师加强海防。他通过明查暗访封闭了数百个内地窑口，捕获走私和滞留在内河、内洋的船只，禁止内地走私船和任何船只与那些长期停泊在内、外洋的鸦片趸船靠近，使英国鸦片趸船无法出售鸦片。

不仅如此，邓廷桢还督促水师提督关天培在沙角设提督署驻守，密切监视和控制中路海口，并与关天培涉海登山，周密设计虎门三道防线的建设。第一次鸦片战争前夕，虎门海口旧有及新建的炮台，总共有新涌、大角、沙角、镇远、南山（亦称威远）、靖远、横档、大虎、蕉门、永安、巩固炮台11座。各炮均有专门器械的配备，每门大炮除有樟木炮架及"人"字形木板炮罩各一具外，并设炮铲、舂药木棍、麻帚、炮门铁针、铅星斗、撑炮木棍、火龙杆（点炮用）、皮巴掌、炮眼盖等工具。

1839年3月10日，林则徐被任命为钦差大臣，赴广东查办鸦片。邓廷桢予以积极的支持，成为林则徐在广东推动禁烟的亲密合作者。他们在短期内成功地缉拿了内地鸦片烟贩，查抄了窑口，打击和驱逐了武装鸦片趸船，在虎门亲自监督缴收了二万余箱、袋，共计200多万斤重的鸦片。

6月3日至25日，近两万箱鸦片被全部销毁了。这一壮举，大长了中国人民的志气，灭了外国侵略者的威风，向全世界宣告了中国禁烟的正义性。在奏折中，林则徐详细叙述了在虎门销毁英国鸦片的激动人心的场面，以至于道光皇帝看得热血沸腾，提笔朱批道："大快人心一事。"

在虎门海防的建设中，邓廷桢、关天培与林则徐相互配合得很好，

对保证虎门销烟取得成功，作出了很大贡献。正当他们加紧布防之时，英国侵略者伺机挑起了衅端。1839年9月4日，英国的九艘军舰驶抵九龙，与广东水师发生冲突，被关天培率部击退。11月，英舰又发动突然袭击，首先向广东水师开炮，关天培亲自督战，击退了敌舰的数次进攻。

1840年，英国政府借口"保护通商口岸"，派兵侵略中国，鸦片战争爆发。清政府被洋枪洋炮吓破了胆，把林则徐革职并派主降派直隶总督琦善代替林则徐任钦差大臣前往广东，并令邓廷桢立即由闽浙总督任内折回广东听候处理。

1841年1月7日，英军攻占了大角、沙角炮台，虎门的第一重门户洞开，要塞失去屏障，形势十分危急。关天培深知虎门的战略地位，亲自坐镇指挥。2月26日，英军向虎门大举进攻。面对强敌，关天培毫无惧色，他身先士卒，率先死战，亲自燃放大炮，多次击退英军的进攻。终因寡不敌众，援兵不至，关天培与部下400余名将士全部壮烈牺牲。

1842年8月29日，在英国的坚船

利炮威胁下，清政府被迫签订了第一个丧权辱国的不平等条约——中英《南京条约》。《南京条约》签订以后，各帝国主义国家纷纷效尤，通过各种手段，强迫中国签订了一系列不平等条约。从此，中国开始沦为半殖民地半封建社会。

在第一次鸦片战争期间，虎门海口各炮台大炮，曾给予英国侵略军沉重的打击。正因为这样，虎门各炮台在相继被英军占领后，都遭到了严重破坏。英国侵略军除拆毁台址外，更多的是将人炮的炮耳击毁。炮耳，位于大炮炮身左右两侧，其作用在于依附炮座支撑炮身平衡，以及调整射程角度和距离（这种调整，最大限度只能使炮口上下仰俯而不能左右摆动），如果炮耳任失其一，则大炮作用全失。

在国家博物馆《复兴之路》展厅里，陈列着一门长达2.5米，重达3000斤的大铁炮。这尊铁炮就是邓廷桢和关天培当年监制的，由纯铁铸成。炮身为筒形，前小后大，两侧有耳轴，炮脊表面镌刻有"道光十六年七月""炮重三千斤"等楷书阳文，记载了铸造年代、督造者、铸造者以及大炮的重量等信息。炮身的斑斑锈蚀以及累累伤痕仿佛在向观众诉说着当年它曾见证过的一段屈辱的历史。

◇ 邓廷桢和关天培等人监制的虎门大炮

- 02 -

三元里人民抗英斗争中的指挥旗

1841年5月，广州被占领以后，清军跟英国人私下里签订了出卖祖国的《广州和约》。这就让英国人觉得自己是胜利者，使得他们的气焰十分嚣张。英军占领广州城外炮台后，经常到附近各乡，尤其是泥城、西村、三元里、萧冈一带村落为非作歹。他们打破百姓门户，抢夺耕牛以及猪狗鸡鸭，搜索衣物和钱财，掠夺粮食，奸淫妇女，甚至盗掘坟墓，杀人放火。在国难家仇面前，广州人民纷纷行动起来，进行了保卫家园的英勇抗争。清代爱国诗人张维屏在一首诗中写道："三元里前声若雷，千众万众同时来。因义生愤愤生勇，乡民合力强徒摧。"这首诗写出了鸦片战争初期广州人民在三元里围攻英国侵略军的实况。

1841年5月29日，一小股英军跑到三元里一带骚扰。侵略者调戏农民韦绍光的新婚妻子，韦绍光忍无可忍，带领乡亲们一起抄起扁担、锄头等冲了过去，当场打死几名英军。估计敌军定会前来报复，5月30日清晨，村民们在村北的三元古庙前集会，群情激昂，决定武装抗击，并即与各乡联络，由萧岗举人何玉成"柬传"广州东北郊、南海、番禺、增城各乡联合抗敌。于是，各乡代表在韦绍光率领下，众志成城，齐聚庙前誓师，以庙里的三星旗作指挥旗，组织一个专门对付英国人的"平英团"，以防备英国强盗的报复行为。

现在国家博物馆《复兴之路》展览中展出的黑底镶白牙边的"三星旗"，原是北帝庙内的旗帜。相传北帝庙的旗帜曾经是"七星旗"，后因以三元里为中心召集各乡民众，改用"三星旗"。"三星旗"还象征着天时、地利、人和，人们把胜利的希望寄托在这面旗上，共同约定："旗进人进，旗退人退。脚踏故土，头顶苍天，杀绝英夷，打死无怨!"表达了与侵略者誓死战斗到底的决心。

平英团建立起来以后，韦绍光立刻派人去联络周围各乡各村老百姓，大家听说要联合起来一起打洋鬼子，都非常高兴。于是，一传十，十传百，很快就联络起了许多乡村的

◇ 三元里人民抗英斗争中的指挥旗

人。就连当地许多有名望的文人和乡绅，也因为恨透了洋鬼子，参加了平英团。当天下午，三元里附近乡村的代表，以及丝织工人和打石工人的代表，都来到了三元里商量打击英军的办法。大家决定，把守在四方炮台里的英军引到牛栏冈一带，利用该处复杂地形打他一个伏击。牛栏冈离广州城12里，在三元里以北，是番禺、南海两县的交界处，丘陵起伏，地势险要，适宜于打伏击战。三元里人民提前把妇女儿童迁往西海搓头、潭村一带，15岁以上60岁以下的男子都做好了轻装杀敌的准备。

5月30日上午10时，四方炮台的警号频传，英军惊恐地发现一支上千人的队伍，手执长矛、大刀、藤牌、铁棍等兵器，杀向四方炮台。一开始的时候，英军的统帅卧乌古被这震天动地的呐喊声吓了一跳，可当看到冲过来的只不过是中国老百姓的时候，他又放心了。在他眼里，这些人只不过是一群合之众，没

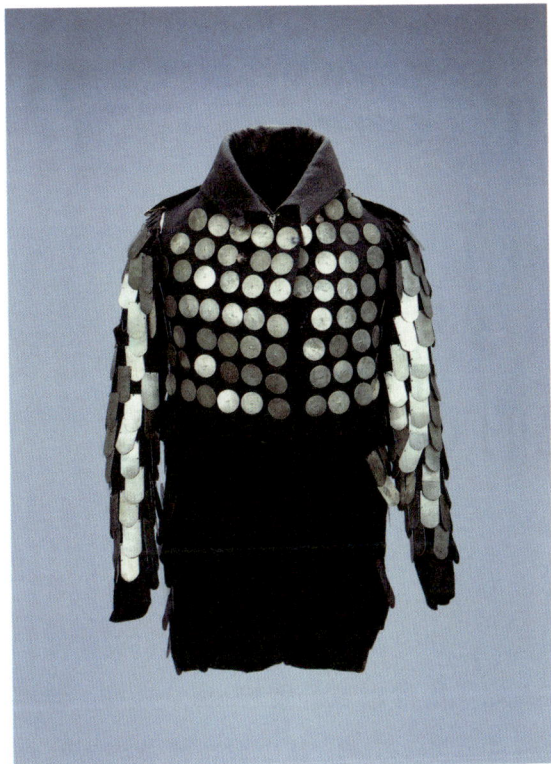

◇　三元里人民抗英斗争中缴获的英军服装

什么可怕的。于是，他就下令，带着600多名士兵从四方炮台里杀了出去。

韦绍光见英军果然冲出了炮台，就把手里的三星旗一挥，按照事先布置好的方案，引着英军边打边退，来到了牛栏冈。跑在前面的好几千名老百姓，来到这个地方以后，突然一下子全都不见了。卧乌古这才发现上当了，这里是一片丘陵地带，道路非常难走，心里感到情况不妙。

不是，他立刻下令后撤。这时，只听号角声突然响了起来，满山遍野的义勇高举义旗，手提大刀、长矛、藤牌、三尖枪、挠钩、长棍、抬枪以及锄头等原始武器，追歼敌人。连妇女、儿童也在呐喊助威。除当地农民外，前来参战的还有打石和纺织工人、驻防石井的水勇等。中午的时候，天空突然间下起了暴雨、电闪雷鸣，使得敌人的火药枪在雨淋之下不能开火，敌人只得结成方队退却。村民们用挠钩把敌人从队伍中拖出来劈死，或用锄头将陷在西洋菜田泥泞里的敌兵锄死。

凭着天时、地利、人和的绝对优势，中国的老百姓打得英国鬼子四散奔逃，无处躲藏。直到天黑以后，卧乌古才在义律的援兵接应下，逃回了四方炮台。

三元里人民抗英斗争的胜利，揭开了近代中国人民反侵略斗争的序幕，在中国革命史上写下了不朽的篇章。为纪念这一英雄壮举，当年三元里人民抗英的三元古庙遗址于1958年月11月被辟为三元里人民抗英斗争史料陈列馆，附近立有1950年10月1日建成的三元里人民抗英烈士纪念碑，碑上写着："一八四一年广州人民在三元里反抗英帝国主义侵略斗争牺牲的烈士们永垂不朽！"

- 03 -

魏源和他的《海国图志》

近代以来，中国的仁人志士为实现强国之梦不断吸收先进思想。这是"复兴之路"展览展出的《海国图志》。其蓝本是林则徐主编的《四洲志》。

1839年，以钦差大臣身份赴广州的林则徐，在查禁鸦片的同时，积极探求域外大势，派人收集、翻译外文资料，其中就包括英国人慕瑞所著《世界地理大全》。《四洲志》

◇ 魏源和他的《海国图志》

简述了世界四大洲30多个国家的地理、历史、政情，是当时中国第一部较系统的世界地理志。1841年6月，林则徐被流放新疆，途经镇江时，魏源尽地主之谊，热情款待，朝夕相谈。林则徐将书稿交给魏源，希望他在此基础上编写一部合乎中国人需求的世界概览。

魏源没有辜负林则徐的期待，他以《四洲志》为基础，广泛搜集整理新旧资料，编成《海国图志》50卷，1843年初版于扬州。此后，在地理学家邹汉勋、汪士铎等人协助下，1847年增补为60卷本，1851年扩充为100卷本。随着对西方资本主义了解的加深，到百卷本出版时，魏源开始更多地关注西方的民主政体，详细介绍了英国的君主立宪政体和美国的民主共和制度。这无疑是一种进步倾向，反映了魏源对封建专治制度的不满和对西方民主制度的向往。

为什么要编撰此书？魏源在《海国图志》的序中讲得非常清楚："是书何以作？曰：为以夷攻夷而作，为以夷款夷而作，为师夷长技以制夷而作。"可以看出，鸦片战争的失败给魏源造成巨大的心灵震撼，他发出了"哀民生之艰辛，忧军事之衰弱，愤吏治之腐败，忧人才之空泛和虚患"的呼喊，也正是以这种忧患意识为起点，他开始了向西方寻求真理的艰难跋涉，从而写出了《海国图志》这一影响深远的历史巨著。

《海国图志》主旨是"师夷长技"，全书以"夷"为中心，介绍了世界各地的地理、历史、技术、政治、军事、文化、教育等各种情况。全书大致可以分成六个部分：第一部分为《筹海》四篇。从议守、议战、议款三个方面，总结了鸦片战争失败的经验教训并提出了作者对"师夷长技"的看法与见解；第二部分介绍了各国乃至世界的各种地图，突破了腐朽传统的"中国为天下中心"的封建落后思想；第三部分展现了世界各国的地理位置及环境、政治制度、物产资源、宗教信仰、历史文化、风土人情、历史沿革等，并比较了中国与西方的历法、纪年对照通表等；第四部是有关鸦片战争的档案材料及林则徐组织翻译的国外情报资料；第五部分则是船、枪、炮等先进武器的制造样图、望远镜的制作方法、西洋技艺及测量工具等技术；第六部分系统介绍了地球现状、运行规律等西方天文知识，并且宣传了哥白尼的太阳中心学说。

《海国图志》打破了传统的文化价值观，摒弃了天圆地方、天朝中心、九州八荒的腐朽观念，建立了五大洲、四大洋的全新世界史地观念，传播了西方先进的近代自然科学技术知识，扩展了国人的视野。《海国图志》是中国近代史上最重要的一部巨作，对清后期保守派提倡的洋务运动起到了直接推动作用。尤其是洋务运动兴起的前期，清政府正式成立了中国第一所正式的外语学校——京师同文馆。学员们开始正式、系统、有针对性地学习英文、俄文、德文，在掌握外文的前提下，翻译出了更多西方的天文、化学、测地、物理、医学、史地等各种自然科学知识，促进了国人们更全面地认识西方，尤其是使得先进知识分子们能够在乱世中积极寻求救国救民的改革道路。

《海国图志》及魏源所阐发的"师夷长技以制夷"的思想在中国近代历史上产生了深远的影响，从鸦片战争结束到清末留学生运动兴起，在不到60年的时间里，就连续刊刻9次，刊行地点东起江海，西迄巴蜀，南及湘粤，北达甘陇，比较流行的版本有十几种之多。1851年，《海国图志》的前60卷传入中国的邻国—— 日本，随后，1854年，增补的百卷也出现在日本各地。在1854至1856年期间，日本出版的各种不同版本《海国图志》多达21种之多。造成这一现象的主要原因是该书深刻启发了日本人的近代意识，让日本人了解到西方的长处，并为不久后开展的明治维新作出了贡献。

- 04 -

洪秀全的玉玺

太平天国是洪秀全所领导的太平天国农民运动建立起来的农民政权，这次农民运动也达到了旧式农民运动的最高峰。

洪秀全1814年生于耕读世家，7岁起在村中私塾上学，熟读四书五经及其他一些古籍。村中父老都看好洪秀全，认为他将来一定能够考取功名，光宗耀祖。可是天不遂人愿，洪秀全在童生试中的广州府试中三次落选，此时他已是25岁，因经受不住打击回家后大病一场。病中幻觉有一老人对他说：奉上天的旨意，命他到人间来斩妖除魔。从此，洪秀全言语沉默，举止怪异。但洪秀全还不甘心考试的失败，于1843年春天，再次参加了广州府试，结果还是以落选告终。

一次偶然的机会，洪秀全翻阅以前在广州应试时收到的基督徒梁发的《劝世良言》一书，详读后被基督教义所感动，萌发了信奉上帝、追求人人平等的观念。他把书中内容与自己以前大病时的幻觉对比，认为，自己受上帝之命下凡诛妖，于是抛开孔孟之书，改信基督教，把家里的孔子牌位也换成了上帝牌位，虽然未曾读过《圣经》，但他却开始逢人便宣传他所理解的基督教教义，并自命为"拜上帝教"，而他本人则成了上帝的二儿子、耶稣的弟弟。最初，他在广州附近传教，但成效甚微，于是，他说动好友冯云山同毁了孔子牌位，改奉基督教，并向乡亲传播教义。其后，他又编写了《原道救世歌》等布道诗文，抨击社会不公现象，呼吁按照基督教教义建立"天下一家，共享太平"的新世界。

1844年，洪秀全和冯云山转至广西一带传教，使当地的信徒日增。1845年至1846年间，在家乡的洪秀全写下《原道醒世训》《原道觉世训》《百正歌》等作品。1847年，洪秀全在广州的一所基督教堂学习了几个月，曾要求受洗，但教士认为，洪秀全对教义的认识不够而拒绝了。其后，他再到广西与冯云山会合，在冯云山的协助下，在广西桂平创立"拜上帝会"，吸收了杨秀清、萧朝贵、韦昌辉等2000人为会员，并陆续制定了拜上帝会的规条及仪式。

洪秀全的拜上帝会与地方政府的矛盾日渐加深，1851年初，洪秀全在广西桂平金田村宣布起义，建号"太平天国"，太平军遭到地主武装和清军的围追堵截，东奔西突。转战过程中，洪秀全在武宣东乡称"天王"。接着太平军北上，同年秋，攻占永安。太平天国在永安整顿建制分封王爵，初步建立了与清朝相对峙的政权。

建立了政权，太平天国自然少不了作为最高权力象征的玉玺，与历代帝王所不同的是，天王洪秀全有木、玉、金三方玺印。其中木玺珍藏于南京太平天国历史博物馆，约三寸见方，是天王批签奏章，批准印刷的常用印。三方玺印中最尊贵的是玉玺。天王玉玺现藏中国国家博物馆。据曾国藩《金陵克复全股悍贼尽数歼灭折》记载：清军攻陷天京时，从天王宫中缴获了这方玉玺，同时缴获的还有幼主玉玺一方，金玺一方。这三方玺被送往清朝军机处。清同治四年（1865）八月，金玺被清朝军机处章京刑部郎中萨隆阿盗走熔化成金条。而两方玺印保存至今，成为太平天国遗留下来的珍贵文物。

天王玉玺系用青玉制成，正方形，边长20.4厘米，高2.7厘米，纽高7.4厘米，纽背刻有云纹，纽侧刻双凤朝阳纹。玺文四周，上刻双凤朝阳纹，左右刻龙纹，下刻立水纹。玺文用宋体正书阳刻，共44字。玺文分为上下两部分：上部正中为"天父上帝"四个大字，竖读；两旁为"玉""玺"两个大字，又"太""平"两个小字；小字"太"的外面，有"恩和"两个大字，竖读；小字"平"的外面，有"辑睦"两个大字，竖读。下部为四言八句，自

◇ 太平天国天王
洪秀全的玉玺

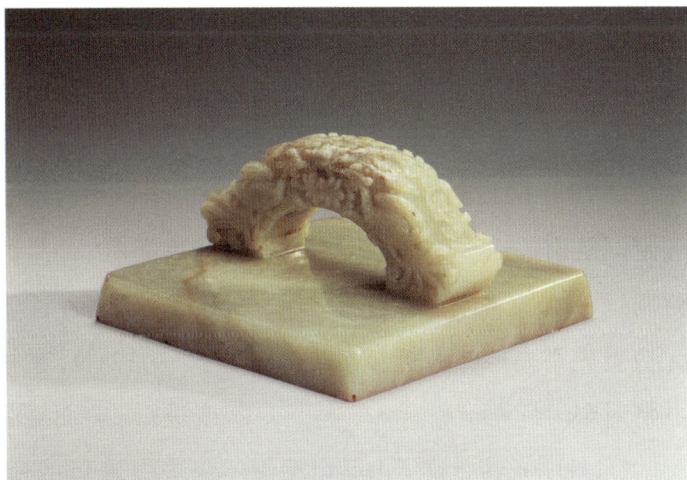

左至右，依次为"永定乾坤""八位万岁""救世幼主""天王洪日""天兄基督""主王舆笃""真王贵福""永锡天禄"。

此玉玺是太平天国政权的重要标志。1864年7月19日天京失陷，太平军突围，玉玺被湘军掳去，由曾国藩送交清廷军机处，存于方略馆。清亡后，由国立历史博物馆收藏。现在国家博物馆《复兴之路》展厅展出。

- 05 -

京师大学堂的牌匾

近代以来，为挽救中华民族危亡，先进的知识分子们大声疾呼变法自强，掀起了维新变法运动，京师大学堂就是在戊戌维新运动中诞生的。

1898年6月11日，光绪帝颁布《定国是诏》，正式宣布变法。诏书强调："京师大学堂为各行省之倡，尤应首先举办……以期人才辈出，共济时艰。"

7月3日，光绪批准了由梁启超代为起草的《奏拟京师大学堂章程》，这是中国近代高等教育最早的学制纲要。吏部尚书、协办大学士孙家鼐被任命为管理大学堂事务大臣，由于管学大臣既担负着创建京师大学堂的重任，又兼负管理全国新式学堂的职责，所以，孙家鼐既是京师大学堂第一任校长，也是中国历史上第一位教育部长。曾出任多国公使的许景澄和长期担任京师同文馆总教习的美国传教士丁韪良分别出任中学和西学总教习。

京师大学堂是中国近代史上第一所国立综合性大学，它既是全国最高学府，又是国家最高教育行政机关，统辖各省学堂。

9月21日，慈禧太后通过戊戌政变进行了全面复辟，百日维新失败，变法中施行的所有新政统统被废除。但耐人寻味的是，慈禧太后却保留了新政中正在艰难筹建的京师大学堂。当时在天津出版的《国闻报》曾记载说道："戊戌政变"后的"北京尘天粪地之中，所留一线光明，独有大学堂而已。"京师大学堂成为"戊戌政变"后唯一幸存者。这一极不寻常的现象，非常令人费解。于是，就有人去探索，去求解。虽然众说纷纭，但慈禧太后在其中起到的作用是毋庸置疑的。

在内忧外患面前，为了维护皇权，慈禧太后必须依靠顽固派与保守派。但在领导权以外的各项事务中，则必须依靠新人去办。在慈禧看来，原有的老臣勋旧虽有忠心，但却无办事能力。而有办事能力的人才，却是旧办法培养不出来的。所以，她对包括大学堂在内的全国各省兴办的大量新式学校，基本上也采取了宽容的态度，允许其继续存在与发展。"大学堂为培植人才之地，除京师及各省省会业已兴办外，其各州府县议设之小学堂，著该地方斟酌情形，听民自便。"

在慈禧太后的默许下，大学堂不仅被保留了下来，而且还得以继续筹建。1898年11月22日，地安门内马神庙空闲府第改建成了京师大学堂，首次正式招生，并于12月31日正式开学。这标志着我国从此拥有了第一所近代化的高等学府。

京师大学堂成立时，整修了旧房340多间。新建房130多间。正殿为大学讲堂，后院的二层楼为藏书楼，西院花园为学生宿舍。大学堂的大门上高悬有"大学堂"三字竖匾，现正在国家博物馆《复兴之路》展览中展出。

1900年，八国联军侵华，义和团运动爆发，大学堂难以维持，于8月3日被下令停办。

1902年，京师大学堂恢复，吏部尚书张百熙任

◇ 京师大学堂的牌匾

管学大臣。张百熙不拘成例，延揽人才，请吴汝纶和辜鸿铭任正副总教习，聘请两大翻译家严复和林纾分任大学堂译书局总办和副总办。创办于1862年洋务运动期间的京师同文馆并入大学堂，藏书楼也于同年重设。12月17日，京师大学堂举行开学典礼，各个方面开始步入正轨。大学堂首先举办速成科和预备科，速成科分仕学馆和师范馆，后者即是今天北京师范大学的前身。1904年，京师大学堂选派首批47名学生出国留学，这是中国高校派遣留学生的开始。

辛亥革命以后，京师大学堂于1912年5月15日改名为北京大学，严复出任校长。1917年，著名教育和民主主义革命家蔡元培出任北京大学校长，他提倡"循思想自由原则、取兼容并包之义"，对北京大学进行了思想解放和学术繁荣，北京大学从此日新月异。陈独秀、李大钊、毛泽东以及鲁迅、胡适等一批杰出人才都曾在北京大学任职或任教。

作为新文化运动的中心和五四运动的策源地，中国最早传播马克思主义和民主科学思想的发祥地，中国共产党最早的活动基地之一，北京大学为民族的振兴和解放、国家的建设和发展、社会的文明和进步做出了不可代替的贡献，在中国走向现代化的进程中起到了重要的先锋作用。爱国、进步、民主、科学的传统精神和勤奋、严谨、求实、创新的学风在这里生生不息、代代相传。

- 06 -

上海公共租界的界碑

1842年的中英《南京条约》规定，要开放广州、福州、厦门、宁波、上海五口通商，准许英国商人带家眷在通商口岸居住、贸易，并准许英国政府在五个口岸派驻领事、管事官"专理商贾事宜"。1843年10月，中英两国政府签订的《五口通商附粘善后条款》又称《虎门条约》，还具体规定由大清地方官与英国领事会同商定英人在通商口岸租地建屋的区域。

根据这些规定，1843年11月8日，英国首任驻上海领事巴富尔来到上海。11月17日，正式宣布上海开埠。巴富尔经过同上海道台宫慕久多次谈判。1845年11月29日，宫慕久以告示方式公布了这些协议，即《上海土地章程》，达成辟设英租界协议。在这一章程中规定了当时洋泾浜以北，李家场以南，黄浦江以西的地方，作为外人租地建屋地界的范围。

之所以被称为"英租界"，并不是因为这个地界只准英人租地建屋。《章程》的许多条文都十分明确地言明，该地界系供"洋商"（包括英商和其他国家的商人）租地建屋。该地界之所以称为"英租界"是因为章程系由上海道台和英领事签订，"他国商人愿在划归英商承租之洋泾浜界址内租地建房或赁屋居住、存货者，应先向英国领事官申请，借悉能否允准，以免误会"。

1846年，英租界的西界被确定在今河南路一带。1848年11月27日，英租界的西界推进到今西藏路。

1848年，苏州河北岸（今乍浦路街道、提篮桥街道一带）辟为美侨居留地，界线未定。

1853年9月7日，太平天国的分支小刀会发动农民起义占领了上海县城，当时的上海当地政府已经失去了对于本地治安和秩序的管理。1854年7月，英美法三国领事不合法地抛开中国政府，单方面修改土地章程，修改后的章程为租界建立自己的"政权"奠定了"法律基础"。7月13日，租界的"市政机关"正式产生。这个机关在英文中称为"市政委员会"，但在中文中却被翻译为"工部局"并长期使用。由于租界不受中国政府管辖，一些来自欧美国家的"冒险家"来到上海淘金，其中亦有不少恶行昭著的违法分子，因此上海也被称为"冒险家的乐园"。

1862年，法租界退出联合，自设公董局。

1863年6月，美租界界线划定，自护界河对岸之点（今西藏北路南端）起沿苏州河至黄浦江，沿杨树浦向北，再作一直线至护界河对岸起点为美国租界地。为了巩固和扩大在华特权，在美国驻沪领事西华德和美国旗昌洋行经理克宁瀚的策划下，美租界和英租界于1863年9月合并为上海公共租界（又名英美租界），统一由工部局管理。

1899年5月，上海公共租界大规模扩展，东面扩展至周家嘴（今平凉路军工路转角处）；北面的边

◇ 上海公共租界的界碑

界到达上海、宝山两县的交界处；西面一直扩展到静安寺。整个租界划分为中、北、东、西四个区，正式改称上海国际公共租界（简称公共租界）。

《复兴之路》展览中的这块界碑纵136厘米，横76厘米，就是当时界限的标示。碑文由英中两种文字组成，中文写道："此界石系由工部局董会同上海县王暨奉南洋大臣刘特派之两委员余、福按照苏松太道李于光绪二十五年三月二十九日所出推广公共租界告示内载之四址眼同定立。"

这里所说的福委员是指福开森，1886年从美国波士顿大学毕业后来华，当时年仅21岁。1888年，他在南京创办汇文书院并担任首任院长。1896年，出任南洋公学监院。他先后在上海办《新闻报》《英文时报》《亚洲文荟》，还曾担任过刘坤一、张之洞、端方和盛宣怀等人的政治顾问。

1899年的上海公共租界范围是：（一）北界苏州

河：从小沙渡起，直通泥城浜以西约七十码地点，再由该地向北，至上海、宝山两县交界处，然后沿该界线直至虹口浜，再由虹口浜向东，至顾家浜口；（二）东界黄浦江：从顾家浜至洋泾浜口；（三）南界洋泾浜：从浜口起，直达通泥城浜处，再由该处顺大西路之北支路路线向西，然后沿大西路至静安寺镇后之五圣庙；（四）西界从五圣庙向北，至苏州河畔之小沙渡。

在这个租界区域内，有美、英等帝国主义作为对中国商品和资本输出的洋行（如美国的旗昌、慎昌洋行，英国的怡和、沙逊洋行等）、公司（如美国的商务烟草公司、上海电气公司，英国的上海玻璃公司、颐中烟草公司等）、工厂（如美国的旗昌丝厂，英国的怡和丝厂、耶松船厂等）、银行（如美国的花旗、运通、大通银行，英国的汇丰、麦加利、有利银行等）企业。

为了保护帝国主义者的利益，在租界内还设立有华人监狱、犯人自新所（专门监禁中国儿童的监狱）、巡捕房、警务处、情报处、指纹处、会审公堂和专门的武装——万国商团等机构。

上海公共租界在中国租界史上是开辟最早、存在时间最长、面积最大、经济最繁荣、法律最完善、管理机构最庞大、发展最为充分的一个租界。今天美国最大的保险公司AIG和欧洲最大的银行汇丰银行分别于1919年及1865年创始于原上海公共租界。今天美国最大的金融集团摩根大通的首个亚洲分支机构及世界最大的会计师事务所普华永道在美国以外的首家分支机构均成立于原上海公共租界。

1943年，美英等国分别与重庆政府签订条约，宣布将上海租界交还中国。实际上，直至抗日战争胜利以后，上海租界才真正由中国政府收回。

- 07 -

陈天华的《警世钟》

毛泽东在1936年与美国友人埃德加·斯诺的谈话中，回忆少年时代读的一本讲革命的书对自己的影响时说："这本书谈到了日本占领朝鲜、台湾的经过……我读了以后，对国家的前途感到沮丧，开始意识到，国家兴亡，匹夫有责。"毛泽东说的这本书，就是盛行一时的《警世钟》，现正在《复兴之路》展览中展出，其作者是陈天华。

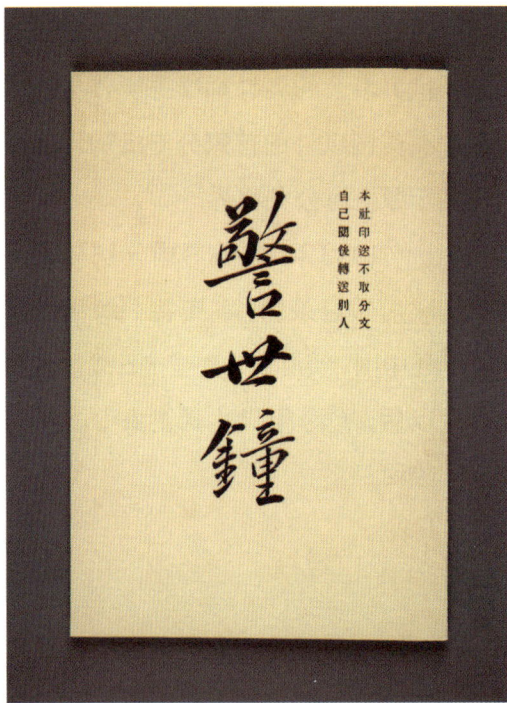

◇ 陈天华的《警世钟》

陈天华（1875—1905），字星台，号思黄，又号过庭，湖南新化县人。他父亲陈善，是个贫穷的村塾教师。1901年，当丧权辱国的《辛丑条约》签订的消息传来时，他悲痛万分，决心东渡日本，寻找救国图存的道路。

1903年3月，29岁的陈天华，由新化实业中学资助，作为官费留学生前往日本。到日本后，入东京弘文学院师范科学习。1903年秋，看到祖国"主权失矣，利权去矣"，他愤然写下《警世钟》。是年年底，回到湖南长沙，与黄兴组织华兴会。1904年，策划长沙起义失败后，再度去日本，入东京法政大学学习。1905年，参加孙中山发起的同盟会，并参与制定《军政府宣言》《革命方略》等文件。当时清政府暗中勾结日本政府，企图镇压革命活动，于1905年11月，由日本文部省颁布了一项"取缔清韩留学生规则"，激起了8000多留日学生罢课。由于罢课学生未能真正团结一致，同心对敌，最终抗议斗争失败。陈天华忧时感事，决心以死来警醒国人。12月7日深夜，他留下了近3000字的《绝命辞》，于第二天清晨，在东京大森海湾投海殉国，时年31岁。

1903年秋，陈天华蘸着革命激情挥笔写下《警世钟》时，鉴于当时的形势，他未签署真名，在题目上标有"最新新闻白话演说"八个字，署"神州痛哭人著"。《警世钟》，全书约2.3万字，分为30个自然段。在文言文风行的时代，陈天华大胆使用白话文，《警世钟》以说唱文艺形式出现，也是一种可贵的移风易俗的举动。文章开头，陈天华就惊呼

国破家亡的惨景即将来临。并明确指出，中国会面临这样的民族危亡的根子就在于清王朝的腐败。他还用大量的历史事实，指出中国这块肥肉，正被一群豺狼围住撕扯着、吞咽着，中国被豆剖瓜分了；清政府已是"洋人朝廷"了。而清政府已成为"洋人朝廷"这个根本性的问题，是陈天华最先公开指出的，真是"石破天惊"！这一观点的出现，在爱国人士中立即产生了巨大的影响，并形成一种新的觉悟——反封建必须反帝。陈天华以炽热的爱国感情，斩钉截铁地指出，必须万众一心，齐心杀敌！他进而引用古今中外一些以少胜多、以弱胜强的事例，来鼓舞全国人民的士气。他大声疾呼，要去掉"东亚病夫"的称号，全体国民必须注意锻炼身体。因为抗敌必须有强壮的身体、高超的技能和勇于报国的精神。

为了救中国，陈天华在《警世钟》恳切地告诫大家十个须知：第一，"须知这瓜分之祸，不但是亡国罢了，一定还要灭种。"第二，"须知各国就是瓜分了中国之后，必定仍旧留着满洲政府压制汉人。"第三，

"须知事到今日，断不能再讲预备救国了，只有死死苦战，才能救得中国。"第四，"须知这时多死几人，以后方能多救几人。"第五，"须知种族二字，最要认得明白，分得清楚。"第六，"须知国家是人人有份的，万不可丝毫不管，随他怎样的。"第七，"须知要拒外人，须要先学外人的长处。"第八，"须知要想自强，当先去掉自己的短处。"第九，"须知必定用文明排外，不可用野蛮排外。"第十，"须知这排外事业，无有了时。"接着，他又提出十条奉劝：第一，奉劝做官的人，要尽忠报国。第二，奉劝当兵的人，要舍生取义。第三，奉劝世家贵族，毁家纾难。第四，奉劝读书士子，明是会说，必要会行。第五，奉劝富裕的人，舍得出钱。第六，奉劝穷人，舍得出力，不怕丢失生命。第七，奉劝新、旧两党，各除意见，共抵外侮。第八，奉劝江湖朋友，互相联络。第九，奉劝教民当以爱国为主。第十，奉劝妇女必定也要想救国。

书的末尾，陈天华慷慨激昂地说："醒来！醒来！快快醒来！快快醒来！不要睡的像死人一般。同胞！同胞！虽然我知道我所最亲最爱的同胞，不过从前深处黑暗，没有闻过这等道理。一经闻过，这爱国的心，一定就要发达了，这救国的事，一定就要担任了。前死后继，百折不回，我汉种一定能够建立个极完全的国家，横绝五大洲。我敢为同胞祝曰：汉种万岁！中国万岁！"

陈天华的《警世钟》控诉和揭露了清政府的腐败及外国列强对中国的侵略，表达了中国人不屈的精神，成为当时革命的号角，在长江流域各省流传非常广泛。在当时对于唤醒中华民族是起了很大作用。陈天华是中国人昏睡未醒之际，奋起撞击警世洪钟的敲钟人。在他的著作中，让我们看到了林则徐、龚自珍和魏源等近代进步思想家的爱国思想的巨大影响。陈天华不愧是中国资产阶级民主革命的一个先驱者、出色的宣传家，同时又是一位爱国的进步思想家。

- 08 -

清政府颁布废除科举制度的上谕

科举制度,是中国古代及近代史上,采取分科取士的考试方式用以选拔官吏人才的制度。这一制度深深植根于中国历史文化的土壤,是历代帝王用以控制社会和维护其专制统治的工具,是封建统治者将官方儒学理论普及到社会成员思想意念之中的有效工具。其突出特征是刻板的八股文,生硬浮夸的词赋,空洞无物,言不及义。

科举制度诞生之初,在很大程度上破除了先前血缘世袭和世族垄断的用人制度,为社会中下层的知识人士,提供进入社会上层以施展自己鸿鹄之志的机会。但是,科举制度发展到后期时,考试内容和考试形式已经严重禁锢了应考者的思想,进而滞碍了近代中国优秀进步人才的培养。

1840年后,国际环境愈发险恶,国内衰败的经济状况和冗杂的社会结构,使科举制度越来越不能适应形势发展的需要。1841年,祁土贡上《请推广文武科试疏》,认为科举"其弊由文试惟重制艺、声律,武试两取命中、挽强,士子以后场无足重轻,漫不经心,相率流为剽剟、抄袭,侥幸进身。迨服官以后,无暇讲求,文则止论钱谷簿书,而不知经济;武则仅讲弓马骑射,而不习韬钤。循分供职,即可晋秩除官。猝然有事之秋,所学非所用"。祁土贡的奏疏,可以视为科举变革的先声。但是1861年之前所进行的一系列科举制度调整,成效甚微。

1864年8月,广东省奏定章程"议定该同文馆学生如三年学成后,驻防满汉旗人应准作为翻译生员，准其翻译乡试，并文乡试，汉人世家子弟准作为监生，一体乡试，并均准充翻译官；如有精通西语西文、才识出众者，调京考试，授以官职在案。"时隔四年后，总理衙门又批准上海同文馆"附生严良勋、席淦二名给予内阁中书职衔，并作为附监生，俾得就近北闱应付；监生汪凤藻、汪远焜、王文秀三名，给予国子监学正职衔"。这两项规定拓展了科举考试的招生范围，不仅可以来自传统学校，还可以来自新式学堂。

1894年，甲午战争以中国的失败而告终，此消息一出，令朝野震惊。有识之士看到了中国封建制度的陈旧落后，更看到了封建科举制度的庸腐糜烂。科举制度的实质性变革，呼之欲出！然而，科举变革，遭遇守旧派的竭力反对，致使1898年的戊戌变法如昙花一现般，仅103天即告失败，仅京师大学堂继续保留开办，其他新政努力一概付诸东流，科举制度还一一照旧。

1900年，八国联军攻陷北京，西太后挟光绪帝逃往西安。在残酷的现实面前，清政府不得不推行新政、革除传统弊法，以为自救。1901

◇ 清政府颁布的废除科举制度的上谕

年8月清政府下诏，重新编排乡、会试的三场考试，第一场考中国历史和当今政治问题；第二场考外国政治和技术知识；第三场仍考经书，均不准用八股文程式。1903年3月，两江总督张之洞会同直隶总督袁世凯奏请按年递减中额，渐行废罢科举，"使天下士子舍学堂别无进身之路"。张、袁会衔所奏之折递进后交政务处议奏，未有复议。同年6月，张之洞因入觐在京，管学大臣张百熙、荣庆奏准，派张会同重订学堂章程。1904年1月，在呈递《奏定学堂章程》时，张百熙、荣庆、张之洞联衔重申递减科举、注重学堂的请求，主张：自下届丙午科（1906年）起，乡、会试中额每科分减三分之一，等三科后中额减尽，即停止乡试；学政岁、科试取进学额，在乡试两科年限内，计两次岁考、两次科考，每次各减四分之一，等学额减尽，就停止岁、科试，以后生员尽出于学堂。清政府在经过核定重订学堂章程的同一上谕后，终于批准递减科举名额。此时的科举制度，已濒临不废而自废的现实境地。

《辛丑条约》之后，形势尤为逼迫。1905年9月2日，各地总督联衔，以科举"阻碍学堂、妨碍人才"，奏请立停科举，以广学堂。同日，清政府接受上奏，废止科举，"并著责成各该督抚实力通筹，严饬府厅州县赶紧于城乡各处遍设蒙小学堂，慎选师资，广开民智"。现展出在《复兴之路》展览中的这一划时代的文书，彻底结束了世界上延续时间最长的人才选拔制度——科举制度，宣告了一个新的教育时代的来临。

- 09 -

孙中山手书的同盟会纲领

正在《复兴之路》展览中展出的孙中山先生手书的同盟会纲领，是1905年，孙中山在日本东京发起创立同盟会时亲笔题写的纲领，具体

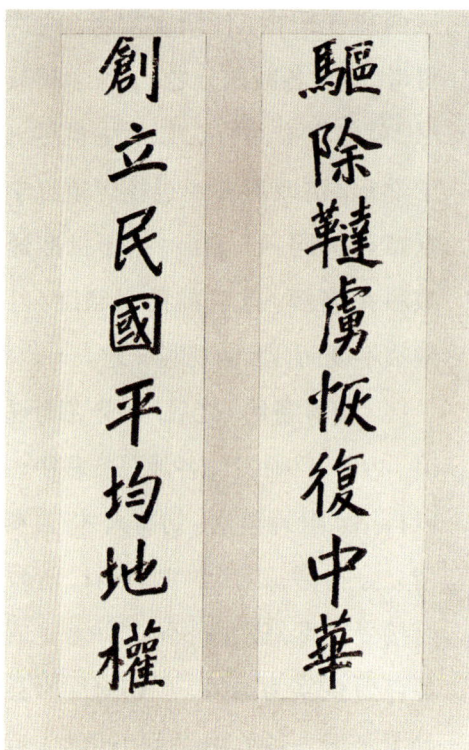

◇ 孙中山手书的同盟会纲领

内容是"驱除鞑虏、恢复中华、创立民国、平均地权"。

19世纪末，面对清王朝的腐朽统治和资本—帝国主义的侵略暴行，使孙中山萌生了反清革命的思想。甲午战争以后，孙中山进一步看到腐败的清王朝已无可挽救，便毅然走上了革命的道路。1894年11月，孙中山在檀香山建立了第一个资产阶级革命团体——兴中会。此后，革命团体如雨后春笋般地出现，各地革命活动蓬勃发展，为建立统一的资产阶级革命政党准备了条件。顺应时势需要，孙中山于1905年在日本东京发起创立了同盟会，以"驱除鞑虏、恢复中华、创立民国、平均地权"为纲领。随后，在《民报》发刊词中，孙中山将其阐释为"民族""民权""民生"三大主义，简称"三民主义"。三民主义是孙中山革命思想的核心。

民族主义的基本内容就是"驱除鞑虏，恢复中华"，其内涵包括以下几个方面：第一，反抗满洲贵族的压迫，推翻清朝政府的统治，但不是种族复仇；第二，国内各民族平等平权，实现"五族共和"；第三，改变中国受帝国主义列强欺凌的状况，挽救中华民族的危亡。孙中山看到当时中国社会的危机是"异种残之，外邦逼之"，解决民族压迫问题，就是要以革命手段推翻清王朝的统治。推翻了清朝，对外既可以打击帝国主义列强，对内又可以实现各族一律平等。因此，孙中山的民族主义有广泛的号召力。它在动员人民群众与清朝政府作斗争中，起到了积极的作用。

以"创立民国"为内涵的民权主义，是三民主义学说的核心部分，其基本含义就是进行政治革命，推翻封建帝制，建立资产阶级民主共和国。民权主义从理论上解决了当时革命派迫切需要解决的夺取政权与建立政权的问题。

以"平均地权"为核心内容的民生主义，是孙中山三民主义中最具有特色的部分，是他的"社会革命"纲领。孙中山认为，在民族、民权革命成功之后，实行民生主义，就可以"思患预防"西方社会的弊端。通过平均地权实现土地国有，是孙中山设计的解决土地问题的方案，这一方案具有明显的资本主义性质，但它不能彻底废除封建土地所有制，彻底解决农民的土地问题，资产阶级革命派领导的革命斗争自然也就缺乏坚实的群众基础。

同盟会纲领——三民主义是一个比较完整的资产阶级民主革命纲领。它表达了资产阶级在政治上和经济上的利益和要求，反映了中国人民要求民族独立和民主权利的共同愿望，推动了资产阶级民主革命运动的发展。

虽然民族资产阶级的局限性决定了同盟会纲领没有提出明确的反帝口号，没有彻底的土地革命纲领，资产阶级革命派不可能彻底完成反帝反封建的民主革命任务。但是同盟会纲领是中国近代社会中具有比较完全意义的民主革命纲领，反映了半殖民地半封建社会的主要矛盾，表达了人民群众争取独立、民主和富强的愿望，标志着旧民主主义革命在更完整意义上的开始，在当时的历史条件下产生了积极的作用。

- 10 -

方声洞烈士在黄花岗起义前
写给父亲的绝笔书

方声洞(1886—1911),字子明,福建闽侯人。曾经在福州读私塾,自幼聪明机警,胆略过人,口才极好,为人坦率,待人诚挚。其父方址亭,经营转运公司,时常往来各地,思想开明,对清政府的腐败无能十分不满,这对方声洞影响颇深。青年时代起,方声洞就怀有挽救民族危亡、献身革命事业的崇高理想信念。1902年,方声洞东渡日本,进入陆军学校读书。1905年8月,孙中山在东京成立"中国同盟会"。方声洞与哥哥方声涛、姐姐方君瑛等一起加入同盟会,成为了同盟会的第一批会员。后因方声洞母亲病逝返回福建。方声洞在回国期间,与王颖在汉口结婚,婚后两人又东渡日本,共同攻读医学。受方声洞

影响,王颖也加入了同盟会。

1911年初,孙中山准备举行广州起义。方声洞因年轻且新婚被同仁们强留,这令方声洞十分激动:"诸君不许吾同死耶,是焉置我也。今有死所,奈何阻我去?况事败诸君尽死,我能独生耶?留我奚意?"被留在日本的方声洞日夜奔波,以寻找机会返回中国参与革命起义。他在给朋友的信中写道:"中国亡在旦夕……吾安忍重为洋奴哉。"

1911年3月,方声洞争取到了运送军火的任务,可以回国了。临走之前,方声洞带着妻儿去照相馆拍全家福。当时妻子王颖面对着镜头,方声洞却侧着身子,依依不舍地看着妻子膝上娇小的幼子,幼子正挥舞着小小的右手,照相的摄影师让

方声洞看向镜头，可他坚持要看着自己的孩子。对方声洞来说，即使前方要面对的是死亡，他也不为所动，唯有亲人割舍不下。

1911年4月，方声洞经香港抵达广州。26日，起义前夕，他给父母和妻子分别写下了两封绝命书。27日，黄花岗起义爆发，方声洞奋勇当先。在双门底"孤身被围，容无惧色，计杀哨弁兵勇共20余人。背面、身中弹，血流遍体而气不衰，弹尽力竭而死。"后葬于黄花岗烈士陵园。事后黄兴在党内报告中，赞予方声洞"以如花之年，勇于赴战"。

下面是方声洞就义前，写下给父亲的《禀父书》，感天动地，震撼心灵。书信原文如下：

禀父书

父亲大人膝下：

跪禀者，此为儿最后亲笔之禀，此禀果到家者，则儿已不在人世者久矣。儿死不足惜，第此次之事，未曾禀告大人，实为大罪，故临死特将其就死之原因，为大人陈之。窃自满洲入关以来，凌虐我汉人，

无所不至。迄于今日，外患逼迫，瓜分之祸，已在目前，满洲政府犹不愿实心改良政治，以图强盛；仅以预备立宪之空名，炫惑内外之观听，必欲断送汉人之土地于外人，然后始大快于其心。是以满政府一日不去，中国一日不免于危亡。故欲保全国土，必自驱满始，此固人人所共知也。儿蓄此志已久，只以时机未至，故隐忍未发。迩者与海内外诸同志共谋起义，以扑满政府，以救祖国。祖国之存亡，在此一举。事败则中国不免于亡，四万万人皆死，不特儿一人；如事成则四万万人皆生，儿虽死亦乐也。只以大人爱儿切，故临死不敢不为禀告。但望大人以国事为心，勿伤儿之死，则幸甚矣。

夫男儿在世，若能建功立业以强祖国，使同胞享幸福，奋斗而死，亦大乐

也；且为祖国而死，亦义所应尔也。儿刻已念有六岁矣，对于家庭本有应尽之责任，只以国家不能保，则身家亦不能保，即为身家计，亦不得不于死中求生也。儿今日竭力驱满，尽国家之责任者，亦即所谓保卫身家也。

他日革命成功，我家之人皆为中华新国民，而子孙万世亦可以长保无虞，则儿虽死亦瞑目于地下矣。惟从此以往，一切家事均不能为大人分忧，甚为抱憾。幸有涛兄及诸孙在，则儿或可稍安于地下也。惟祈大人得信后，切不可过于伤心，以碍福体，则儿罪更大矣。幸谅之。

兹附上致颖媳信一通，俟其到汉时面交。并祈得书时即遣人赴日本接其归国。因彼一人在东，无人照料，种种不妥也。如能早归，以尽子媳之职，或能稍轻儿不孝之罪。临死不尽所言，惟祈大人善保玉体，以慰儿于地下。旭孙将来长成，乞善导其爱国之精神，以为将来报仇也。临书不胜企祷之至。敬请万福钧安，儿声洞赴义前一日，禀于广州。

家中诸大人及诸兄弟、姊妹、诸嫂、诸侄儿女及诸亲戚统此告别。

◇ 方声洞烈士在黄花岗起义前写给父亲的绝笔书

- 11 -

武昌起义军用的"汉阳造"步枪

"汉阳造"步枪,即"八八式步枪",俗称"老套筒",有着"中华第一枪"美誉。它是清政府按照德国1888式步枪为母本在湖北省汉阳兵工厂仿制而得名。该枪使用7.92毫米口径毛瑟枪弹,弹丸初速650米/秒,标尺射程2000米,全长1293毫米,5发固定弹仓。正宗"汉阳造"步枪,其枪托、枪匣上有汉阳兵工厂的五角星厂徽。几乎没有人会预料到"汉阳造"步枪的枪声,会在历史坐标上刻下永恒的印记——埋葬一个延续了2000多年的君主专制时代,开辟一个民主共和的新时代。

汉阳兵工厂的创立者是晚清重臣、洋务派代表人物张之洞,此人字孝达,号香涛,生于贵州兴义府(今安龙县),祖籍河北沧州南皮。1852年,16岁中顺天府解元,1863年,27岁中进士第三名探花,授翰林院编修,历任教习、内阁学士、山西巡抚、两广总督、湖广总督、军机大臣等职,官至体仁阁大学士。教育方面,他创办了自强学堂、三江师范学堂、湖北农务学堂、湖北工艺

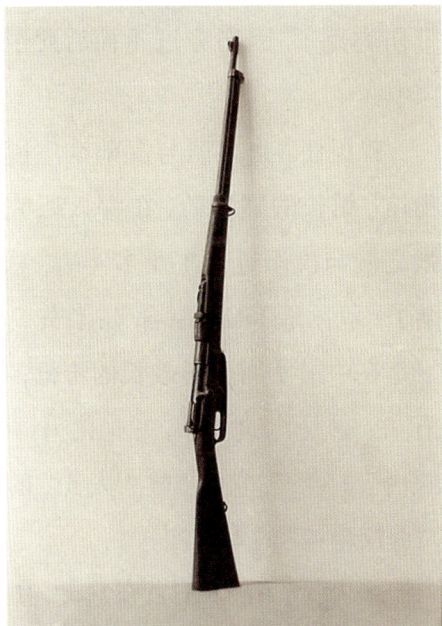

◇ 武昌起义军用的"汉阳造"步枪

学堂等。政治上，主张"中学为体，西学为用"。工业上，创办汉阳铁厂、大冶铁矿、湖北枪炮厂等。

1895年，张之洞任湖广总督时，筹资兴建了"湖北枪炮厂"，也是后来的"汉阳兵工厂"，该厂从德国订购设备进行步枪等武器的生产。"汉阳造"步枪经过多次测试和实用检验，证实其性能上优于江南制造局生产的"上海造"步枪。1907年，清朝陆军部下令，除火炮以外，各省军火不向外国采购，国内轻武器主要都是由汉阳兵工厂制造并配发使用。

武昌起义打响的惊世骇俗的"第一枪"，就出自"汉阳造"步枪。事情的经过是这样的：武昌起义原定于1911年10月6日，不料计划泄露，起义只好延期至10月11日。然而，在这天到来之前，孙武等革命党人在俄租界的宝善里制造炸药，不慎发生爆炸，引来了俄租界的巡捕，搜走了未及带走的起义名单、旗帜、文告、弹药、印信等。湖广总督瑞澂接到俄租界转来的起义名单、旗帜和文告之后，立即下令关闭武汉三镇城门，军队停止一切外出和休假，加强管控。情势万分危急，起义只好提前。10月10日，工程营革命党人在营代表和革命军大队长熊秉坤的带领下，决定率先发动起义。当晚，工程营二排排长陶启胜带兵巡哨，发现金兆龙、程正瀛等革命党人正擦枪装弹，就斥责说："你们想干什么？"金兆龙一语双关地说："预备不测"。陶启胜大怒，上前抓住金兆龙说："你想造反吗？"金兆龙说："反就反，你能怎样？"陶启胜叫护兵逮捕了金兆龙，金兆龙大呼："再不动手，等待何时？"程正瀛持枪射击，打中了陶启胜，陶启胜带伤逃跑了，因伤势过重而后死于家中。

曾担任"张之洞与汉阳铁厂博物馆"馆长的顾璧阶，在深入研究张之洞与汉阳近代工业多年后，总结了"汉阳造"的多层含义：首先，它是在中国使用历史最长的步枪；第二，它是湖北近代工业化开端的代表；第三，它是"敢为人先"的"武汉精神"的本源。

从1911年10月10日武昌起义，工程八营用"汉阳造"打响了推翻帝制的第一枪；到1927年8月1日南昌起义，叶挺与贺龙的部队高举它宣告中共军队诞生，南昌起义纪念塔顶的军旗造型，其旗杆就是"汉阳造"步枪；再到1931年11月7日，中华苏维埃第一次全国代表大会在江西瑞金县叶坪村举行，据当时史料记载，会议开幕当天上午举行了阅兵典礼。检阅部队成四路纵队由南向北行进，"他们扛着'汉阳造'轻重机枪、小钢炮、迫击炮，喊着宏亮的口号，在军乐声中迈着矫健的步伐通过检阅台，向毛泽东、朱德行注目礼……"

中华苏维埃共和国宣告正式成立；在抗日战争中，"汉阳造"是中国陆军主要制式装备。1944年"汉阳造"停止生产，但在人民军队中一直使用到抗美援朝战争。退役后的"汉阳造"，又作为民兵训练装备使用到1980年，才被完全淘汰。

一支"汉阳造"步枪，见证了中国近代史的苦难与光荣、低潮与彷徨，也寄托了中华民族伟大复兴的中国梦想。

－ 12 －

《中华民国临时约法》文本

《中华民国临时约法》是中国第一部资产阶级宪法性文件。

1911年辛亥革命之后，南京临时政府于1912年1月1日宣告成立。南京临时政府在其存在的三个多月里，颁布了一系列有利于推行民主政治、发展资本主义和实行社会改革的法令，如《保护人民财产令》

《大总统令内务部禁止买卖人口文》《文官试验章程草案》等等，其中最重要的成果则是颁布的《中华民国临时约法》。

《中华民国临时约法》是具有"宪法"性质的根本大法。1912年3月8日由临时参议院（南京）通过，3月11日公布实施。于1914年5月1日因

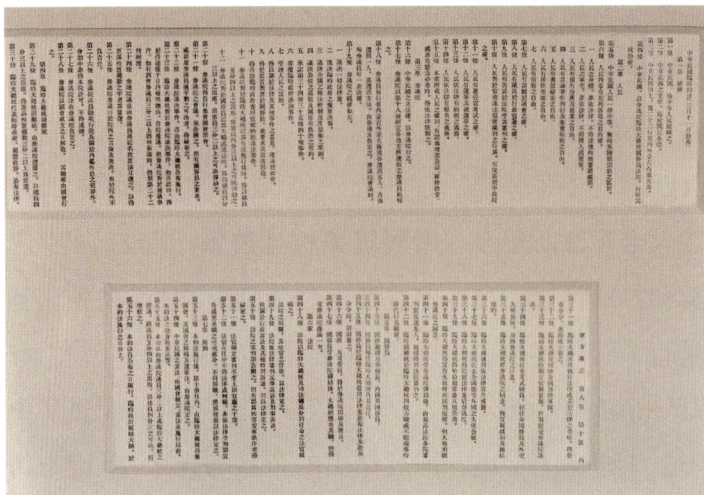

◇ 《中华民国临时约法》文本

《中华民国约法》的公布而被取代，1916年6月29日为大总统黎元洪恢复。1917年9月10日，以广东为基地建立的中华民国军政府展开护法运动，所护者即为《中华民国临时约法》。

《中华民国临时约法》共分总纲、人民、参议院、临时总统、国务员、法院、附则等7章，共56条。

《中华民国临时约法》体现了资产阶级民主共和国的国家制度。规定"中华民国由中华人民组织之"，"主权属于国民全体"，"领土为二十二行省、内外蒙古、西藏、青海"；"以参议院、临时大总统、国务员、法院行使其统治权"。

《中华民国临时约法》体现了民主主义精神。规定"中华民国人民一律平等，无种族、阶级、宗教之区别"。人民享有人身、居住、财产、言论、出版、集会、结社、通信和信教的自由；人民有请愿、诉讼、考试、选举及被选举等权利。同时规定，人民有纳税、服役等义务。

另外，《中华民国临时约法》规定在政府的组织形式上实行"三权分立"的原则。规定全国的立法权属于临时参议院，参议院有权议决一切法律、预算、决算、税法、币制及度量衡准则，募集公债，选举产生临时大总统、副总统，弹劾大总统和国务员，对临时大总统行使的重要权力，具有同意权和最后决定权。临时大总统代表临时政府总揽政务,公布法律,统率全国海陆军,制定官制官规,任免文武官员等,但行使职权时,须有国务员副署。受参议院弹劾时,由最高法院组成特别法庭审判;法官有独立审判的权利,它否定了集大权于一身的封建君主专制制度。此外,还规定了"人民有保有财产及营业之自由"。这些都体现了发展资本主义经济的要求。

当时,在半殖民地半封建的中国,地主阶级和农民阶级是两大基本阶级,在资本主义生产方式的刺激下,资产阶级和工人阶级都有所发展,同时还有一个凌驾于中国社会各阶层之上的特殊阶层——帝国主义在华势力。资产阶级是革命的领导阶级,并且,中国的资产阶级也并非铁板一块,根据其经济基础和政治需求的不同,分为官僚资产阶级、小资产阶级和民族资产阶级。主要社会矛盾决定了辛亥革命的性质都是为争取民族独立、建立资产阶级共和国、开辟资本主义发展道路的资产阶级革命,在当时都具有重大意义。

《中华民国临时约法》是辛亥革命胜利的重要成果,是一个具有历史性的进步。在政治上,它不仅宣判了清王朝封建专制统治的死刑,而且以根本法的形式废除了中国延续两千年的封建君主专制制度,确立起资产阶级民主共和国的政治体制;在思想上,使民主共和的思想深入人心,树立帝制非法、民主共和合法的观念;经济上,确认资本主义关系为合法,有利于民族资本主义的发展和社会生产力水平的提高;文化上,知识分子利用《中华民国临时约法》规定的集会、结社、言论、出版自由,纷纷组织党团和创办报刊,大量介绍西方资本主义国家,为新文化运动创造了条件;在对外上,强调中国是一个领土完整、主权独立、统一的多民族国家,启发爱国主义的民族感情,防止帝国主义侵略;在国际上,在20世纪初年的亚洲各国当中,是一部最民主、最有影响的资产阶级民权宪章。

但是《中华民国临时约法》仍有局限性,例如没有具体规定人民的权利,以及实现权利的保障;没有采取地方分权制,不利于民国的巩固;没有贯彻五权宪法的理论。

《中华民国临时约法》尽管未

能提出反帝的革命任务，也没有提出一个完整的从经济基础到上层建筑的反封建纲领，但在那个时期是一个比较好的东西，其精髓在于它通过立法程序，确立了资产阶级共和国的国家政治制度和政权的组织形式，以及人民的民主权利。其实践意义在于在中国第一次开创了以法治国的先河。其思想启蒙的意义在于促进了人民的觉醒，鼓舞人民起来为维护自己的权利而斗争。其推动中国社会发展的意义在于使民主共和观念深入人心，为以后民主革命进一步发展提供了条件。

- 13 -

末代皇帝溥仪的退位诏书

爱新觉罗·溥仪（1906—1967），字耀之，号浩然，醇亲王奕譞之孙，载沣长子，清朝末代皇帝，也是中国历史上最后一个皇帝。

1911年，辛亥革命爆发后，帝国主义列强发现公开武装干涉中国革命已经变得不合时宜了，于是打着"中立"的幌子，抓紧物色新的"代理人"，极力扶植大地主、大买办阶级的政治代表袁世凯。

1912年英、美、德、日各国将军舰驶入中国长江，蠢蠢欲动，蓄势待发，营造即将"武装干涉"的局势，使许多革命党人十分恐惧。刚刚成立不久的中华民国南京临时政府，一方面面临着帝国主义海关税款的封锁，陷入经济困难；另一方面，混入临时政府内部的立宪派、旧官僚，与帝国主义暗中勾结反对孙中山。

在内外交困的形势下，革命党人只得向袁世凯作出让步。1912年1月22日，孙中山表示：如果清朝皇帝退位，袁世凯宣布绝对赞成共和，自己可以辞去临时大总统的职务，由袁世凯来当大总统。在得到这个保证之后，袁世凯便抓紧指使心腹段祺瑞等联名发出通电，"立即采取共和政体"，许以皇室特殊"优待"，威逼利诱名存实亡的清朝皇帝退位。

1912年2月12日，《清帝退位诏书》由大清帝国最后一位皇帝爱新觉罗·溥仪颁布，它标志着在中国历史上延续了两千多年的封建君主专制制度终结。

《清帝退位诏书》全文如下：

——朕钦奉隆裕皇太后懿旨：

前因民军起事，各省响应，九夏沸腾，生灵涂炭。特命袁世凯遣员与民军代表讨论大局，议开国会、公决政体。两月以来，尚无确当办法。南北暌隔，彼此相持。商辍于涂，士露于野。徒以国体一日不决，故民生一日不安。今全国人民心理，多倾向共和。南中各省，既倡义于前，北方诸将，亦主张于后。人心所向，天命可知。予亦何忍因一姓之尊荣，拂兆民之好恶。是用外观大势，内审舆情，特率皇帝将统治权公诸全国，定为共和立宪国体。近慰海内厌乱望治之心，远协古圣天下为公之义。袁世凯前经资政院选举为总理大臣，当兹新旧代谢之际，宜有南北统一之方。即由袁世凯以全权组织临时共和政府，与民军协商

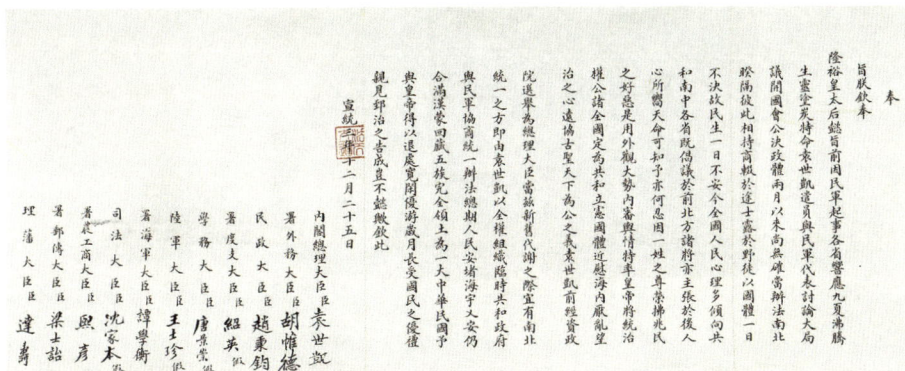

◇ 末代皇帝溥仪的退位诏书

统一办法。总期人民安堵，海宇义安，仍合满、汉、蒙、回、藏五族完全领土为一大中华民国。予与皇帝得以退处宽闲，优游岁月，长受国民之优礼，亲见郅治之告成，岂不懿欤！钦此。

退位诏书下达后，1912年2月14日，孙中山向南京临时参议院提出辞去临时大总统职务。2月15日，南京临时参议院选举袁世凯为中华民国临时大总统。3月10日袁世凯在北京宣誓就职，执掌了全国大权。

《清帝退位诏书》挂名于爱新觉罗·溥仪，当年溥仪年仅六岁，退位诏书实际是由清廷立宪派领袖张謇的幕僚杨廷栋等起草，经过张謇润色，再由袁世凯审阅后，才交与隆裕皇太后宣读。所以，《清帝退位诏书》选定支持的是"袁世凯以全权组织临时共和政府"，而不是孙中山和南京临时政府。

历史上，退位诏书大多是皇帝向权臣移交政权，而《清帝退位诏书》则是皇帝向资产阶级革命派移交政权。所以从性质上，《清帝退位诏书》是中国国内政治活动中，皇帝、皇族与权臣派系斗争妥协的产

◇　清朝传位玉玺——"大清受命之宝"

物,是一种政治文件,但不具有宪法和法律渊源的性质。

《清帝退位诏书》加快了中国实行"共和"的步伐,在一定程度上实现了和平的政权交接,这一点无疑是值得肯定的。但由于受到帝国主义列强的无理干预和中国资产阶级革命派的妥协退让,致使大地主、大买办阶级政治代表——袁世凯篡权和复辟的计划逐步得逞。

- 14 -

蔡锷将军的指挥刀

蔡锷原名艮寅,字松坡,1882年12月生于湖南宝庆的一个普通农家。他自幼聪明好学,13岁中秀才,16岁考入湖南时务学堂,与梁启超结下了深厚的师生情谊。

1899年7月,戊戌变法失败后,蔡锷东渡日本,从此开始了"军事救国"的生涯。1900年秋天,维新派人士唐才常发动武装起义失败,英勇就义。蔡锷悲愤之余,将原名"艮寅"改为"锷",取"砥砺锋锷,重新做起"的意思。

1904年初,蔡锷从日本毕业回国。他先后应聘担任江西随军学堂监督、湖南教练处帮办、广西新军总参谋官兼总教练官、广西测绘学堂堂长、陆军小学总办等职务。不久,云南总督李经羲聘请蔡锷担任新军第19镇第37协协统(旅长),蔡锷开始按照自己的主张和设想,对滇军进行改造和训练。蔡锷虽未参加同盟会,受日益高涨的革命形势影响,对革命党的活动给予了同情和协助。

1911年10月10日,武昌起义爆发,昆明革命党人奋起响应,推举蔡锷为临时总司令,负责拟定起义计划并指挥作战,当时他年仅29岁。在蔡锷等人的策划领导下,昆明起义军反抗清政府统治的起义告捷,成立了中华民国云南省军都督府,共推蔡锷为都督,分设参议院和军政部、参谋部、军务部等机构。蔡锷更是积极更新人事,革除弊政,整顿财政,兴办教育,开发实业,使云南很快呈现出一派生机勃勃的景象。

由于云南地处边陲,蔡锷感到难以施展抱负,便给梁启超写信,希望有机会走出云南。1913年10月,蔡锷到北京就任陆军部编译处副总裁、全国经界局督办、参政院参政等虚职。他还热心于军事学术活动,与蒋方震、阎锡山等人组织军事研究会,深入研究各种军事学术问题。

与此同时,袁世凯日趋暴露的复辟野心使梁启超与蔡锷对他的幻想彻底粉碎。蔡锷等人多次组织秘密集会,商定要抵制袁世凯称帝,并初步拟定了赴云南发动武装起义的战略设想,内容是:"云南于袁氏下令称帝后即独立,贵州则越一月后响应,广西则越两月后响应,然后以云贵之力下四川,以广西之力下广东,约三四个月后,可以会师湖北,底定中原。"

当然,袁世凯也非等闲之辈,也在暗地捕捉和判识蔡锷释出的各种信息。就在为复辟帝制制造舆论的筹安会成立不久,蔡锷在将军府领衔签名拥护帝制。同时,他还作出种种假象迷惑袁世凯,把自己装扮成一个浪荡之徒,打麻将、吃花酒。到风月场上排遣心绪,发泄郁闷,是清末民初的士人们一种普遍认同的行为方式。蔡锷来京以后住在棉花胡同,与小凤仙栖身的陕西巷相距不远,两人一见如故,恍惚间也就有了古路无行客、寒山独见君的感觉。

母亲与妻子都在身边,这对蔡锷逃出北京十分不利。因此,他有意利用和小凤仙的关系,制造家庭不和的舆论,使妻子趁势带着母亲回了湖南。

眼见时机已经基本成熟,蔡锷便开始实施逃离北京的行动。1915年11月11日,蔡锷突然从监视他的密探眼中消失了!

蔡锷成功潜逃的经过神秘离奇、扣人心弦,以致产生多种传说。其中流传最广的是小凤仙掩护他逃离北京的故事。不管过程如何,蔡锷于1915年11月11日顺利逃出北京应是确切无疑的。

1915年末，就在袁世凯准备复辟帝制，自称皇帝之时，蔡锷在云南向全军将士沉痛致辞："袁势方盛，吾人以一隅而抗全局，明知无望，然与其屈膝而生，毋宁断头而死。此次举义，所争者非胜利，乃中华民国四万万众之人格也。"

其时，对于是否能打倒袁世凯，蔡锷并无把握。然而，为践行"为四万万同胞争人格"的誓言，他组织云南官兵发动了护国运动，以弱于敌人的兵力，在饷弹两缺，后方接济时断的情况下，与北洋军奋战数月，牵制住了敌军主力，有力地配合了其他方向的军事行动，推动了全国反帝制运动的发展。

《复兴之路》展览中的这把军刀就是蔡锷将军在护国战争中使用的。军刀装饰为狮，刀长99厘米，精美绝伦的刀鞘为金属所制，弧形钢质刀身，由于采用精钢作为原料，锻造及淬火的工艺精良，因而强度很高。刀身中间起脊，近刀脊处有很长的血槽，刀尖为侧锋。刀柄较长可供双手持握，包裹刀柄的鲨鱼皮上布满半透明颗粒，为天然形成，既坚硬又美丽。鲨鱼皮上嵌有铜质镀

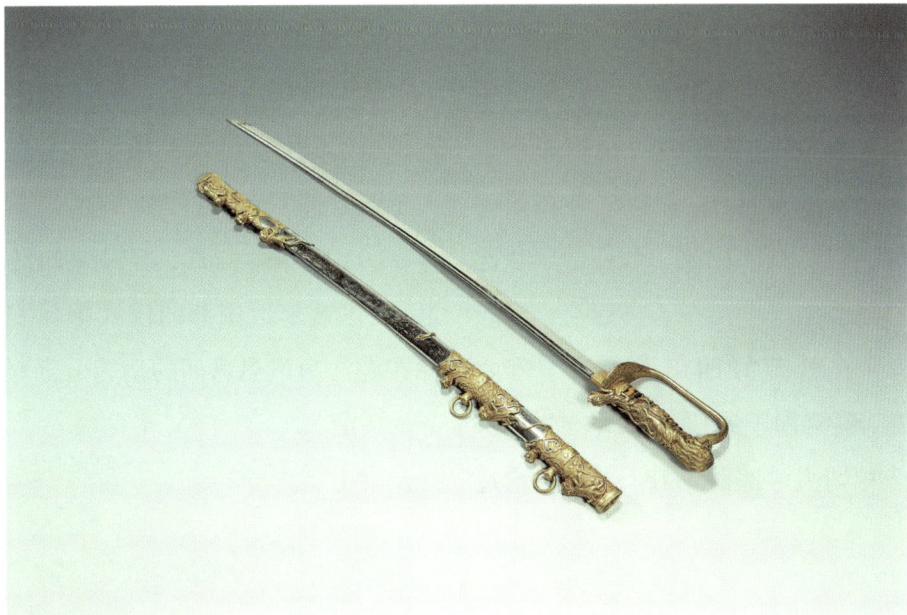

◇ 蔡锷将军的指挥刀

金花饰，除传统的菊花外，还有五色旗、铁血十八星旗、五角星及"共和"两字。刀柄处装有錾刻华丽花纹的铜镀金护手。

1916年3月22日，袁世凯被迫宣布取消帝制，并于6月6日死于全国人民的唾骂声。直到死，袁世凯都不能理解蔡锷反对他称帝，居然不是为了一己的野心，而是"为四万万国民争人格"。"人格"一词在袁氏的辞典中是找不到的。

袁世凯死后，黎元洪继任民国大总统，任命蔡锷督理四川军务，但这时蔡锷的病情却开始恶化。早在北京时，蔡锷便已染有喉疾，千里奔波回到云南以后，体质更为虚弱。尤其是率领护国军作战时，在极端困难的条件下，蔡锷身负指挥军事、筹措军饷等重任，坚持战斗在第一线，夜以继日地工作，致使健康状况日益恶化。

在处理好四川省善后事宜之后，蔡锷即于9月东渡日本治病，进入福冈大学医院治疗。起初的治疗已初见成效，然而在10月31日，中国著名的资产阶级革命家黄兴不幸在上海病逝。这一噩耗使蔡锷悲痛至极，其病情也迅速恶化。11月8日上午，终因医治无效，蔡锷病逝于日本福冈医院，年仅34岁。

蔡锷逝世的消息很快从日本传到北京及全国各地，举国上下，同声哀悼。当时的民国政府在北京中央公园为蔡锷举行了隆重的公祭，黎元洪、孙中山、段祺瑞等政界首脑以及各界群众前去参加祭奠，灵堂大厅摆满了花圈和挽幛。孙中山写的是："平生慷慨班都护，万里间关马伏波"；梁启超写的是："国民赖公有人格，英雄无命亦天心。"

蔡锷抱病奋斗，舍己为国，在困境中奋起，在胜利中永诀，自然令后人感佩景仰不已。

1917年4月12日，蔡锷魂归故里，民国政府以国葬的仪式把他安葬在湘江边风景秀丽的岳麓山万寿寺的后山。

- 15 -

《青年杂志》创刊号

《青年杂志》是由陈独秀在新文化运动之初创办的著名刊物，其创刊号就是该杂志出版的第一期。孙中山挽救共和而发起的"二次革命"失败，引发了陈独秀对中国时局的深入思考，他认为"救中国、建共和，首先得进行思想革命"。

在此思想基础上，1915年夏天，陈独秀从日本回到上海后，就开始着手筹办《青年杂志》。他先是同亚东图书馆的汪孟邹商量，在得知亚东图书馆无法合作后，又经人介绍结识了群益书社的陈子沛、陈子寿兄弟，共同商议后，确定由群益书社出版《青年杂志》。

1915年9月15日，《青年杂志》（第1卷第1号）创刊号在上海正式亮相。这是一本16开、100页的月刊，每6号为一卷，陈独秀任主编。

陈独秀在创刊号上发表了创刊辞《敬告青年》一文："青年如初春，如朝日，如百卉之萌动，如利刃之新发于硎，人生最可宝贵之时期也。青年之于社会，犹新鲜活泼细胞之在人身。新陈代谢，陈腐朽败者无时

◇ 《青年杂志》创刊号

不在天然淘汰之途，与新鲜活泼者以空间之位置及时间之生命。"

1916年，群益书社接到上海基督教青年会来信，信中提及《青年杂志》与青年会杂志《青年》《上海青年》同名，要求《青年杂志》改名。于是，自第2卷起《青年杂志》改为《新青年》。

1917年1月，因陈独秀任北京大学文科学长，总部迁往北京，办公地点在东华门外箭杆胡同，但印刷地点仍在上海。1917年8月，因故中断四个月。1918年1月15日，复刊出版，此时编委会经过改组由李大钊、钱玄同、刘半农、胡适、沈尹默、高一涵、周作人（鲁迅大弟）轮流编辑，不久鲁迅也加入编辑队伍当中。1919年6月，因陈独秀被捕，《新青年》停刊五个月。同年10月，迁回上海，但仍保留北京编辑部。1920年9月，成为上海共产主义小组公开出版的机关刊物，北京编辑部被取消，改由新青年社发表。1922年7月休刊。1923年6月改为季刊，成为中共中央正式理论性机关刊物。1925年4月起出不定期刊，共出5期；次年7月停刊。至此，《新青年》从

1915年9月15日创刊号，到1926年7月终刊，共出9卷54号。

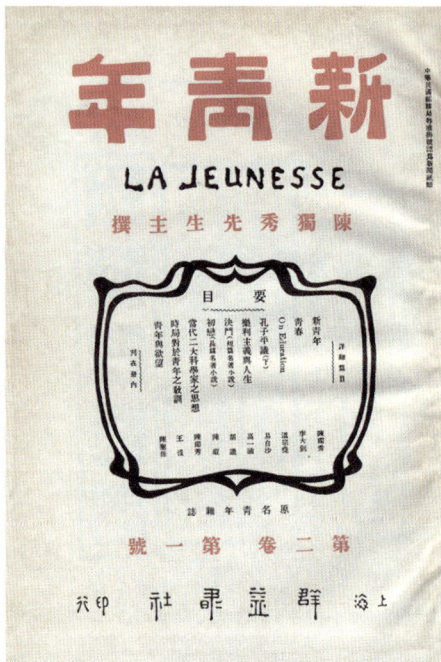

◇ 《新青年》杂志

在中国近现代史的进程中，《新青年》杂志是新文化运动兴起的标志。宣传民主与科学，提倡新文学反对旧文学，提倡白话文反对文言文。在受到1917年俄国十月革命的影响下，《新青年》后期开始宣传马克思主义以及马克思主义哲学。许多后来的中国共产党员，诸如毛泽东，都受到过《新青年》影响。可以说，《新青年》杂志在中国近代社会

中,起着重要的精神桥梁作用。

自鸦片战争以来,中华民族面临着两大历史任务:一是求得民族独立和人民解放;二是实现国家繁荣富强和人民的共同富裕。严峻的形势迫使一些有责任感的先进知识分子们痛思反省、奔走呼号,寻求挽救民族颓势、重振中华之道。

首先吸引他们目光的是西方的政治制度。1911年的辛亥革命使几千年来的君主专制制度结束,民国的诞生更是提供了一个实验西学的大好机会。可是事态的发展却让人大失所望:在北洋军阀的统治下,把西方的议会政治搬到中国来,结果只带来更严重的虚伪、腐败和混乱。

一些先进的知识分子开始怀疑资产阶级民主共和国的方案是否适合中国,坚持不懈地继续探求救国救民的新出路。他们以陈独秀、李大钊、鲁迅为代表,大张旗鼓地宣传资产阶级民主思想,发动了一次反封建的新文化运动。这个运动就是从1915年9月15日陈独秀在上海创办《青年杂志》开始的。进步知识分子团结在《新青年》周围,高举民主和科学两面大旗,从政治观点、学术思想、伦理道德、文学艺术等方面向封建复古势力进行猛烈的冲击。《新青年》实际上成了新文化运动的思想领导中心。

- 16 -

为五四运动印制宣传品的印刷机

在陈独秀、李大钊等人的领导下,提倡科学,反对迷信,提倡民主,反对独裁,提倡白话文,反对文言文的新文化运动,宣传了西方的进步文化,传播了社会主义思想,反映了新型的革命阶级的要求,在社会上产生了巨大的反响。这一运动的深入发展,吸引了许多年轻人,特别是青年学生集合在反帝反封建的旗帜下，为迎接一场彻底的反帝反封建的政治斗争作好了思想准备。

与此同时，俄国发生了震动世界的十月社会主义革命。它使处于彷徨和苦闷的先进分子看到民族解放的新希望，一场新的爱国民主运动正在中国的大地上酝酿着，涌动着。它爆发的直接导火线，则是中国在巴黎和会上外交的失败。

1919年5月4日下午，北京大学等13所大专学校3000多人在天安门前集会，随后举行示威游行。他们高呼"还我青岛""收回山东主权""取消二十一条""外争国权，内惩国贼"等口号，要求拒绝在和约上签字，惩办亲日派官僚。

北京政府对学生爱国行动的野蛮镇压，激起了全国人民的极大愤慨。6月4日，上海学联通电全国予以声援。6月5日，上海工人举行罢工，支援北京学生。随后，学生爱国运动的烈火迅速燃遍全国，发展成为全国性的反帝爱国运动。

五四爱国运动促进了中国人民新的觉醒。五四运动发生前，北洋军阀利用封建传统思想禁锢人们的头脑，推崇作为封建专制制度精神

◇ 为五四运动印制宣传品的印刷机

支柱的孔孟之道，借以维持自己的统治。严酷的现实引发当时先进分子的反思。他们认为，辛亥革命由于忽视了思想文化战线上反对封建主义的斗争，致使革命的成果遭到严重的破坏。为了完成改造社会的历史使命，必须"冲决过去历史之网罗，破坏陈腐学说之囹圄"。

五四运动时期，各地青年纷纷成立社团，传播新思想的刊物如雨后春笋般大量涌现，短短时间内即达到500种之多，其中最为活跃的是学生报刊。著名的有《湘江评论》《天津学生联合会报》等。这其中，《天津学生联合会报》由周恩来创办，并亲自主持报纸的排版、校对等项工作，由天津协成印刷局承印。《复兴之路》展览中的这台印刷机不仅印刷过《天津学生联合会报》，还印过五四时期的其他宣传品。

除了学生报刊之外，各地其他青年知识分子，也积极组织学会、社团，开展办报活动。少年中国学会在北京、南京、成都等城市，分别创办《少年中国》《少年世界》和《星期日》等。天津觉悟社出版《觉悟》，武汉互助社出版《互助》，瞿

秋白等在北京创办《新社会》。

在五四运动的影响下，一些政治组织和代表人物也创办报刊，以适应新的思想潮流。孙中山领导的革命党人在上海出版了《建设》杂志和《星期评论》。梁启超、张君劢等组织的新学会，出版了《解放与改造》。无政府主义者创办了《进化》《奋斗》等。

无政府主义、新村主义、合作主义、基尔特社会主义、社会民主主义等等观点在各种刊物上纷然杂陈。正如瞿秋白所说，"社会主义的讨论，常常引起我们无限的兴味，然而究竟如俄国十九世纪四十年代的青年思想似的，模糊影响，隔着纱窗看晓雾，社会主义流派，社会主义意义，都是纷乱，不十分清晰。正如久壅的水闸，一旦开放，旁流杂出，虽然喷沫鸣溅，究不曾自定出流的方向。"

值得注意的是，在各种学说竞起争鸣的形势下，马克思主义在中国得到广泛的传播。

李大钊是中国第一个热情歌颂和宣传俄国十月革命、接受和传播马克思主义的革命者。1919年5月、11月，李大钊分两期在《新青年》上

发表的《我的马克思主义观》，完成了从民主主义者向共产主义者的转变，开始成为一个马克思主义者。与以往一些人对马克思学说所作的片断的、不确切的表述不同，李大钊的这篇文章对马克思主义的理解和介绍已经具有了相当完整的形态，并且对这一学说进行了比较确切的阐释，标志着科学社会主义理论在中国进入了比较系统的传播阶段。

当时，宣传马克思主义的中心有两个地方：一个是北京，一个是上海。在北京，宣传马克思主义的基地是北京大学。1920年初，由李大钊主持，北大一批青年学生组织了马克思学说研究会。在上海，陈独秀和一批留日学生等同年5月成立了马克思主义研究会。陈望道翻译出版了《共产党宣言》，这是马克思主义基本著作的第一个中文全译本。如果说，在以前的新文化运动中，人们的主要注意力还放在向西方学习资本主义，只是偶尔才涉及社会主义，那么，在这时，中国已经产生了一批赞成俄国十月社会主义革命、具有初步共产主义思想的知识分子，社会主义已经成为一股具有相当大的社会影响的思想潮流了。

－ 17 －

《共产党宣言》第一个中文全译本

马克思、恩格斯在1848年合作完成的《共产党宣言》，是国际共产主义运动的第一个纲领性文献。该书问世以来，被翻译成200多种文字广泛传播，深刻地影响了世界近现代历史的发展。1919年冬，受中国共产党创始人之一的陈独秀委托，陈望道翻译了《共产党宣言》的第一个中文全译本，经李汉俊校阅、陈独秀审定之后，于1920年8月第一次在上海出版。

陈望道（1891—1977），出生在

浙江义乌西乡山区一个叫分水塘的小村庄里。少年时代的陈望道和中国当时许多爱国志士一样，相信"实业救国"。16岁时他翻山越岭，来到义乌县城绣湖书院学习数学和博物。随着眼界的扩大，他来到了上海，先补习了一年英语，为赴欧美作准备。但是限于经济等种种条件而没有如愿西行，只能求其次而转向日本。到了日本，陈望道结识了日本著名进步学者、早期的社会主义者河上肇、山川均等，终于认识到这样一个道理："救国不单纯是兴办实业，还必须进行社会革命。"

陈望道的汉语功底非常深厚，被誉为"中国现代语言学之父"，以其著作《修辞学发凡》创立了我国第一个科学的修辞学体系。精通外语、汉语功底深厚、具有马克思主义理论基础，这三个缺一不可的条件，让陈望道成为《共产党宣言》汉译本翻译者的最佳人选。

1919年底，陈望道带着戴季陶提供的一本日文版的《共产党宣言》回到自己的家乡分水塘村。这是一个非常贫穷落后的小山村，陈望道回到家也只能住到一间柴屋里，条件非常艰苦。在翻译《共产党宣言》的过程中，陈望道遇到的不仅仅是生活条件的艰苦，还有参考资料的匮乏。当时，在大城市也很难找到一些马克思主义著作，更不用说在一个小山村了。陈望道只带了戴季陶给的一本日文底稿和一点儿参考资料，但是这些并不能够满足翻译的需要。为了能够翻译出高质量的《共产党宣言》，陈望道托陈独秀通过李大钊从北京大学图书馆借了一本英文版的《共产党宣言》来参考。在翻译的过程中，他克服了无数难关，费了平时译书五倍的功夫，才把全文彻底翻译出来。最后完成译稿的时间是在1920年4月下旬。就这样，《共产党宣言》的第一个中文译稿终于在分水塘的一间柴屋里诞生了。

1920年8月，在共产国际的资助下，陈望道的译本在"又新"印刷所中付印。该书为竖排平装本，用五号铅字排印。封面红印马克思半身肖像，肖像下面自右向左横题"马格斯"三字；肖像上面大字横题书名《共产党宣言》（初版印刷时"共产党"误印为"共党产"），上面用小

◇ 《共产党宣言》第一个中文全译本

字标注"社会主义研究小丛书第一种"字样，下面标注"马格斯、安格尔斯合著""陈望道译"等字样。全书共56页，32开。

《共产党宣言》中译本面世后，很受读者尤其是追求进步思想的青年的欢迎。印数有限的《共产党宣言》初版本很快销售一空。为了满足读者的需求，同时也为了纠正初版本书名的错印，同年9月，这一译本再版。再版本除了将书名更正为《共产党宣言》，封面改为蓝印马克思半身肖像以及更改出版时间外，其余均同于初版本。至1926年5月，此书已相继印行17版，足见其流传之广和受欢迎的程度。

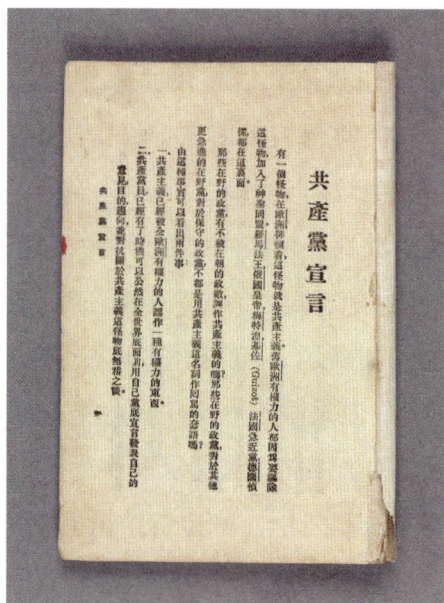

陈望道所译《共产党宣言》初版，既没有精美装帧，也没有采用优质纸张，但在那个时代却犹如一面旗帜，指引着革命者前行。毛泽东1936年接受美国记者斯诺采访时说："有三本书特别深刻地铭刻在我的心中，建立起我对于马克思主义的信仰。"其中就包括其在1920年夏秋读到的《共产党宣言》。

《共产党宣言》第一个中文全译本在中国的出版，不仅使中国思想先进的人士对马克思主义有了更加深刻的了解，坚定了他们追求共产主义的信念，而且为1921年中国共产党的建立作了思想上的准备，更在中国共产党成立以后的革命实践中发挥了巨大的指导作用。

然而由于种种原因，陈望道所译《共产党宣言》已存世极少，目前所知国内仅存寥寥数册，非常珍贵。《复兴之路》展览中展出的便是其中之一。

在中国近现代史上，《共产党宣言》无疑是对近百年中国社会影响最大的图书之一。90多年来，《共产党宣言》是印数最多的马克思主义经典著作中文单行本。截至目前，共出现过12个版本的《共产党宣言》。然而陈望道的《共产党宣言》第一个中文全译本所据的翻译底本主要是日文版的《共产党宣言》，兼参考英文版，而不像之后各版主要从德文、俄文或英文版译成。另外，陈望道所译的《共产党宣言》出版于中国共产党成立前一年，其他各版均出版于成立之后。陈望道翻译的《共产党宣言》汉译本让中国人直接接触了马克思主义的精髓，它作为思想武器，对于正在建党过程中的中国共产党而言，意义更加重大。

－ 18 －

中国共产党第一次全国代表大会通过的中国共产党纲领

中国共产党的第一次全国代表大会讨论通过的纲领，是一个历史性的重要文献，它明确了中国共产党的阶级性质，申明了党的政治主张，规定了党的奋斗目标、组织原则以及共产党与其他政党的关系。这对于在当时无政府主义泛滥的情况下保持党的团结统一，把党建设成为一个有严密组织纪律的、战斗力很强的无产阶级先锋队组织，具有重要意义。

中共一大通过的纲领的产生不是偶然的。从五四运动前后开始的马克思主义传播，再到与中国工人运动的相结合，中国早期的共产主义者经过艰苦的努力。中共一大召开以前，许多共产主义者都围绕建党问题进行了讨论，这也是中共一大通过的纲领产生的思想基础。

在中国共产党的党章发展史上，中共一大纲领是一个良好的开端，为后来党章的制定和完善奠定了基础。虽然不是党的正式党章，但纲领已经包含了党章的内容，具有了党章的初步体例，实际上起到了党章的作用。它以明确的语言，体现了中国共产党从建党伊始就坚持马克思列宁主义建党学说的重要思想和原则，旗帜鲜明地把社会主义和共产主义规定为自己的奋斗目标，并且坚持用革命的手段来实现这个目标，从而同崇拜资产阶级民主制度、主张走议会道路的第二国际社会民主主义划清了原则界限，表明中国共产党不是一个松散的学术团体，而是一个目标明确、组织严密的无产阶级政党。

遗憾的是，中共一大召开期间经历了法租界巡捕房密探的搜查，因此中共一大纲领和工作计划的草案原件和经过会议形成的中文原件，没能保存下来。1930年2月1日，李立三在《党史报告》中曾明确地说："党的第一次大会文件，现在是找不到了。"对于找不到的原因，他没有直接的说明。但一份题为《陈独秀同志代表中共中央向第三次代表会议的报告》的俄文档案中有所涉及，陈独秀在谈到党的经费时说：

"我们只能提出最近几个月的详细报告，因为其余的材料落到上海法国巡捕的手里，由于一个同志被捕，这些材料全部遗失了。"

中共一大档案的遗失，使得中共一大的历史一度成谜，甚至于当年的代表都无法清楚地回忆起中共一大开会的日期。这种状况直到1957年才出现了转机。这一年，苏共中央把原中共驻共产国际代表团档案移交给中共中央。在整理这批文件时，人们意外地发现了中共一大的有关档案，其中就有这份在《复兴

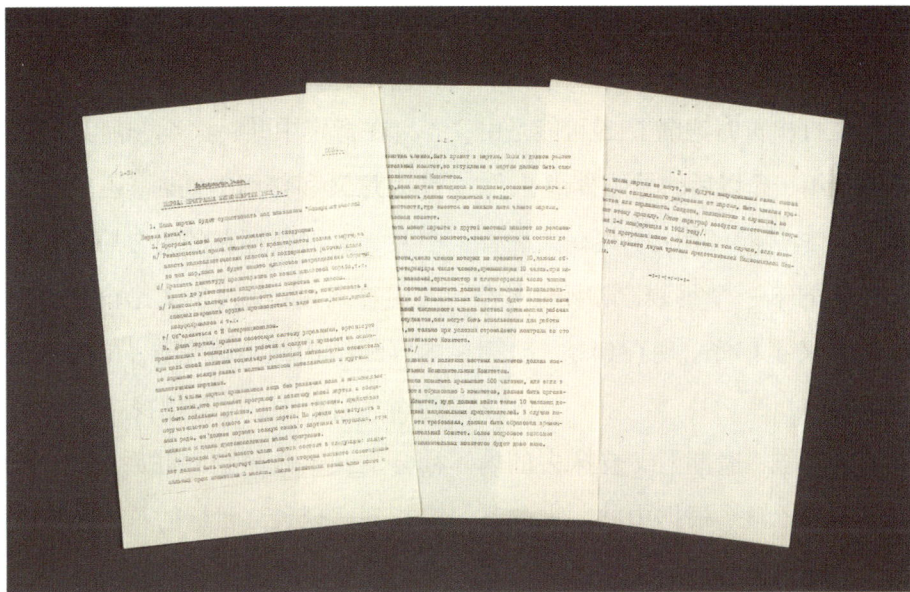

◇ 中国共产党第一次全国代表大会通过的中国共产党纲领

之路》展览中展出的俄文版的中国共产党第一个纲领。

　　这份俄文档案是什么时间由中文译成俄文的，又是由谁在什么时间带到共产国际的，目前都无从考证。中央档案馆筹备处曾将此件和《中国共产党第一个决议》及《中国共产党第一次代表大会》一并送请董必武帮助鉴别。董必武在1959年9月5日的复信中说："我看了你们送来的《党史资料汇报》第六号、第十号所载：'中国共产党第一次代表大会'、'中国共产党第一个决议'及'中国共产党第一个纲领'，这三个文件虽然是由俄文翻译出来的，在未发现中文文字记载以前，我认为是比较可靠的材料"。

　　1960年，美国学者韦慕廷在哥伦比亚大学图书馆里发现了陈公博的硕士论文《共产主义运动在中国》。《中国共产党第一个纲领》英文版和其他一些文件是作为附录文献出现在陈公博硕士论文后面的。经对照，英文本与俄文本的内容基本相同，均为15条；其中第10条内容后，均缺少第11条的序号和内容，其余条文要点基本相同，仅文字稍有出入。两种文本在第11条都有注。

俄文本第11条注："遗漏"；英文本注："陈的稿本上没有第11条，可能是他在打次页时遗漏了，也可能是由于他把第10条以后的号码排错了。"两个译本共同证明：中共一大确曾存在党的第一个纲领，党纲的内容一共名义上15条，现存14条，缺第11条。

这条被"遗漏"或被抹去的内容会是什么呢？根据中共一大的其他文件和党在后来的实际活动来看，可以推断这一条是有关党的宣传工作的。从行文上看，第9条规定党的地方委员会应设书记、财务委员、组织委员、宣传委员；第10条说的是组织工作；第12条说到地方委员会的财政等要受监督。全文没有专门的条款来谈宣传工作，不仅和一大以后党的实际情况不符，和同在一大上通过的《第一个决议》也是不符的，因此第11条可能说的是党的宣传方针、计划和政策，因为比较具体、秘密，所以不便公开。

在肯定中共一大纲领所具有的重大意义和作用的同时，还应看到中共一大纲领存在的历史局限性。主要表现在：纲领条文比较简单，内容和结构都不够完善；在提出党的奋斗目标时，没有把民主革命与社会主义革命区别和联系起来，没有找到实现最终目标的具体步骤；无论在内容的表述和用词上还是从体例上看，都反映出中国共产党从成立伊始就深受共产国际和俄国共产党的影响。当然，这些缺陷的存在都有其历史的必然性。毕竟，刚刚诞生的中国共产党不可能预先设计好革命的蓝图以后再进行革命，规律和认识只能是在马克思主义理论与中国革命的具体实际相结合的实践过程中积累。

- 19 -

安源路矿工人俱乐部的课桌

安源煤矿位于江西省萍乡县境内，与湖南省接壤，是洋务派官员盛宣怀1898年创办的。通过向德国借款，矿务为德国人所操纵。1904年转向日本借款后，实权又落入日本人手中。1908年，安源煤矿与汉阳铁厂、大冶铁矿合并联营，组成汉冶萍煤铁厂矿有限公司，成为中国当时最大的钢铁煤联合企业，也是中国近代工业的主要代表地和聚集地之一。

1921年7月下旬，中国共产党第一次全国代表大会作出了决议，把在产业工人中组织工会作为党的主要任务，并就如何开展产业工会工作、组织工人团体等问题作出了明确的规定。

为了贯彻执行中共一大的决议，1921年秋，毛泽东以中国劳动组合书记部湖南分部主任的名义，第一次来到安源进行考察。他身穿一件旧蓝布衣衫，背着一把雨伞，风尘仆仆，步行来到安源，住在八方井44号。第二天大清早，他就由一个工友陪同，提着一盏小灯，深入矿井。通过深入考察路矿，毛泽东确定安源为开展工人运动的重要地区，并给工人们寄送了《工人周刊》《劳动周刊》等革命刊物。

1921年12月间，毛泽东偕同李立三再次来安源考察。当时安源有路矿工人1.3万多人，他们的生活处境十分艰难，其中不识字者占总数的三分之一还多。经过调查研究，毛泽东决定由李立三具体负责安源工人运动的开展，并指示要采取合法途径，接近工人，教育工人，以达到组织工人成立工人团体的目的。李立三随即以湖南平民教育促进会的名义，筹办平民教育，创办平民学校，免费招收工人子弟；又以访问学生家长的名义，在工人中开展工作。经过思想教育和办学工作的实践，李立三吸收了部分工人加入社会主义青年团，并于1921年年底成立了由八人组成的中国产业工人中最早的共青团组织。

1922年1月，经过认真的筹备，李立三等人在安源五福巷创办了第一所路矿工人补习学校。学校采用了灵活而有效的办学方式，白天为工人子弟的小学生上课，晚上为下班工人上课。学校先采用粤汉铁路工人学校的讲义，后来自己编写教材。他们既讲授粗浅的自然科学知识和人文基本知识，又结合工人的日常生活，还讲一点马列主义基本知识，使工人逐渐理解"工人在世界上之地位及有联合起来组织团体与资本家奋斗以减少痛苦解除压迫之必要与可能"。

这张残破不堪的课桌就曾经静静地安放在工人俱乐部的教室里的某一个角落，默默地见证了安源工人运动时期红色教育的成长历程。

在教学中，李立三还采用各种文艺方式对工人进行革命教育，他用旧谱添新词的方法创作了《工农联盟歌》。此外，学校还设有阅报室，"备置各种日报和工人刊物——《工人周报》《劳动周刊》……以供工友工余之暇阅览，每夜持

◇ 安源路矿工人俱乐部的课桌

报诵阅者，煞是热闹，他们极好问，有疑惑处辄详询各教员"。学校的开办，大大提高了安源工人的思想觉悟和文化水准，及时发现和培养了工人中的先进分子，为迅速建立党、团、工会组织作好了思想上和干部上的准备。

1922年4月16日，俱乐部第三次筹备会议召开，决定工人学校归属俱乐部并更名为"安源路矿工人俱乐部工人补习学校即国民学校"。

1922年5月1日，安源路矿工人俱乐部成立，李立三任主任。

1922年秋，路矿两局拖欠工人工资，并阴谋解散工人俱乐部，引起工人强烈不满。9月初，毛泽东来到安源，经过调查研究，认为罢工时机已经成熟。为了加强对罢工斗争的领导，他派刘少奇到安源工作。

1922年9月14日，在中国共产党的领导下，一万多工人冲出矿井、厂房举行大罢工，路矿当局勾结反动军阀调来大批军队进行镇压。党领导工人作了英勇机智的斗争，迫使路矿当局于9月18日接受了工人提出的条件，达成了增加工人工资、改善工人福利、承认俱乐部有代表工人的权力等13项协议。

在与路矿当局的斗争中，安源路矿工人初步显示出用革命理论和文化知识武装起来的战斗力，第一次以革命斗争的方式检验了工人教育的实际效果。从某种意义上说，安源工人运动的成功，主要得益于工人教育事业的兴起，这也成为了推进安源工人运动发展的动力，并开创了中国工人教育和红色教育的先河。

罢工取得胜利以后，工人俱乐部进行了改组，设立了专门负责安源工人教育宣传工作和游艺活动的职能机构，成立教育股、宣传股、游艺股。其中教育股的工作成效最大，明确提出了"将沦入污流的儿童们，在学校里求学，个个得受将来做共产世界的主人翁的基础教育。工友们底知识渐的增进了，个个肩上改造社会的担子，负着创造将来人类文化的使命"的教育目标。同时对教育的重要性的认识也达到了一个新水平，认为"欲工人团体永久的坚强，亦惟有工人教育是赖"。

1923年的二七惨案发生后，全国范围的工人运动暂时转入了低潮,安源路矿工人俱乐部因有党、团组织的坚强领导,注意斗争策略,工人思想觉悟提高较快,工人教育事业兴起等诸多因素,而"巍然独存、硕果仅存"。此时大批在外地不能立足的党团员和重要干部陆续调往安源工作,大大充实了安源红色教育发展急需的人才。

从1923年2月到1925年上半年,是安源工人红色教育全面发展、卓有成效的兴盛时期,初步形成了一个比较完整的工人学校教育体系,培养和输送了一大批杰出的工人,他们为党和人民的解放事业作出了应有贡献。1924年12月中旬,中国共产党的第一所党校,也是第一所地方党校——中共安源地委党校成立了,这标志着安源红色教育发展登上了一个新台阶。

- 20 -

京汉铁路江岸工会会员证章

江岸京汉铁路工会会员证是1923年"二七"大罢工时,江岸铁路工会会员佩戴的证章。会员证为铜制、圆形,正面边缘刻有章名"江岸京汉铁路工会会员证",内圆有"劳工神圣"四字,中央为"双翼车轮形"图案,该图案是我国铁路的早期徽志。

据1923年出版的《中国铁路史》记载:1919年5月10日,民国政府交通部总长以"各国铁路均有一定旗式,而我独阙殊,不足以示标志而壮观瞻"为由,要求路政司制作一面"轮轨双翼式"图案的旗帜,于当月21日公布使用。后来出现在各种路服、会标上的图案逐渐简化为"翼轮形"(原有的钢轨部分省去)。江岸铁路工会成立时,这一徽志正在流行,于是它被绘入了证章之中,用以表示行业的特征。

◇ 京汉铁路江岸工会会员证章

中国共产党成立以后，希望以无产阶级主力军力量来完成中国革命，首先发动工人运动。武汉有着良好的基础，有着大量的产业工人，先进知识分子也曾对工人群众做过大量启蒙工作，于是在党的领导下，工人组织纷纷成立自己的工会。

1922年1月22日，江岸京汉铁路工人俱乐部在汉口刘家庙正式成立，大会选举杨德甫、黄桂荣、项德隆（项英）、林祥谦为俱乐部负责人，施洋为法律顾问。同年4月，京汉全路在长辛店召开第一次工人代表大会，决定筹备成立总工会。不

久，江岸、郑州、长辛店等16个地区陆续将工人俱乐部正式改为分区工会。会员证就是这一时期陆续制作颁发的。

在中国共产党领导的早期工人运动中，京汉铁路工人是首先崛起的一支产业工人队伍，京汉铁路工会是较早走上健全统一的工人群众组织。在党的领导下，依照产业组合原则组织起来的三万多名京汉铁路工人，曾经为第一次工人运动高潮的兴起和发展作出重大贡献，为党领导工人阶级和人民群众进行民族民主革命提供了宝贵的经验教训，在我国工人运动史上谱写了光辉的篇章。

中国共产党成立后，决定以开展工人运动作为中心工作，提出"本党的基本任务是成立产业工会"。当时党在实施这一原则时，又明确提出了"关于劳动运动，议决以全力组织全国铁道工会"作为战略任务，并要求北京、长辛店、郑州、武汉等全国12个铁路地区从事工人运动的同志，"都要尽力于此计划"。

为了适应全国工人运动日益高涨的形势，1922年8月10日，在中国

劳动组合书记部的领导下，京汉铁路总工会筹备委员会宣布成立。经过多次酝酿筹备，京汉铁路总工会筹委会决定于1923年2月1日在郑州召开京汉铁路总工会成立大会。

京汉铁路工人运动的蓬勃发展，尤其是即将举行的京汉铁路总工会成立大会，使得把京汉铁路视为私产和势力范围的吴佩孚如坐针毡。在阶级矛盾日趋尖锐的情况下，原来京汉铁路工人同军阀吴佩孚之间存在的矛盾，不可避免地会爆发出来。邓中夏在《中国职工运动简史》一书中坦诚所说："在本会方面，未尝不知与吴佩孚终不免有一日决裂，但未料及有如是之速。"

在帝国主义势力的支持下，吴佩孚以高压手段对付工人运动，下令禁止召开京汉铁路总工会成立大会，并对郑州市实行全城戒严。在中国共产党的领导下，铁路工人们勇敢地冲破军警的包围，开会宣布京汉铁路总工会成立。工人代表高呼"京汉铁路总工会万岁！""劳动阶级胜利万岁！"等口号，一直坚持到下午4时散会才冲出军警重围。

当天晚上，新成立的总工会召集各分会代表举行紧急会议，决定从2月4日起进行全路总同盟罢工，反抗军阀压迫，"为争自由而战，争人权而战"。为了组织大罢工，总工会移至汉口江岸，成立罢工委员会。

2月2日晚，总工会及江岸分会负责人抵达汉口，立即召开工人大会，进行罢工动员。总工会发表特别紧急启事与总罢工宣言，号召全路工人以罢工来支持总工会的正义要求，在总工会的领导下，各地分会进行广泛罢工动员，成立罢工委员会、纠察团、调查团与演讲团等组织。

2月4日9时，江岸机器厂首先拉响罢工的汽笛，京汉铁路工人总同盟大罢工爆发。3小时内，京汉铁路2万余名工人全体罢工，1200多公里的京汉铁路顿时陷入瘫痪。当天，中国劳动组合书记部通电全国，热情赞扬京汉铁路工人的政治觉悟与斗争精神。5日至6日，湖北省工团联合会的20多个工会组织，参加了声援罢工的斗争；6日，正太、道清、津浦南段的铁路工人也宣布罢工；北京的一些进步团体，也组织了铁路工人后援会，全力支持京汉铁路工人的罢工斗争。

京汉铁路工人的大罢工，是中国工人运动第一次高潮的最高峰，给反动军阀政府以政治和经济上的沉重打击，同时也威胁到了各帝国主义国家在华的利益。反动军阀吴佩孚，在帝国主义势力的怂恿和支持下，终于向罢工工人举起了凶残的屠刀。

2月7日，反动军阀在江岸、长辛店、郑州等地同时开始了镇压行动。湖北督军肖耀南派两营军队包围了江岸工会分会，当场打死36人、打伤200多人。此外，京汉铁路其他各地工人被杀害的有40多人，被打伤的

有数百人，被捕入狱的有1000多人。这其中就包括江岸分会委员长、共产党员林祥谦。

京汉铁路工人大罢工虽然失败了，但它以革命者的头颅和鲜血，进一步唤醒了中国的劳苦民众，进一步看清了帝国主义和封建军阀的罪恶嘴脸，提高了与反动派斗争到底的决心。这次大罢工也显示了中国工人阶级的强大力量，表现出了中国共产党人为革命视死如归的高贵品质，扩大了中国共产党在全国人民中的政治影响，有着极其重大而且深远的历史意义。

- 21 -

国民党一大各委员名单

1924年1月20日，广州虽然潮湿寒冷，但这一天的街上仍洋溢着喜庆的气氛。代表们从全国各地来到广州，出席中国国民党第一次全国代表大会。大会在广州市高等师范学校礼堂隆重召开。

孙中山亲自提名李大钊为大会主席团成员，同时，李大钊还兼任国民党宣言审查委员会委员、章程审查委员会委员、宣传审查委员会委员。参加大会各项组织领导工作的中共党员还有：毛泽东任章程审查

委员会委员，谭平山任党务审查委员会委员，于树德任宣言审查委员会委员。这三页纸就是在《复兴之路》展览中展出的由孙中山亲自批准的国民党一大各委员名单。

孙中山在致开幕词时说："今天在此开中国国民党全国大会，这是本党自有民国以来的第一次，也是自有革命党以来的第一次！从今天起，要把以前的革命精神恢复起来，把国民党改组。……此次国民党改组，有两件事：第一件是改组国民党，要把国民党再来组织成一个有力量有具体的政纲的政党；第

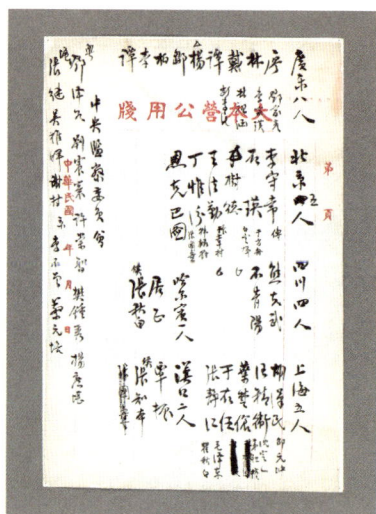

◇ 孙中山亲自批准的国民党一大各委员名单

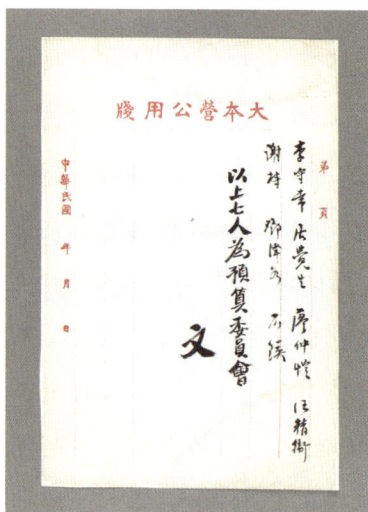

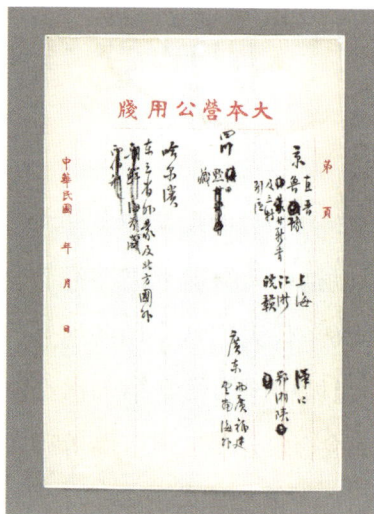

二件就是用政党的力量去改造国家。"

国民党一大标志着国共合作的正式形成，也是有国共两方党员参加的第一次大会。为了维护两党的合作，使两党的合作有一个良好的开端，孙中山十分注意两党党员的团结问题。他在致开幕词中便告诫说："当研究问题之时，必须各人虚心，不可以无意识的问题来挑拨意见。如果发生无谓的争论，会中的大问题就恐怕十天解决不了，我们这个会的成绩便不好。所以我们要提防，要警戒。"

孙中山的担心不是没有根据的。大会开幕前夕，林森、邓泽如、谢持、方瑞麟等人，以及国民党海外支部的部分代表，就曾在广州太平沙的一座住宅里举行过好几次谈话会，准备对加入国民党的共产党员有所取缔和防止，还为此准备了一个提案。加拿大的国民党支部代表黄季陆，甚至当着孙中山的面表示反对国共合作。

为了消除国民党内反对国共合作的倾向，孙中山于1月21日专门作了关于民生主义的演说，称"共产主义与民生主义毫无冲突，不过范围大小耳"，"本党既服从民生主义，则所谓社会主义、共产主义与集产主义均包括其中"，因此国民党容纳共产党是很自然的。

慑于孙中山的威信和大会上国共多数代表的意见，林森、邓泽如等人事先准备好的提案终于未敢提出。但几天之后，国民党右派又利用其他机会提出了自己的意见。

1月28日上午，当汪精卫代表国民党章程审查委员会作了章程第二次修正案的报告后，广州特别区代表方瑞麟提出："本党党员，不得加入他党，应有明文规定，主张在第一章第二条之后，增加一条文，为'本党党员不得加入他党'。"他的意见当即得到黄季陆、江伟藩等10多名代表的附议。

如果按照方瑞麟的提议，已加入国民党的共产党员则需退出国民党；或者，宣布脱离共产党。方瑞麟的真实用意还在于反对国共合作。

这时，李大钊起而发言。他用平缓的语调首先声明："兄弟深不愿在本党改造的新运中，潜植下猜疑与不安的种子；所以不能不就我个人及一班青年同志们加入本党的理由及其原委，并我们在本党中的工作及态度，诚恳地讲了两句话。"

他接着诚恳地说："我等之加入本党，是为有所贡献于本党以贡献于国民党革命的事业而来的，断乎不是为取巧讨便宜，借国民党的名义做共产党的运动而来的。"

他强调指出："我们加入本党是几经研究再四审慎而始加入的，不是糊里糊涂混进来的；是想为国民革命有所贡献于吾党的，不是为个人的私心利与夫团体的取巧有所攘窃于本党内。"

他越说越激动，环顾会场四周，义正辞严地说："我们加入本党的时候，自己先从理论上、事实上作过详密的研究；本党总理孙先生亦曾允许我们仍跨第三国际在中国的组织。所以，我们来参加本党而跨固有的党籍，是光明正大的行为，不是搞阴谋鬼计的举动。"

最后，他又诚恳地指出："本党既许我们以参加，即不必对于我们发生猜疑而再加防制。倘认我们参加本党为不合，则尽可详细磋商，苟利于本党，则我们之为发展本党而来者，亦不难为发展本党而去。惟有猜测防制，实为本党发展前途的障害，断乎不可不于本党改造之日明揭而除之。"

李大钊的发言得到了到会代表的赞同。黄季陆事后回忆说："李大钊的话委婉动听，似声泪俱下的神情，使大会一部分代表为之动容，会场情形几乎为之逆转。"

汪精卫以章程审查委员会主席的身份发言："吴稚晖、李石曾、张溥泉诸君都是无政府党，我们已承认他们为国民党员，如何对于共产党员又不允他，这是什么道理？且党章上已有纪律专章，对于党员违反党纪有所制裁，则党员跨党一层亦不必过虑。"

廖仲恺则十分明确地表示："对于方君的提案表示反对。吾人要问一问：我们的党是什么党？是不是国民党？第二要问：我们的党是否有主义的？是否要革命的？如对于我们的主义能服膺，革命能彻底，则一切皆可不生问题。且加入本党的人，我们只认他个人的加入，不认他团体的加入。只要问加入的人是否诚意来革命的，此外即不必多问。此次彼等之加入，是本党一个新生命。诸君如果不以为然，请先闭目静思其意何居，且彼等亦不是来拖累我们的，是与我们同做国民革命功夫的，请大家思之，重思之。"

大会最后否决了方瑞麟的提案，确认了中国共产党党员和社会主义青年团团员以个人身份加入国民党的原则。

大会在国共双方代表的共同努力下，胜利完成了各项任务。1月30日，中国国民党第一次全国代表大会宣告闭幕。这次大会的宣言重新解释了三民主义，确立了联俄、联共、扶助农工的三大政策，是孙中山晚年思想的一个飞跃。这次大会标志着国共合作的正式建立。从此，国共两党共同携手谱写了现代中国民主革命的新篇章。

－ 22 －

黄埔陆军军官学校第一期卒业证书

从《复兴之路》展览中的这张卒业证书中我们可知，这是中华民国十四年三月一日颁发给黄埔军校第一期学员贾伯涛的。贾伯涛1924年春经保荐投考黄埔军校，入第一期第三队学习，毕业后走上救国救亡的道路。

1921年12月，共产国际代表马林在广西会见孙中山，马林向孙中山提出"创办军官学校，建立革命军"的建议。1924年，为适应国民革命形势的发展，在苏联和中国共产党帮助下，孙中山在广州黄埔长洲岛上创办了黄埔军校。同年5月，黄埔军校正式开学。孙中山兼任军校总理，蒋介石任校长，廖仲恺任党代表。6月16日，黄埔军校举行开学典礼，孙中山到会并对新学员发表了热情洋溢的讲话："要从今天起，立一个志愿，一生一世，都不存在升官

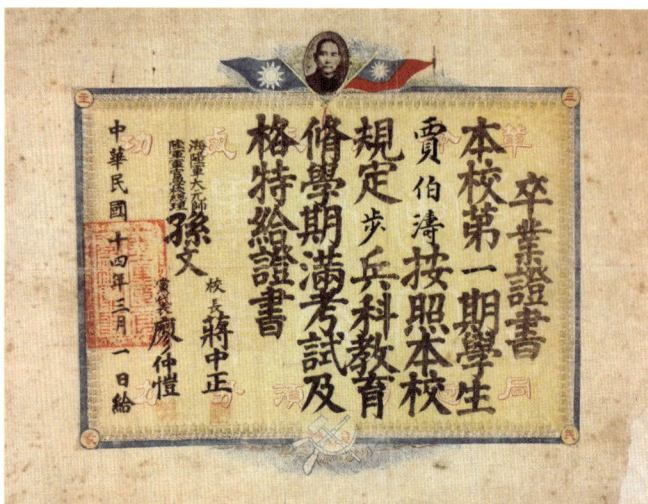

◇ 黄埔陆军军官学校第一期卒业证书

发财的心理，只知道做救国救民的事业。"

据史料记载，黄埔军校第一期到第四期在第一次国内革命战争时期毕业的学员共4981人。第五、六期于第一次国内革命战争时期入学，国共分裂后毕业，共有毕业生3136人，其中第六期生原有4400余人，由于动乱大部分离校，毕业时仅有718人。这些毕业生成为国民政府北伐战争中的主要军事指挥员。

贾伯涛的毕业证书长约42厘米，宽约40厘米，蓝框黄底。正上方有孙中山的头像和国民党青天白日旗、青天白日满地红旗。蓝框四角各有一字，即校训"亲爱精诚"。黄底隐约用篆书写有孙中山的名言："革

命尚未成功，同志仍须努力。"毕业证书的字体是楷书繁体字，内容竖写右起，具体内容为："本校第一期学生贾伯涛按照本校规定步兵科教育修学期满考试及格特给证书"。落款处为"总理孙文、校长蒋中正、党代表廖仲恺"的签名和印章。他们三位的签名按一个"品"字形来排列，即：孙文在最上方，蒋介石和廖仲恺并列在孙中山的下方。毕业时间是"中华民国十四年三月一日（校印）"。

黄埔军校第一期学生毕业证书有如下特点：

一是存世数量少。黄埔军校第一期的毕业人数为645人，但现存毕业证书只有7张。其中3张在中国

大陆。分别是贾伯涛、潘学吟和蔡升熙的毕业证书。另外4张在中国台湾，分别是王锡钧、伍诚仁、俞济时和容有略的毕业证书。

二是唯一一期同时有创校三位最高领导人签名：总理孙中山、党代表廖仲恺、校长蒋介石。1925年3月12日孙中山去世，所以从第二期开始就没有孙中山的签名，只有廖仲恺和蒋介石的并列签名。1925年8月20日，廖仲恺被暗杀，汪精卫接任党代表，第三期开始就没有廖仲恺的签名，只有汪精卫和蒋介石的并列签名。

三是有孙中山的名言"革命尚未成功，同志仍须努力"。长期以来，很多人都认为这句名言出自孙中山先生1925年的遗嘱，其实这句话是孙中山1923年11月为《国民党周刊》出版的题词，并非出自孙中山遗嘱。

黄埔军校，是近代中国最著名的一所军事学校，为未来的革命战争培养了许多著名军事将领，他们当中绝大部分人日后成了统率千军万马的将军。在中国共产党领导的人民军队中就有很多拥有黄埔背景的杰出军事人才，如聂荣臻、徐向前、左权、陈赓等，他们都是黄埔不同期的学员。黄埔军校以"亲、爱、精、诚"作为校风精神，以"主义、领袖、国家、责任、荣誉"作为平时培养和教育学员官兵的信念、宗旨与高尚情操。

黄埔军校从1924年11月30日招收第一期学员到1948年12月1日止，共举办过23期学员培训班，结业学员有32万多人。黄埔军校的学生曾多次参加过革命战争，为中国的革命事业作出了重大贡献。抗战时期黄埔军校旧址曾被炸毁，1964年做了一次较大的修缮基本恢复原貌。随着时代的变迁，当年的金戈铁马已经变成历史的记忆。黄埔军校旧址和校史，生动地展现了第一次国共合作时期两党携手进行反帝反军阀斗争的历史。黄埔陆军军官学校造就了中国当代史上无数骁勇善战的军事将领和声名显赫的政治巨人，一部黄埔军校史可以说浓缩着整个20世纪中国的革命史。

－ 23 －

叶挺独立团在北伐战争中使用
的《湖南邮路全图》

面对不断高涨的革命形势，为了同北方的国民军相呼应，粉碎敌人对南北革命力量各个击破的战略

◇ 叶挺独立团在北伐战争中使用的《湖南邮路全图》

部署；同时，为了用革命战争推翻帝国主义和封建军阀的反动统治，把革命推向全国，国民政府决定北伐。

湖南地处中国南北交通的要冲，自古以来是兵家必争之地。1926年5月1日，叶挺独立团从广东肇庆、新会出师北上，奔赴湖南前线，揭开了北伐战幕。这张在《复兴之路》展览中展出的《湖南邮路全图》就是叶挺独立团在北伐战争中曾经使用过的。

叶挺，字希夷，号西平，广东惠阳人。1896年生。保定军官学校毕业，曾任孙中山的警卫团营长。1924年加

入中国共产党，不久赴苏俄学习。1925年回国后，适值第四军扩充部队，叶挺与第四军将领陈铭枢、张发奎均熟识，陈、张等亦了解叶挺是一位不可多得的将才，遂邀叶挺到军中当团长。叶挺表示，如果当团长，也要当独立团团长。军长李济深答应了他的要求，当即委任他为独立团团长，并指定他的部队驻在广东西江肇庆地区。

叶挺独立团于1925年11月成立于广东肇庆市。它是在陆海军大元帅大本营铁甲车队的基础上，以黄埔军校部分中共党员、青年团员为骨干，从广东、广西、湖南招募贫苦农民作士兵组成的。

独立团共约2000人，由第四军参谋处处长叶挺（中共党员）担任团长，副团长为罗隆，参谋长为吴济民（后由中共党员周士第继任），军需主任为叶荃。全团下辖三个营和一个直属队。第一营营长先为周士第，后为曹渊（中共党员）；第二营营长先为贺声洋，后为许继慎（中共党员）；第三营营长先为杨宁（中共党员），后为张伯黄。各连连长多为中共党员。独立团建立了中共党支

部，团部直属队和各营成立了党小组。党支部书记为吴巨严，支委有叶挺、周士第、董朗。其番号虽为国民革命军第四军独立团，但实际上是由中国共产党直接领导的一支革命武装。独立团的连以上干部绝大多数是共产党员或共青团员。独立团的干部任免，调动和人员的补充，都由中国共产党决定，不受第四军的约束。

叶挺独立团从广东出发后，于5月下旬到达汝城县境，击溃谢文炳部1000余人，很快占领了汝城。5月31日，叶挺独立团到达湖南永兴县时，接到了唐生智的告急电，要求火速增援。这时，吴佩孚以优势兵力从三方面包围了衡阳。东路之敌万余人占领了攸县，并向安仁进攻。如果安仁失守，敌人就可以直扑来阳或郴州，切断国民革命军第八军同广东的联系，第八军就有可能陷于孤立而失败，广东也将受到严重的威胁。

在这种形势下，叶挺率领独立团冒雨兼程驰赴安仁。叶挺独立团与第八军第三十九团密切配合，于6月4日凌晨向敌人发起进攻，经过数

小时激战，敌人全线溃败，夺回了渌田、黄矛铺等处的阵地，并乘胜追击。5日晨，独立团占领攸县，粉碎了敌人的南犯计划，挽救和稳定了湖南的战局，增强了北伐各军的胜利信心。独立团首战告捷，为北伐各军进入湖南扫清了道路，创造了有利条件。

攸县战斗后，敌我双方在湖南中部对峙。敌人集中10万兵力，退守渌水以北的醴陵、株洲、长沙、湘潭、湘乡等地。而北伐军则以第四、七、六军约三万人进入湘南、湘东一带，警戒江西之敌。7月初，国民革命军第四、七军陆续到达攸县之后，立即会同第八军分三路进攻长沙。

7月10日，独立团和第四军其他三个团一道进攻醴陵，切断了长沙守敌与江西萍乡的联系，打开了进攻长沙的大门。同日，国民革命军第八军占领湘潭，长沙守敌叶开鑫部弃城出逃。11日，北伐军进驻长沙，敌军向平江、岳州方向退却。北伐军占领长沙时，张作霖、吴佩孚的军队正同国民军在南口进行紧张的争夺战。这时，吴佩孚已陷于南北两线

作战，顾此失彼的境地。

在敌人的防线中，平江是一个主要支撑点。平江北靠古城岭，南濒汨罗江，地势险要，宜守难攻，是兵家必争之地，有"平江失，则岳阳不保，武汉亦危"之说。守平江的是吴佩孚第五十混成旅，旅长是吴佩孚的心腹爱将，素以"健将"著称。在他的指挥下，万余敌军在汨罗江沿岸的丘陵地带构筑了坚固的防御工事，遍埋地雷，架设鹿砦、铁丝网等障碍物，并配合了重炮，严密防守。经过一番经营，敌人叫嚣，平江"固若金汤，不可逾越"。

8月10日，国民革命军第四军和第七军向平江城发起总攻。叶挺独立团和第四军另外一部分队伍渡过汨罗江，沿山间小道，迂回包围敌人，出其不意发动进攻，在国民革命军北伐部队和农民武装的夹击下，敌人溃不成军，当天下午就攻占了平江城，敌人的汨罗江防线迅速瓦解。在平江战役中，俘敌官兵1600多人。缴获大炮11门、枪1000余支。在平江战役的同时，国民革命军第七、八军渡过汨罗江，第七军攻占长乐，第八军进逼岳州并于8月22日将

它攻克，敌军全线溃退，从而挫败了吴佩孚固守待援的计划。这样，湖南地区的战斗胜利结束，北伐各军迅速推进到湖北境内。

北伐军在两湖战场上浴血奋战，立下了不朽的功勋。叶挺独立团在渌田、醴陵、平江、汀泗桥、贺胜桥、武昌诸战役中起了重要作用，而第四军是攻占汀泗桥、贺胜桥、武昌城的主力。他们被群众誉为铁军。

- 24 -

李大钊就义的绞刑架

中国共产党成立后，李大钊负责北方区党的工作。在中共二大至四大上，均被选为中央委员。国共合作期间，他协助孙中山制定联俄、联共、扶助农工三大政策和改组国民党，发挥了重要作用。

随着革命形势的日益高涨，李大钊的名声也越来越大，北洋军阀多次下令通缉。反动军警不但搜查了他在北京的住所，还派兵到他的老家河北乐亭抓人。1926年3月底，李大钊接受了苏联同志的建议，将国共两党在北京的领导机关迁入了东交民巷苏联大使馆西院的旧俄国兵营内。

为了抓到李大钊，反动军警派出大批特务化装成车夫、小商贩，天天在苏联大使馆旁边窥视。不久，由于叛徒的出卖，敌人得到了李大钊隐匿在东交民巷苏联大使馆的确切情报和其他党员的名单。

1927年4月5日夜，经张作霖批准，京师警察厅总监陈兴亚召集侦缉处长吴郁文、侦缉处副处长雷恒成等人，在京师警察厅会议室内制订了抓捕李大钊的行动方案。负责此次行动的总指挥官是吴郁文，他把抽调的540名警察宪兵分为12个小组，按照叛徒提供的名单，闯入苏联大使馆强行抓人。

被捕后，李大钊坚贞不屈，在《狱中自述》中写道："钊自束发受书，即矢志努力于民族解放之事业，实践其所信，励行其所知。"

4月28日上午11时，所谓的"军法会审"在警察厅南院大厅举行。仅仅进行了一个多小时，就以"意图扰乱公安，颠覆政府，内乱、叛乱罪名"，仓促宣布李大钊等20人死刑。接着，反动当局将李大钊等人用6辆汽车押往西交民巷京师看守所刑场。

下午2时，李大钊第一个走上绞台，面对死亡，他昂首挺胸，神色自若。连在场的看守也不得不为李大钊等人视死如归的精神所叹服，"受刑者个性虽殊，然莫不同具慷慨激昂、从容蹈死之慨，无一懦怯孥弱而作畏缩状者"。

怀着崇高的革命情操，李大钊这位共产主义运动的先驱者，伟大的马克思主义者，为共产主义事业贡献出了自己宝贵的生命，终年38岁。1927年4月29日的北京《晨报》披露了李大钊遇难的详细过程：

"当日看守所马路断绝交通，警戒极严。军法会审派定东北宪兵营长高继武为监刑官，在所内排一公案，各党人一一依判决名次点名，宣告执行，由执刑吏及兵警送往绞刑台。闻看守所中只有1架，故同时仅能执行2人，而每人约费时18分始绝命，计自2时至5时，20人始处刑完毕。首登绞刑者，为李大钊，闻李神色未变，从容就死。"

与李大钊同时就义的还有路友于、谭祖尧、邓文辉、张挹兰、谢伯愈等19名烈士。张挹兰是国民党北京特别市党部妇女部长，时年34岁，是20位遇难者中的唯一女性和最后一名走上绞架者。

在李大钊遇难的当天傍晚，他的妻子赵纫兰和子女们还不知道噩耗。第二天早晨，李大钊的舅舅周玉春上街买报纸，才看到了李大钊遇害的消息。《晨报》记者记述："李妻闻耗，悲痛号泣，气绝复苏者数次，病乃愈加剧，以致卧床不走。小儿女绕榻环立，其孤苦伶仃之惨状，见者莫不泪下。"

1949年2月2日，北平和平解放以后，新任北平市公安局郊七分局局长的朱文刚奉命带人前去接管国民党功德林监狱。当他们走进一间大房子里时，被靠墙处摆放的一座庞大的绞刑架吸引住了。绞架由纯铁制成，顶部可以固定绳索，脚下有两个可以抽拉的踏板。经询问得知，这台绞刑架曾绞死过李大钊，以后就再也没有用过……

北平市公安局长谭政文马上把此事上报北平市委书记彭真。彭真立刻意识到，杀害李大钊烈士的绞刑架是一件具有重大历史意义的文物，应当妥善保管。他指示北平市公安局文保组的民警配合市政府文物接管组的同志，把这台绞刑架从功德林监狱运送到北平历史博物馆（中国历史博物馆前身）。现在《复兴之路》展览中展出的就是这台绞刑架。

杀害李大钊烈士的凶器被意外发现之后，北平市公安局开始追查杀害李大钊等烈士的凶手。经过多方侦查，1951年6月20日，主犯吴郁文被抓捕归案，他对策划、抓捕李大钊的罪行供认不讳。之后，杀害李大钊的其他主要凶手陈兴亚、雷恒成、王振南等也相继落网，逐一伏法，这在某种程度上是对李大钊等革命先烈的一个告慰。

1983年3月1日，在李大钊诞辰94周年前夕，中共中央决定在香山公墓修建李大钊烈士陵园。同年9月1

◇ 李大钊就义的绞刑架

日,中共中央发表了《李大钊烈士碑文》,对其革命的一生给予了高度的评价。邓小平亲自为李大钊烈士纪念碑题词:"共产主义运动的先驱、伟大的马克思主义者李大钊烈士永垂不朽!"

- 25 -

南昌起义时朱德用的手枪

在《复兴之路》展览中,展出了一把M1896式警用型毛瑟手枪。该枪由德国毛瑟兵工厂制造,枪长268毫米,有效射程50米,10发固定弹匣供弹,当年,朱德就是拿着这支手枪,与周恩来、贺龙等人领导了著名的南昌起义,创建了人民军队。后来,朱德又带着这支手枪转战南北,并在手枪弹匣一侧刻下了"南昌暴动纪念朱德自用"的字样。

1927年,蒋介石、汪精卫先后背叛革命。但是,在反革命的大屠杀面前,"中国共产党和中国人民并没有被吓倒,被征服,被杀绝。他们从地下爬起来,揩干净身上的血迹,掩埋好同伴的尸首,他们又继续战斗了"。

为了挽救革命,根据共产国际的指示,中国共产党于1927年7月12日在汉口进行改组,成立了临时中央常务委员会。7月13日,中共中央发表了《中国共产党中央委员会对政局宣言》,谴责武汉国民党中央和国民政府的反动行径,决定撤回参加武汉国民政府的共产党员。随后,中央指定周恩来、李立三、恽代英、彭湃等组成前敌委员会,以周恩来为书记,前往南昌领导这次起义。

◇ 南昌起义时朱德用的手枪

在南昌起义中，朱德是特别值得一提的关键人物之一。他此时是朱培德第三军军官教育团团长兼南昌市公安局长，职责是镇守南昌。在这次起义前的准备工作中，朱德发挥了举足轻重的作用。7月27日，周恩来到达南昌后就秘密住进了朱德在花园角2号的寓所。朱德后来回忆说："鉴于我对南昌了若指掌，分派给我的工作是向总指挥部报告与起义有关的部队的情况，不论是支持的还是反对的。时间很短促，可是一切情况在我都很清楚。"

起义前，朱德做了充分的准备工作，一起参加起义的赵镕回忆："几天来，他肩负党的重托，紧张地开展活动，从早到晚忙个不停。他一方面要与地方党的同志密切联系，共商大事；另一方面还要和敌方上层人士，特别是国民党南昌驻军的高级军官广为交往，通过各种方式，加紧对他们进行争取工作；同时在交往中密切注视敌人的动态，了解敌军人员、武器、装备以及城防部署、火力配备等情况。每天深夜归来，他继续伏案挥笔，绘图标记。为了起义的胜利，他不辞辛劳，日以继夜、废寝忘食地工作着。"

7月29日，南昌的形势更加紧张。汪精卫、张发奎等人似乎对即将发生的起义有所察觉，在庐山又作出了妄图进一步镇压和消灭共产党的三条决定：一、严令贺龙、叶挺限期将军队撤回九江；二、封闭九江市党部、九江书店、九江《国民新闻报》，并逮捕其负责人；三、第二方面军实行"清共"。

7月30日下午，在叶挺的领导下，第二十四师召开了营以上干部会，师参谋长在会上布置作战计划。"敌人的兵力是朱培德一个警卫团、第三军两个团、第六军两个团、第九军一个团，共约六千余人；而我们的兵力却有三万！我们和贺龙同志率领的第二十军在一起行动，胜利是有绝对把握的。"

几乎同时，贺龙在军部的驻地也召开了干部动员会，他说："我们大家在一块都很久了。根据共产党的命令，我决定带部队举行起义！你们，愿意跟我走的，我们一块革命，不愿跟我走的，可以离开部队！"接着，贺龙宣布了第二十军的战斗部署：主攻朱培德第三军军部和江西省政府，并协助第十师解决老营房一带的敌军。

朱德的部队也开始进行动员与部署，当时在军官教育团受训的赵镕回忆说："直到7月31日晚，才突然宣布起义命令。由于教育团此时兵力单薄，分配战斗任务时，只分配教育团一面监视进贤门方面的情况，一面监视小花园敌军的一个团。"

当天晚上，朱德根据总指挥部的命令，在大士院32号大宴第五方面军和第六军在城里的团以上高级军官。晚9点，情况突然发生了变化。贺龙部有一名云南籍副营长赵某在接到起义命令后跑来告密，他说："刚接到命令，要他把自己辖区内的滇军解除武装……自己是云南人，也搞不清应不应该对同乡下手，该怎么办？"

敌军的几个团长听到这个消息，纷纷离座告辞。朱德不好阻拦，在宴会结束后立即赶到第二十军指挥部，将叛徒告密的事告诉了贺龙。于是，南昌起义提前两个小时打响。

起义开始时，起义军在脖子上系红领带，臂上缠白毛巾，在手电筒和马灯的玻璃罩上贴红"十"字。这是起义军的识别标志。

起义开始后，贺龙、刘伯承指挥第二十军第一师，立即向朱培德第五方面军总指挥部发起进攻。朱培德总部设在章江路口藩台衙门，这里驻有一个警卫团，是朱培德的精锐部队。战斗打响之后，敌人凭借有利地形，集中火力，封锁起义军的必经之路——鼓楼门洞。起义军战士奋不顾身地爬上房顶，由侧面登上鼓楼制高点，从上往下猛烈射击，把敌军压进第五方面军指挥部院内。此时，贺龙、刘伯承的指挥所，距离敌人只有200米，他们冒着弹雨，沉着指挥，经过3个小时的战斗，迫使敌人全部缴械投降。

在顺化门外，第二十军教导团、第六团和第十一军第十师，对小营房和老营房的敌第九军所部，发动突然围攻，迅速解决战斗。在新营房，第二十四师一部与广东农军并肩作战，进攻第三军第二十四团营房。敌人从梦中惊醒，还来不及摸枪，就当了俘虏。

经过4个多小时的激烈战斗，起义军全歼守敌3000余人，占领南昌城。起义胜利了！革命的旗帜在总指挥部的五层大楼上高高地升起。对于这场具有历史意义的战斗，叶挺做了如下记述："八月一日上午（凌晨）二时解除武汉军的武装，发生激烈的战斗（因贺龙所属一营长在事前泄露机密，敌人已有严密的警戒）。至天明即将南昌城肃清。贺龙所获枪支约二千支、子弹十余万发，我们所部获枪二千余支，共五千支，子弹七十万发，大炮数门。"

为了争取和团结国民党中一部分愿意继续革命的人士，揭露蒋介石和汪精卫背叛孙中山革命精神的面目，这次起义仍然使用国民党左派的旗帜。南昌起义打响了武装反抗国民党反动派的第一枪，用血和火的语言，向世人展示了中国共产党人不畏强暴、坚持革命的坚强决心，标志着中国共产党创建人民军队的开始。

– 26 –

吉鸿昌亲书父亲遗嘱的纪念碗

1895年10月，在河南省扶沟县吕潭镇一家吉姓的小茶馆后院，诞生了一名男孩，取名鸿昌。生活的磨炼，造就了他刚直倔强、富于正义感的性格。18岁的时候，恰逢冯玉祥在河南招兵，于是吉鸿昌便报名参军，从此开始了一生的戎马生涯。

由于吉鸿昌待人诚恳，吃苦耐劳，恪守军规，勇敢善战，年仅25岁就在西北军冯玉祥部下担任营长。

1920年5月，吉鸿昌的父亲得了重病，临终前语重心长地对他说："当官要清白廉政，多为天下人着想，作官即不许发财。"

父亲病逝后，吉鸿昌当即把"作官即不许发财"七个字写在碗上，交给陶瓷厂烧制。瓷碗烧好后，他用集合全体官兵，举行了严肃的发放仪式。他说："我吉鸿昌虽为长官，但我绝不欺压民众，掠取民财，我要

◇ 吉鸿昌亲书父亲遗嘱的纪念碗

牢记家父的教诲，作官不为发财，要为天下穷人办好事，请诸位兄弟监督。"接着，他亲手把瓷碗发给了全体官兵，勉励大家廉洁奉公。

自此，吉鸿昌以"作官即不许发财"为座右铭，以岳飞、文天祥等人为心目中的英雄。那只瓷碗也一直伴随着他走南闯北，成为一面镜子，时刻提醒自己应如何为人做事。

1930年也就是35岁那年，吉鸿昌被提拔为国民革命军二十二路军总指挥。当时正值北伐战争之后，日本帝国主义对中国虎视眈眈，可是国民党借口"攘外必先安内"，竭尽全力"剿杀"共产党。吉鸿昌对此颇为不满，自1926年北伐战争开始，他就开始受到了中国共产党的影响，并接受许多共产党员进入部队。

在奉命攻打鄂豫皖苏区之前，吉鸿章化装成小炉匠进入苏区，亲眼看到了中国共产党的真实情况，思想上受到很大震动。经过认真思考，吉鸿昌决心率部起义。不料蒋介石得到密报，很快解除了他的兵权，以"考察"的名义将他驱逐到国外。

就在吉鸿昌出国前夕，九一八事变发生了。听到这一消息后，吉鸿昌声泪俱下地说："国难当头，凡有良心的军人都应该誓死救国！"他坚决要求留在国内，与日本帝国主义血战到底。但蒋介石无动于衷，依然逼他出国。吉鸿昌满怀悲愤地在上海下榻的旅馆墙上，留下了"但使龙城飞将在，不教胡马度阴山"的诗句，以明自己的心志。

出国以后，赤心爱国的吉鸿昌在美国受尽了民族歧视，有人告诉他，你说自己是日本人，就可以受到礼遇。吉鸿昌怒不可遏："你觉得当中国人丢脸，我觉得当中国人光荣！"为此，他特意做了一枚木制胸卡，上面用英文写着："我是中国人！"他随时随处佩戴它，用中华民族的自尊向美国的种族歧视挑战。

虽然身在国外，吉鸿昌仍不遗余力地宣传抗日。1932年，日军进攻上海，淞沪抗战爆发，吉鸿昌闻讯提前回国，再次向蒋介石请缨抗日。可是蒋介石却让他在上海办实业，他愤懑至极："我是军人出身，军人的天职是卫国杀敌，不是发财！"

由于爱国无门，吉鸿昌只好采取独立行动，潜至湖北发动旧部起义，被蒋介石派兵通缉。在万不得已的情况下，吉鸿昌再次进入苏区，后由苏区至上海，再由上海北上天津。不久，吉鸿昌与中共天津地下组织取得联系，并于1932年11月加入了中国共产党，完成了从一名旧军人向伟大的共产主义战士的转变。

为实现抗日救国的誓愿，吉鸿昌变卖家资，购置武器，联合了冯玉祥等爱国军人，于1933年5月26日在张家口成立察哈尔民众抗日同盟军，发表"外抗暴力，内除国贼"的声明，吉鸿昌为第二军军长。6月开始，吉鸿昌被任命为北路前敌总指挥，

率部北进，三战三捷，收复多伦，对全国抗日力量产生极大鼓舞。

由于蒋介石想方设法破坏抗日同盟军的爱国行动，致使吉鸿昌所部因弹尽粮绝而失败。对于吉鸿昌的抗日活动，蒋介石恨之入骨，严令特务机关必欲除之而后快。1934年11月9日，国民党特务勾结天津法租界当局，在国民饭店刺杀吉鸿昌未遂，便将他逮捕。吉鸿昌被从法国工部局引渡到天津警察局，旋即押往河北蔡家花园51军的军法处。审讯时，吉鸿昌义正词严地说："我抗日，是打鬼子、救中国！我作地下工作，是为中国人民求解放！我早已把生死置之度外，想用审讯吓住我，你们想错了！"

行刑前，39岁的吉鸿昌以地为纸，用枯枝作笔，写下了一首感天动地的绝命诗："恨不抗日死，留作今日羞。国破尚如此，我何惜此头！"就这样，一位富贵不能淫，威武不能屈的抗日民族英雄，没有死在日本人的枪口之下，而是死在了国民党政府手中，引发了我们太多太多的历史哀痛与沉思。

虽然吉鸿昌已离我们而去，但

他亲手烧制的那只大碗依然留存于世,在《复兴之路》展览中展出。碗上面的那句话依然在警示着我们。

"作官即不许发财"的含义很明确,就是不许利用官位抑或职位来聚金敛财、受礼索贿,更不得因当官而暴富。在当时社会腐败、贪官污吏盛行的情况下,官至国民革命军二十二路总指挥的吉鸿昌能始终恪守着"作官不发财"的信条,实在难能可贵。正因如此,他留给我们的不仅仅是大义凛然的牺牲精神,他所信奉的"作官即不许发财"和他那"身外浮云何足论"的淡泊功名利禄的精神,将永远是后人学习的榜样。

- 27 -

《关于反对敌人五次"围剿"的总结的决议》

遵义位于贵州高原北部,北依娄山屏障,南临乌江天险,自古为兵家必争之地,是贵州的第二大城市,也是红军长征以来所经过的第一座较大的中等城市。

1935年1月15日至17日,中共中央政治局在遵义召开了扩大会议,这次会议经历了一个长期而紧张的酝酿过程。早在第五次反"围剿"过程中,毛泽东就曾多次提出战略性建议,均被"左"倾领导者所拒绝。

长征开始后,毛泽东做了大量细致的思想工作,帮助一些同志明辨是非,转变错误立场。他首先争取到的是当时担任中革军委副主席兼红军总政治部主任的王稼祥。接着,又做张闻天的工作。此外还得到了周恩来、朱德等人的支持。于是,召开会议的条件成熟了。

1月15日晚,中共中央政治局扩大会议在遵义旧城国民党第二十五军第三师师长柏辉章的公馆内举行。会议由博古主持。红九军团军团长罗炳辉、政治委员蔡树藩因在湄潭一带执行警戒任务，未能出席会议；红五军团军团长董振堂因在党内没有领导职务，也未能出席会议。

出席会议的中央政治局委员共六人（以姓氏笔画为序）：

毛泽东　中华苏维埃共和国中央政府主席。

朱　德　中国工农红军革命军事委员会主席、红军总司令。

陈　云　全国总工会党团书记，长征开始时为五军团中央代表、军委纵队政治委员、遵义警备司令部政治委员。

周恩来　中国工农红军革命军事委员会副主席、红军政治委员，长征开始时为"三人团"成员。

张闻天（洛甫）　中华苏维埃共和国中央政府人民委员会主席。

秦邦宪（博古）　中共中央总负责，长征开始时为"三人团"成员。

实际上，中共六届五中全会选举的政治局委员还应该有王明（在莫斯科）、项英（在瑞金）、张国焘（在红四方面军）、任弼时（随红六军团去湘西）、顾作霖（1934年5月28日病逝于瑞金）等六人。

中共六届五中全会选举的政治局候补委员共五人，其中关向应不在遵义，因此出席遵义会议的只有四人，即（以姓氏笔画为序）：

王稼祥　中国工农红军革命军事委员会副主席、红军总政治部主任。

邓　发　国家保卫局局长。

刘少奇　全国总工会委员长、中共福建省委书记，长征时为八军团中央代表。

何克全（凯丰）　共青团中央书记，长征开始时为九军团中央代表。

参加这次会议的人员还有：

林　彪　一军团军团长。

聂荣臻　一军团政治委员。

彭德怀　中共中央候补委员、三军团军团长。

杨尚昆　中共中央候补委员、三军团政治委员。

李卓然　五军团政治委员。

李富春　中共中央候补委员、红军总政治部副主任、代主任。

刘伯承　红军总参谋长、军委

纵队司令员、遵义警备司令员。

列席这次会议的有：

李 德 共产国际驻中国军事顾问，长征开始时为"三人团"成员。

邓小平 《红星报》主编、中央秘书长。

伍修权 翻译。

会议的中心议题是：（一）决定和审查黎平会议所决定的暂时以黔北为中心，建立苏区根据地的问题。（二）总结在反对五次"围剿"与西征中军事指挥上的经验与教训。会议主要围绕军事问题进行讨论、总结并作出决定。

会议由博古主持并作关于第五次反"围剿"的总结报告，他对军事上接连失利作了些检讨，但主要是强调客观原因，强调敌人的强大，作为不能在中央根据地粉碎第五次反"围剿"的主要原因。

接着，由中革军委副主席、红军总政委周恩来作副报告。他指出，第五次反"围剿"失利的主要原因是军事领导者犯了战略战术方面的严重错误。他主动承担责任，作了自我批评，同时也批评了博古、李德的错误。

按照会前毛泽东、王稼祥共同商量的意见，张闻天作了反对"左"倾军事错误的报告，即"反报告"，比较系统地批评了博古、李德在军事指挥上的错误，为遵义会议彻底否定单纯防御路线定了基调。

随后，毛泽东作了重要发言，讲了大约一个多小时。他认为博古的报告没有抓住问题的症结，没有触及第五次反"围剿"军事指挥上存在严重错误这个带根本性的问题，因而报告是不能成立的。他在发言中一针见血地指出，第五次反"围剿"失败的主要原因决不在于客观，而是由于博古、李德实行单纯防御路线，在战略战术上犯了一系列错误：第一个错误是以堡垒对堡垒。第二个错误是分散兵力。第三个错误，军事上没有利用十九路军事变这一有利条件。第四个错误，在战略转变上迟疑不决，在实施突围时，指挥无章，行动无序，部队出动仓促，使红军的战略突围行动变成了一种惊惶失措的逃跑和搬家式的行动。

紧接毛泽东之后发言的是王稼祥，他过去在莫斯科与博古是同学，关系也很不错。但是，当他被派往中央革命根据地后，亲耳听到、亲眼看到了在毛泽东领导下，红军如何取得了第一、二、三次反"围剿"的胜利，思想认识发生了极大的转变，长征路上与毛泽东等人共议挽救党和红军命运的大计。在今天的发言中，王稼祥认为会议的主要目的，就是要通过对"左"的单纯防御军事路线的批判，把李德"轰"下台，把毛泽东推上台，以确保党的战略战术指导的正确性。

王稼祥发言之后，朱德态度鲜明地支持毛泽东的正确意见。他的发言得到了与会绝大多数同志的积极支持。刘伯承、李富春、聂荣臻、彭德怀、李卓然等都相继发言，表示支持毛泽东的发言和张闻天的"反报告"。

会议一共开了三天，气氛紧张激烈，每天总是开到半夜才休会。最后，会议作出了下列重要决定：（一）选举毛泽东同志为中央政治局常委；（二）指定洛甫（张闻天）同志起草会议决议，委托政治局常委审查后，发到支部去讨论；（三）政治局常委再进行适当的分工；

（四）取消"三人团"，仍由最高军事首长朱德、周恩来为军事指挥者。委托周恩来同志为党内对于指挥军事下最后决心的负责者。

会议还面临着一个紧迫的问题，就是红军向何处去。虽然黎平会议和猴场会议都决定建立以遵义为中心的根据地，但到遵义实地一看，这个地方也不理想。这样，刘伯承和聂荣臻在会议上提出了自己的建议——北上川西北。会议接受了他们的建议，毛泽东进行了补充和完善，主要是要扛起北上抗日的旗帜。这样，红军的行动方向就确定

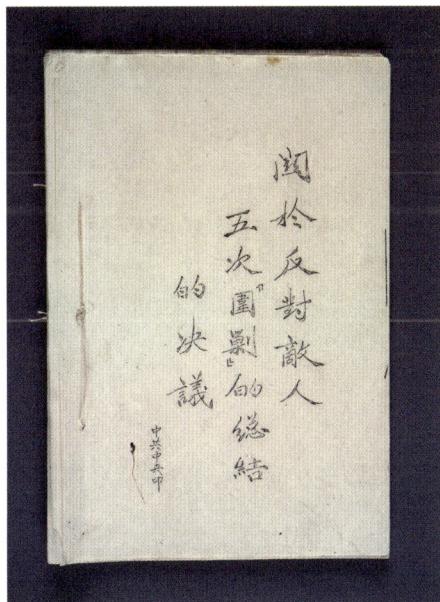

◇ 《关于反对敌人五次"围剿"的总结的决议》

下来了。

遵义会议，把战争问题放在第一位，集中全力解决当时最紧迫的、关系到中国共产党和红军生死存亡的军事问题和组织问题，对认识尚不一致的政治问题留待以后解决。这样做适合当时多数同志的认识水平，既保证了最主要问题的解决，又维护了党内的团结。根据毛泽东、王稼祥、朱德、周恩来、李富春、聂荣臻等多数人发言中提出的意见，后来形成了《中共中央关于反对敌人五次"围剿"的总结决议》。80多年过去了，这份决议现在《复兴之路》展览中展出。决议总结了第五

次反"围剿"以来红军失败的教训，阐明了中国革命战争的特点和相应的战略战术，批评了"左"倾冒险主义在军事上的错误。对此，中共十一届六中全会通过的《关于建国以来党的若干历史问题的决议》予以了高度的评价："遵义会议，确立了毛泽东同志在红军和党中央的领导地位，使红军和党中央得以极其危急的情况下保存下来，并且在这以后能够战胜张国焘的分裂主义，胜利地完成长征，打开中国革命的新局面。这是党的历史上是一个生死攸关的转折点。"

- 28 -

关于红军长征经过和遵义会议情况的俄文记录稿

长征以前，由于没有大功率的无线电台，中共中央无法和数千里之外的共产国际直接取得联系，当时中共中央与共产国际之间的通

讯来往都是经过上海的中央局转发的。

1934年秋是中国革命最艰难的时期，当时不但江西的中央苏区处

于敌人重兵的包围封锁之中，而且上海的地下组织也接连遭到严重的破坏。1934年6月、10月和1935年2月，在上海的中央局机关先后三次遭受严重破坏，对外电讯联络的损失惨重。潘汉年在一封信中谈及此事时写道："[中共]上海[中央]局大暴露之后，[中共]中央与上海之间的无线电联系就中断了。在长时间的西征期间，我们曾打算通过[中国]红二、六军团恢复联系，但也未成功。至于莫斯科与[中共]中央之间的无线电联系，我们只能收到消息，而莫斯科听不到我们的声音，因为我们的发报机功率太小。所以我们向西部进发时，没有随身携带这套设备。因此，共产国际与我们之间的无线电联系也就中断了。[中共]中央认为，共产国际与国统区党以及与[中共]中央之间这样长时间地失去联系会给工作带来重大损失。"

为了得到共产国际的指示和帮助，党中央十分重视恢复与共产国际间的联系，采取了一系列的重要措施。

为了将遵义会议的详细情况报告给共产国际，1935年1月中旬，中共中央负责人张闻天与潘汉年谈话，要求他和陈云等人离开长征队伍，潜赴白区，设法建立同共产国际以及上海中央局的联系。张闻天要潘汉年先行一步，在上海潜伏下来，恢复党的秘密工作，同时设法打听上海方面有无共产国际关系，再通知陈云，见机行事。接受任务后，潘汉年与陈云约定到上海后以吕鉴莹处作为基本联络点。吕鉴莹是潘汉年的表妹，与陈云也相识已久。同时，吕鉴莹的丈夫潘渭年（即潘企之）是潘汉年的堂弟，曾在潘汉年领导下从事对敌隐蔽斗争，成为党的一个秘密联络点。然而由于上海当时的形势危急，潘汉年折回香港，等候消息。

1935年5月29日夺取泸定桥的当晚，红军在泸定桥附近的一所房子里召开会议。毛泽东、朱德、周恩来、张闻天、王稼祥、陈云等中央政治局委员参加了会议，并着重讨论了红军北上的路线和恢复党在白区工作的问题，决定"红军向北走雪山草地一线，避开人烟稠密地区；派陈云去上海恢复白区党的组织，与上海共产国际取得联系"。由于陈云会讲上海话并且具有丰富的白区工作经验，因此中共中央决定派他去完成这项任务。此外，由于从1934年下半年起中共中央与共产国际的通信联络中断，在长征途中召开的遵义政治局扩大会议自行调整和增补了党的主要领导人，未经共产国际的批准，因此会后有必要向共产国际进行解释，以争取他们的理解和继续支持，维持和巩固遵义会议的成果。

1935年6月，陈云秘密地离开了长征队伍去完成中央交给他的使命。陈云在四川的中共地下党员席懋昭的护送下，从灵官殿经荥经、雅安到达成都，随即乘坐轮船到达上海。到上海后，陈云发现上海党组织已经遭到严重的破坏。7月间，潘汉年与陈云在上海会合。鉴于上海当时的险恶形势，暂时还不具备恢复白区工作的条件，两人商定先后乘船经海参崴去莫斯科。8月5日，潘汉年派潘渭华护送陈云上船，同去的还有陈潭秋、曾山、杨之华等。

8月20日，陈云、陈潭秋等人到达莫斯科。8月下旬，潘汉年化名"水番三郎"，乘坐苏联货轮"东方号"按照同一路线前往莫斯科。9月下旬，潘汉年抵达莫斯科。从10月2日起，陈云、潘汉年分别以史平、白林的化名，同陈潭秋等人一起开始参加中共代表团的会议，并成为中共代表团的三个正式代表之一。10月22日，陈云参加共产国际执行委员会书记处会议，并在这次会议上向书记处系统地、实事求是地讲述了中国共产党、中共中央红军主力战略大转移和遵义会议的情况。参加会议的国际执委会书记处书记曼努伊尔斯基说："这是极其珍贵和十分重要的材料，多年来我们还不

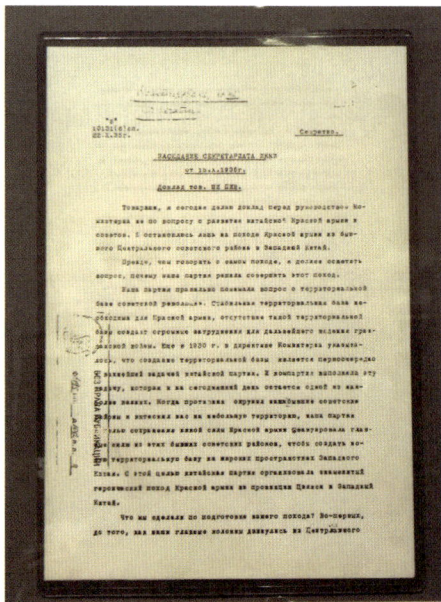

◇ 关于红军长征经过和遵义会议情况的俄文记录稿

曾有过外国党的这类材料。我认为，迄今为止在我们对中国的态度上有过许多的热情和下意识的爱，但我要让你们相信，我们看到了一个确实在中国成长为一支巨大力量的生气勃勃的党。"现在《复兴之路》展览中展出的就是关于红军长征经过和遵义会议情况的俄文记录稿。

1935年秋，陈云在莫斯科完成了《随军西行见闻录》，1936年秋连载于中国共产党在巴黎主办的《全民月刊》。10月，陈云在共产国际执委会上作的《报告》，后经人整理编辑成《英勇的西征》一文，于1936年春发表在共产国际主办的《共产国际》杂志（中文版）第1、2期合刊上，成为后人研究长征和遵义会议历史的珍贵史料，扩大了中国共产党及中国工农红军在共产国际和世界上的影响力。

对于很长时间没有直接得到来自中共中央消息的共产国际来讲，1935年陈云莫斯科之行增加了他们对于中国共产党以及以毛泽东为代表的领袖群体的信任。陈云详细、客观的报告以及在莫斯科的活动对毛泽东领袖地位的形成和巩固起到了不可缺少的"口碑"作用。

– 29 –

首次全文刊登《义勇军进行曲》的《电通半月画报》

电通影片公司1934年夏建于上海，是中国早期私营电影企业之一。在党的电影工作者和戏剧工作者的共同努力下，迅速召集和联合了一批左翼和进步的电影工作者。

为配合影片的宣传和发行，电通影片公司于1935年5月出版了《电通半月画报》，由公司的四位导演孙师毅、袁牧之、许幸之和司徒慧敏利用各自的拍片空隙轮流编辑（第

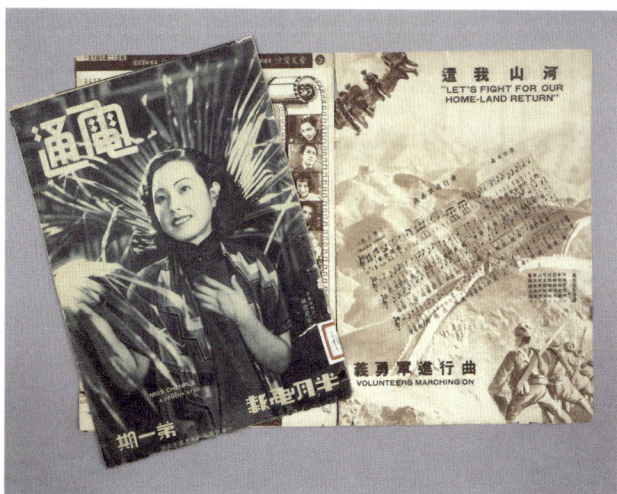

◇ 首次全文刊登《义勇军进行曲》的《电通半月画报》

它还刊登电影常识浅释、演职员生活报道、编后记以及观众感兴趣的各种问题等。《电通半月画报》虽然只编辑出版了13期，为后人研究左翼电影运动留下了一份弥足珍贵的电影史料。

13期由唐纳主编）。《电通半月画报》不仅在内容上有着鲜明的政治倾向，在内容报道和编排形式上也有独特之处，因此广受欢迎。

《电通半月画报》深受广大读者喜爱的原因主要有以下三个：首先，它取材广泛，编排新颖独特；其次，《电通半月画报》是大8开本，这样的版式在16开电影刊物流行的年代，显得尤为醒目；最后，以文字、照片、地图、漫画、乐谱和表格等多种形式，及时、形象、具体地报道、评论电通股份有限公司出品的影片和制作状况，介绍苏联戏剧情况和电影导演的创作经验，刊登国内外电影艺术及技术方面的论文。此外，

现在《复兴之路》展览中展出的是1935年6月1日出版的《电通半月画报》第2期。本期是《风云儿女特辑》，封面是王人美，封底是谈瑛和袁牧之。除第一次登载了聂耳作曲的《义勇军进行曲》以外，还刊登了田汉编写的1.8万余字的《风云儿女》文学故事梗概及电影剧照等。

《风云儿女》的故事由田汉编写，虽在当时国民党和租界当局有不准拍摄抗日影片的明令，但故事还是带有明确的抗日主题，是以东北抗日义勇军的战斗生活为背景创作出来的。这个故事反映了当时为民族解放而斗争的大背景下知识青年的觉醒和成长，也曲折地反映了全

国人民一致要求抗日的热烈愿望。

因为田汉在左翼戏剧运动当中起到了举足轻重的作用，国民党反动当局将其列为重点通缉的对象。1935年2月初，田汉将完成的电影剧本交给了孙师毅，并附上了该电影的主题歌《万里长城》（即《军歌》）的第一段。此后不久，中共江苏省委和上海"文委"全都遭到了国民党反动当局的破坏。田汉于2月19日被捕入狱。田汉的被捕在文艺界引起了轩然大波和同仁的极大愤慨。据夏衍后来回忆，他们拿到电影剧本以后，仔细看了下，发现剧本的最后几页，包括附在电通电影制片公司的一沓稿纸的最后一页，即写有主题歌歌词的那一页，全都被茶水濡湿了，字迹有些模糊。为此，他们一点一点地誊抄了一遍，最后由夏衍把整个剧本的基本故事修改了一下，并将剧本定名为《风云儿女》，主题歌起名为《义勇军进行曲》。

田汉被捕后，作曲家聂耳也成了国民党特务追捕的目标，党组织为他的安全着想，决定让他先去日本，然后绕道去苏联和欧洲学习考察。就在聂耳即将动身之前，他得知田汉创作了一部抗日题材的电影故事，里面还有一首主题歌曲，马上想起了他们之间的约定，便不顾个人安危，找到夏衍主动请缨。据夏衍回忆："等不及我开口，他已经伸出手来和我握手了。"于是，聂耳回到霞飞路（今淮海中路）的寓所内，轻轻展开由夏衍和孙师毅誊抄的《军歌》，仔细品味着田汉写就的《军歌》歌词。这歌词仿佛浓浓夜幕中的一声惊雷，当他读到"起来！不愿做奴隶的人们！把我们的血肉，筑成我们新的长城！中华民族到了最危险的时候"之时，仿佛听到了祖国母亲的呻吟、民族的呼声、祖国的召唤、战士的怒吼，爱国激情从心底油然而生。激情触发了灵感，它逐渐汇聚成了一股雄壮激昂的旋律，以至于聂耳仅用了两天时间就完成了《义勇军进行曲》曲谱初稿。

为了保护聂耳这位天才的音乐家，党组织决定让他立即离开上海。可聂耳还是坚持修改了两个星期。在出国前一天，他冒着危险来到上海荆州路405号电通电影制片公司摄影棚，用创作出的简谱初稿试唱了《义勇军进行曲》，并认真倾听了大家对《义勇军进行曲》谱曲方面的修改意见。

1935年4月15日清晨，聂耳乘轮船赴日本，然后准备绕道苏联学习音乐，并把《义勇军进行曲》的初稿带到日本修改。一踏上日本的土地，想到正在饱受日本帝国主义铁蹄蹂躏的祖国母亲和民族同胞，聂耳义愤填膺，没过几天，《义勇军进行曲》的修改稿便宣告完成。修改后的歌词如下："起来！不愿做奴隶的人们！把我们的血肉，筑成我们新的长城！中华民族到了最危险的时候，每个人被迫着发出最后的吼声！起来！起来！起来！我们万众一心，冒着敌人的炮火前进！冒着敌人的炮火前进！前进！前进！进！"

4月末，聂耳把《义勇军进行曲》曲谱的定稿由日本东京寄给了在上海的司徒慧敏。和初稿相比，修改后的这首歌曲调更加激越、高昂。尤其是修改稿在原词"我们万众一心"的前面一连加了三个叠词"起来！起来！起来！"，这种艺术创作手法大大增强了这首歌的感召力和所蕴含的激情，并将旋律推向了高潮，这就使得这首歌达到了力度倍增的艺术效果，从而给人以无穷的力量！这首表现中华民族不屈不挠、誓死捍卫祖国尊严、充满团结御敌气概的革命战歌就这样诞生了。

然而，就在电影《风云儿女》热映的时候，1935年7月17日，从日本传来一个令人震惊的噩耗：聂耳在日本神奈川县藤泽市鹄沼海滨游泳时，不幸溺水身亡。令人没有想到的是《义勇军进行曲》竟然成了这位才华横溢的年轻作曲家生命中的绝唱。

《义勇军进行曲》，以奔放的革命热情，激昂的旋律唱出了时代的声音，其影响远远超过影片本身，让当年的电影观众热血沸腾，吹响了抗战时代的进军号角，从此响彻云霄，成为广泛流行的革命歌曲之一，多年来受到人民的喜爱。

- 30 -

《中国共产党为公布国共合作宣言》

在《复兴之路》展览中展出的《中国共产党为公布国共合作宣言》，向世人展现了全国抗战爆发后，中国共产党为国共合作，实现全民族抗战所做出的努力。1937年7月7日，日本侵略者悍然发动了全面侵华战争，给中国人民带来了前所未有的巨大灾难。中共中央立即发表通电，呼吁迅速建立抗日民族统一战线。7月15日，周恩来率中共谈判代表团赴庐山再次直接同蒋介石谈判，并向中国国民党方面转交了《中国共产党为公布国共合作宣言》。

随着日军开始进攻上海，国民政府对于国共合作的态度逐渐积极起来。

9月上旬，中共中央派秦邦宪到南京，同在那里的叶剑英一起同国民

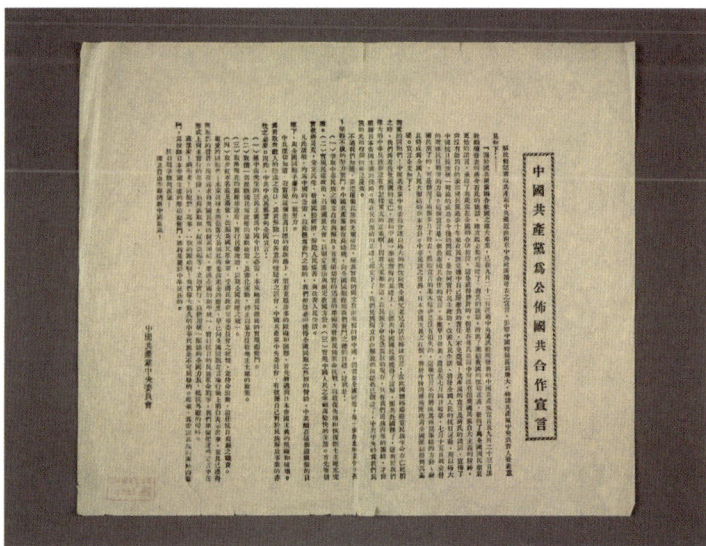

◇ 《中国共产党为公布国共合作宣言》

党代表康泽谈判。在谈判中，中共代表秦邦宪、叶剑英再次提出要尽早发表国共合作宣言，以更好地组织全民族抗战。然而，国民党代表康泽仍坚持要将宣言中所提争取民族独立、实现民权政治、改善民众生活三大政治纲领删去。对此，中共代表坚决反对。双方争执很久，没有结果，最后决定暂时搁下来。

9月22日，中国国民党中央通讯社向全国播发了《中共中央为公布国共合作宣言》，并在《中央日报》上刊载。宣言写道："中国共产党中央委员会谨以极大的热忱向我全国父老兄弟诸姑姊妹宣言，当此国难极端严重民族生命存亡绝续之时，我们为着挽救祖国的危亡，在和平统一团结御侮的基础上，已经与中国国民党获得了谅解，而共赴国难了。这对于我们伟大的中华民族前途有着怎样重大的意义啊！因为大家都知道，在民族生命危急万状的现在，只有我们民族内部的团结，才能战胜日本帝国主义的侵略。现在民族团结的基础已经定下了，我们民族独立自由解放的前提也已创设了，中共中央特为我们民族的光明

灿烂的前途庆贺。"

宣言指出，要把民族的光辉前途变为现实的独立自由幸福的新中国，仍需要全国同胞，每一个热血的黄帝子孙，坚韧不拔地努力奋斗。宣言向全国同胞提出了三大奋斗目标，即关于民族、民权、民生三大政治纲领：（一）争取中华民族之独直自由与解放。首先切实地迅速地准备与发动民族革命抗战，以收复失地和恢复领土主权之完整。（二）实现民权政治，召开国民大会，以制定宪法与规定救国方针。（三）实现中国人民之幸福与愉快的生活。首先须切实救济灾荒，安定民生，发展国防经济，解除人民痛苦与改善人民生活。

为了实现这三项总目标，"中共中央再郑重向全国宣言：（一）孙中山先生的三民主义为中国今日之必需，本党愿为其彻底的实现而奋斗。（二）取消一切推翻国民党政权的暴动政策及赤化运动，停止以暴力没收地主土地的政策。（三）取消现在的苏维埃政府，实行民权政治，以期国家政权之统一。（四）取消红军名义及番号，改编为国民革命军，受

国民政府军事委员会之统辖，并待命出动，担任抗日前线之职责"。

宣言郑重向全国公布了中共早已向中国国民党方面作出的、并正在逐步实施的"四项保证"，说明"本党这种光明磊落大公无私与委曲求全的态度，早已和全国同胞在言论行动上明白地表示出来，并且已获得同胞们的赞许"。宣言最后号召全国同胞：在国共合作的基础上，为巩固民族的团结，为推翻日本帝国主义的压迫而奋斗。

9月23日，蒋介石发表《对中国共产党宣言的谈话》承认，"此次中国共产党发表之宣言，即为民族意识胜过一切之例证"；认为宣言所举诸项"均与本党三中全会之宣言及决议案相合"；表示"余以为吾人革命所争者，不存个人之意气与私见，而为三民主义之实行；在存亡危急之秋，更不应计较过去之一切，而当使全国国民彻底更始，力谋团结，以共保国家之生命与生存"。蒋介石这个谈话的发表实际上承认了中国共产党在全国的合法地位。

《中共中央为公布国共合作宣言》及蒋介石谈话的发表，标志着第二次国共合作已正式形成。这是中共中央采取一系列正确方针政策和措施的结果，是全国人民强烈要求国共两党应该团结抗日的结果，也是中国国民党顺应历史潮流以民族大义为重而改变政策的结果。蒋介石谈话发表后的第三天，张闻天、毛泽东代表中共中央发出《关于国共两党抗日民族统一战线建成后宣传内容的指示》，指出："这个宣言不但将成为两党团结的方针，而且将成为全国国民大团结的根本方针。中华民族之复兴，日本帝国主义之打倒，将于今后的两党团结与全国团结得到基础。"这个指示对蒋介石的谈话也给予高度的评价。

国共两党的合作是抗日民族统一战线的基础，是全民族团结抗日的核心，促进了中国社会的发展、进步。毛泽东在《国共合作成立后的迫切任务》一文中预言：国共第二次合作的实现，"在中国革命历史上升辟了一个新纪元。这将给予中国革命以广大的深刻的影响，将对于打倒日本帝国主义发生决定的作用"。

- 31 -

响堂铺伏击战中缴获的日军
钢盔和饭盒

抗日战争爆发不久，日军就侵占了山西长治。于是，东起河北邯郸，西至山西长治的邯长线成为日军最主要的补给线。为了破坏敌人的后勤补给线，打击日军的嚣张气焰，1938年3月，八路军一二九师决定由副师长徐向前指挥部队在邯长公路寻机打击日军运输增援队，以伏击战的手段破坏日军的交通运输线，打击向晋东南进攻之敌。

经侦察发现，在邯长这条公路线上，每天都有敌军的大批车辆来往，运送兵员和军用物资。尤其是近期将有180辆军车从黎城开往涉县。

从黎城到涉县，要途经东阳关、王后岭、上下弯、响堂铺、河头村、椿树岭、河南店等地。其中响堂铺

附近的公路是沿河而行，路南陡，路北缓到河底。在与陈赓、陈锡联等经过一番现地勘察之后，徐向前认为响堂铺是一个进行伏击战的理想阵地。

响堂铺位于邯长线上黎城县的东阳关下，东阳关又称壶口关、盂口，春秋时置关，明代设巡检司，虽比不上平型关、娘子关、雁门关之险要，但就其地势来说，也是山西通往冀豫的要道，太行山的主脉。响堂铺的南面多是高山悬崖，北面是起伏地。鉴于伏击的目的是大量歼灭敌人，伏击的对象是敌人的汽车运输队。在这种蜿蜒于山间谷地，直到小河底狭窄的汽车路上组织伏击，显然是十分理想的选择。我军居高临下，进退自如，而敌人则既无

回旋余地，又无依托。

地形选择好以后，伏击战斗发起的时间定在了1939年3月31日。

3月30日晚，八路军伏击部队从秋树垣、马家峪、庙上村隐蔽地朝响堂铺地域开进。徐向前命令各团务必于31日拂晓前进入阵地，严密封锁消息，搞好隐蔽、伪装和防空，以电话和确实的徒步通信保证联络畅通。与此同时，相关部门也要做好打扫战场、收集战利品和收容伤员的准备。

31日凌晨，伏击部队进入指定区域，徐向前的指挥所设在响堂铺路北的后狄村山坡上。第七六九团在响堂铺以东，位于杨家山、江家庄一线，并派出小分队到公路以南隐蔽待机；第七七一团在响堂铺正面，位于宽漳、后宽漳一线，也派出小部队在公路以南埋伏，协同第七六九团派出的小部队；第七七二团位于师指挥所右后方的马家拐，并派出部队向东阳关附近和东北的苏家蛟游击警戒，准备阻击可能由黎城、东阳关来援之敌，掩护伏击部队右后方的安全。

陈赓的旅指挥所在七七一团的

阵地后面。第七六九团还抽出四个连的兵力前出到椿树岭、河南店之间，准备阻击可能由涉县来援之敌；另一个连进至杨家山以东的王堡，保障本团左后方的安全。

31日早晨8时30分，日军180多辆汽车，在170余人的掩护下，排着长龙式的队形，由黎城经东阳关，向响堂铺路段开来。由于日军车队是行驶在路面松软的谷底沙滩上，因此行驶缓慢。9时左右，车队的先头部分才进入设伏阵地。

当敌军车队的最后一辆车也进入伏击区时，徐向前及时发出了攻击命令。毫无戒备的日军被这突如其来的猛烈打击打得懵头转向，惊慌失措，在山沟里像没头苍蝇一样乱冲乱撞，混乱不堪。战士们首先集中火力先打汽车轮胎，使它们瘫痪在路上，堵在了道路的两头。尔后又以火力射击、投掷手榴弹来爆炸汽车油箱，以致汽车起火，使敌人无法利用车体做掩护负隅顽抗。由于战斗突然发起后，日军的整个编队被分隔成数段，无法进行协调和支援，难以形成有效的抵抗。

徐向前果断抓住战机，命令部

队向残敌发起冲击。埋伏了一夜的八路军战士，犹如猛虎下山一样冲入敌阵，以手榴弹、刺刀、梭镖和大刀片消灭了那些负隅顽抗的敌人。经两个多小时的激战，第一二九师以伤亡300余人的代价，共歼灭日军400余人，缴获各种枪130余支、迫击炮4门，击毁汽车180余辆以及大批军用物资。在《复兴之路》展览中展出的日军饭盒和钢盔就是在这次战斗中缴获的。

在响堂铺伏击战打响的同时，黎城及东阳关敌步骑兵400余人，附炮2门，向马家拐实施增援，企图解救响堂铺被包围的敌人，被我担负警戒任务的第七七二团击溃。同时，涉县的敌军400余人，乘汽车倾巢出援，也被第七六九团在椿树岭以东阻击打退。

下午5时，日军出动了10多架飞机，对响堂铺地区实施了将近2个小时的狂轰滥炸。但此时，徐向前早已率部队转移到了秋树垣一带。

响堂铺伏击战的胜利，是坚决执行毛泽东关于"分兵以发动群众，集中以应付敌人"和"基本的是游击战，但不放松有利条件下的运动战"的战略方针，在由国内革命战争时期的正规战向抗日游击战争转变中，取得的重大胜利。

响堂铺伏击战重创了日本侵略者，大大振奋了抗战中的民心士气。为纪念这一流芳千古的战斗，涉县人民在当年战斗过的邯长公路旁，树立起一座庄严肃穆的"响堂铺伏击战纪念碑"。

◇ 响堂铺伏击战中缴获的日军钢盔

◇ 响堂铺伏击战中缴获的日军饭盒

1985年,在抗战胜利40周年之际,徐向前元帅特为响堂铺伏击战题诗一首:"巍巍太行起狼烟,黎涉路隘隐弓弦。龙腾虎跃杀声震,狼奔豕哭敌胆寒。扑天火龙吞残虏,动地军歌唱凯旋。弹指一去四十载,喜看春色在人间。"

－ 32 －

弹痕累累的台儿庄清真寺墙壁

在国家博物馆《复兴之路》展厅中,有一块布满弹孔的墙壁,它取自台儿庄清真寺。站在弹孔墙前,时光仿佛回到战争岁月。在著名的台儿庄战役中,台儿庄清真寺作为一八六团的指挥所,成为敌我双方争夺的焦点,我军将士坚守七天七夜后终将日军击溃逃窜。寺外尸体遍地,血流成河,寺内两棵苍柏傲然挺立,象征着中华民族团结奋战、威武不屈的精神。

1937年12月13日和27日相继占领南京、济南后,日本侵略军决定以南京、济南为基地,从南北两端沿津浦铁路夹击徐州,以实现其连贯南北战场、迅速灭亡中国的计划。

台儿庄是徐州的门户,它位于徐州东北30公里的大运河北岸,临城至赵墩的铁路支线上,北连津浦路,南接陇海线,扼守运河的咽喉,是日军夹击徐州的首争之地。台儿庄虽然只是一个村镇,但有4000余户,约2万人口,村子周围筑有城墙,宛如一个县城。

1938年3月,日军板垣征四郎第五师团沿胶济路西进,进逼临沂;矶谷廉介第十师团沿津浦路南下,直扑台儿庄。中国第五战区司令长官李宗仁以孙连仲第二集团军等部为主力,并请蒋介石下令调动中央军汤恩伯部,在台儿庄地区迎战日军。

◇ 弹痕累累的台儿庄清真寺墙壁

3月16日，日军首先向滕县发动进攻，揭开了台儿庄战役的序幕。驻守滕县的川军第二十二集团军第一二二师在师长王铭章的率领下，坚守阵地、决死抵抗，血战三天三夜。最后，终因敌众我寡，敌军攻入西城，师长王铭章、参谋长赵渭滨、团长王麟阵亡，县长周同坠城报国（未死），城内300多名重伤员相约以手榴弹互炸殉城。临沂、滕县的战斗，拉开了台儿庄战役的序幕。

3月中旬，日军分两路从临沂、滕县向台儿庄进发。临沂方面，中国守军堵截日军前进，敌我双方发生激烈战斗。在临沂，守军庞炳勋的第三军团第四十军作战能力、装备都很差，但官兵们奋勇作战，与拥有三万兵力的板垣师团激战五昼夜。李宗仁急调张自忠第五十九军以一昼夜180里的速度赶来增援。张自忠身先士卒，率领全军誓死抗日，迫使日寇败退莒县固守。此役共毙伤日寇数千余人，阵地得到巩固。临沂之战砍断了津浦路北段日军的左臂，造成中国军队围歼孤军深入台儿庄的矶谷师团的战机。

3月23日，日军矶谷师从正面进犯台儿庄，台儿庄战役开始了。参加台儿庄战役的国民党军队共有27个步兵师，3个步兵旅，还有特种部队及其他杂牌军，总兵力有20万之多。防守的主力是孙连仲的第二集团军，汤恩伯的第二十军，在激战之时赶来支援。日寇进攻台儿庄的部队为矶谷师团和板垣师团，共4万余人。

3月24日，一股敌军打进台儿庄，守军与之进行巷战、肉搏战，哪怕是一条小巷、一间房屋也不轻易放弃。27日，濑谷支队主力一部突入北门，守军第三十一师与敌人展开拉锯战，双方伤亡甚重。29日，李宗仁命令第二集团军死守台儿庄阵地，并严令汤恩伯部南下，协助第二集团军解决台儿庄之敌。日军一度占领了台儿庄西北角，当时在庄内坚守的池城峰率部一连几个昼夜连续作战，全师4个团长已经牺牲3个，12个营长也牺牲了10个，全师官兵伤亡惨重。在此情况下，师长池城峰仍率领士兵，拼死不退，最后预备队用完，通讯兵、担架兵组成敢死队上场拼杀，人自为战，逐屋抵抗，奋

勇异常。台儿庄城里"无墙不饮弹，无土不沃血"，到处是残垣断壁，焦土废墟。

在激战的最后时刻，守城部队消耗殆尽，日军曾一度占领台儿庄3/4的地区。在这个关键时刻，坚守台儿庄最后一隅的池峰城师长向军长孙连仲请求，将部队撤过运河，被孙连仲拒绝，他命令道："士兵打完了，你就自己上前填上去，你填过了，我就来填进去，如果有敢退过运河者，杀无赦。"当夜，孙连仲组织夜袭队，将强弩之末的日军一举赶了回去。中国守军"决死奋战之状历历在目""依靠堑壕顽强抵抗直到最后""堑壕中尸山血河，睹其壮烈者亦为之感叹"，这是日本战史书对于台儿庄中国军队的描述。

3月31日，中国第五战区集中优势兵力完成了对台儿庄及其周边地区日军的大包围。4月3日，中国军队发起全线反攻，激战四天，歼灭日军第十师团濑谷支队大部、坂本支队一部共万余人，并缴获轻重机枪近千挺，步枪上万支，火炮、战车数十辆，其余日军残部向峄县、枣庄溃逃。台儿庄战役后，日军指挥官濑谷

少将被撤职遣送回国。

台儿庄战役是中国军队取得的一次重大胜利。在历时半个月的激战中，中国军队付出了巨大牺牲，参战部队4.6万人，伤亡失踪7500人。

但中国人民誓死抵抗外来侵略的坚强决心和胜利战绩，赢得了世界正义舆论的高度评价，并对提高中国国际地位和争取外援发挥了积极作用。

- 33 -

伊文思赠给延安电影团的手提摄影机

在《复兴之路》展览中展出的这台"埃姆"牌摄影机，是1979年由中国电影工作者协会拨交给中国革命博物馆（今中国国家博物馆）的，成为见证一段历史传奇的珍贵文物。

尤里斯·伊文思（1898—1989），荷兰电影导演。1898年11月18日，生于荷兰尼梅格城。1927年，他创办荷兰第一个电影俱乐部"电影联盟俱乐部"。在其电影生涯中，伊文思拍摄了大量优秀纪录片。抗日战争爆发后，他和几位美国朋友组成"当代历史家"影片公司，决定用影片上映所得，购买药品援助中国人民。1938年1月，伊文思同两位助手携带大量摄影器材通过"美国援华协会"，经香港来到中国大陆。他们冲破国民党当局的重重阻挠和限制，先后到汉口、台儿庄、西安等地拍摄反映中国人民抗战生活的纪录片《四万万人民》。他们原计划到延安拍摄，但遭到国民党当局的百般阻挠。后在八路军驻武汉办事处的建议下，伊文思来到西安，打算从这里再设法去延安。谁知到了西安后，伊文思的行动受到了更多限制，找机会去延安的计划也泡了汤，只好失望地又回到武汉。不久，伊文

◇ 伊文思赠给延安电影团的手提
 摄影机

思在武汉见到了周恩来,拍摄了八路军驻武汉办事处开会的情景和林伯渠、周恩来及叶剑英等人的镜头。伊文思向周恩来提出会见中国进步电影艺术家的要求,周恩来推荐了袁牧之。

袁牧之告诉伊文思,自己即将离开武汉去延安,拍摄有关抗日民主根据地及八路军敌后抗日活动的纪录片。伊文思慷慨表示,准备将自己使用的一台"埃姆"牌35毫米电影摄影机和2000英尺电影胶片送给八路军。袁牧之向周恩来作了汇报。周恩来对他说,国民党特务可能已经注意你了,你不能去伊文思那里取摄影机。袁牧之经过考虑,提出派信得过的电通影片公司摄影师吴印咸去接受这批器材。在一个漆黑的夜晚,吴印咸乘车来到汉口郊外的秘密约定地点,伊文思亲手将摄影机和胶片交给了他。

袁牧之等人把摄影机及胶片带回延安后,八路军总政治部决定成立由袁牧之、吴印咸、徐肖冰等人组成的"延安电影团",主要人员有:袁牧之、吴印咸、徐肖冰、李肃、魏起、叶仓林、马似友、吴本立、周从初、钱筱璋、程默等人。

成立之初，延安电影团的全部家当包括：一台伊文思所赠的35毫米"埃姆"牌手提摄影机，一台16毫米"菲尔姆"牌摄影机；三台相机，其中一台是徐肖冰的，另外两台是吴印咸用自己的积蓄购置的；另有1.8万英尺35毫米胶片及一些洗印药品。

延安电影团从成立之初，就始终坚持党的文艺方向，紧密结合现实斗争，把团结人民、鼓舞人民、打击敌人作为新闻拍摄的主要目的。延安电影团成立后，第一项重大任务便是拍摄纪录片《延安与八路军》。1938年10月1日，延安电影团在陕西中部县（今黄陵县）的黄帝陵拍下了第一个镜头，随后便在延安拍摄，记录下了当时延安军民以及中共领导人的各项活动。1939年1月结束了在延安的拍摄之后，电影团成员分别奔赴华北抗日前线，拍摄八路军英勇抗击日军和根据地人民的支前活动。出发前，毛泽东亲自接见了电影团的主要成员，询问了他们的工作情况，勉励他们克服困难完成使命。

从1938年至1946年，延安电影团克服物质上、技术上和生活上的各种困难，摄制出《延安与八路军》《陕甘宁边区二届参议会》《十月革命节》《南泥湾》《红军是不可战胜的力量》等新闻纪录片和《白求恩大夫》《延安各界纪念抗战五周年》等新闻素材；拍摄了上万张反映陕甘宁边区政治、军事、经济、社会等各方面活动的照片；巡回放映了十几部苏联早期优秀故事片，特别记录了毛泽东、刘少奇、周恩来、朱德等老一辈无产阶级革命家的许多珍贵历史镜头。这些画面至今看来依然十分清晰，为积累重要的革命史料，开拓和发展人民电影事业作出了巨大贡献。

- 34 -

国际共产主义战士白求恩的X光机

诺尔曼·白求恩（Norman Bethune）（1890—1939），加拿大共产党员，国际共产主义战士，著名胸外科医师。

1935年11月，白求恩加入加拿大共产党，并于1936年冬志愿去西班牙参加反法西斯斗争。抗日战争爆发后，为了援助中国人民的解放事业，1938年3月，他受加拿大共产党和美国共产党派遣，率领一个由加拿大人和美国人组成的医疗队来到延安，展出在《复兴之路》展览中的这台美国制造的X光机就是白求恩率医疗队来华时随身携带的医疗器械之一。4月，在离开延安转赴晋察冀抗日根据地前，白求恩考虑到此行需要跋山涉水经过敌人的重重封锁，

且许多地方没有电源，于是就把随身携带的X光机留在了延安。1950年华北军区后勤部把它拨交中国革命博物馆（现为中国国家博物馆）收藏。

8月，白求恩担任八路军晋察冀

◇ 国际共产主义战士白求恩的 X 光机

军区卫生顾问，致力于改进部队的医疗工作和战地救治，降低伤员的死亡率和残废率。通过不懈努力，他把军区后方医院建设为模范医院，组织制作各种医疗器材，给医务人员传授知识，编写医疗图解手册。白求恩还倡议成立了特种外科医院，举办医务干部实习周，加速训练卫生干部。

白求恩经常说：时间就是生命，我们要到伤员那里去，不要让伤员来找我们。到边区的第二天，白求恩就投入到紧张的战斗。为减少伤员的痛苦，他组织战地流动医疗队出入火线救死扶伤，把手术台设在离火线最近的地方，以惊人的毅力和高超的医术，抢救了无数生命垂危的伤员。在1938年11月底的一次战斗中，白求恩率领医疗队在离火线12里的地方设手术室，战斗打响后，敌人的炮弹就落在作为手术室的小庙旁边，但白求恩却全然不顾，两昼夜连续做了71次手术。

1939年2月，白求恩率领18人的东征医疗队到冀中前线救治伤员。他不顾日军炮火威胁，连续工作69小时，总共给115名伤员做了手术。

有些伤员分散在游击区居民家里，他和医疗队冒着危险去为他们做手术。在伤员急需输血时，他还主动献血300毫升，并倡议成立了志愿输血队。在4个月的时间里，白求恩带领医疗队行程1500余里，做手术315次，建立手术室和包扎所13处，救治伤员1000多名。

为了适应战争环境，方便战地救治，组成流动医院，白求恩组织制作了药驮子，可装100次手术、换500次药和配制500个处方所用的全部医疗器械和药品，被称为"卢沟桥药驮子"。他制作的换药篮也被称为"白求恩换药篮"。

7月初，白求恩回到河北西部山区参加军区卫生机关的组织领导工作，提议开办卫生材料厂，解决了药品不足的问题。为了提高部队和根据地医务人员的业务水平，他创办了卫生学校，培养了大批医务干部，编写了《游击战争中师野战医院的组织和技术》《战地救护须知》《战场治疗技术》《模范医院组织法》等多种战地医疗教材。此外，白求恩还将自己的X光机、显微镜、一套手术器械和一批药品捐赠给军区卫生学校。

1939年10月下旬，在涞源县摩天岭战斗中抢救伤员时，白求恩的左手中指被手术刀割破，后来给一个伤员做手术时不慎受到感染。但白求恩不顾伤痛，坚决要求参加前线的战地救护。然而，在跟随医疗队到了前线之后，终因伤势恶化，转为败血症，医治无效，于11月12日凌晨在河北省唐县黄石口村逝世。在生命的最后时刻，白求恩仍怀着崇敬的心情，想念着毛泽东。他握着周围同志的手说："请转告毛主席，感谢他和中国共产党给我的帮助。我相信，在毛主席的领导下，中国人民一定会获得解放。"

11月17日，晋察冀边区党、政、军领导机关和驻地群众为白求恩举行了隆重的葬礼。12月1日，延安各界举行追悼大会，毛泽东题写了挽词。12月21日，毛泽东为八路军政治部、卫生部于1940年出版的《诺尔曼·白求恩纪念册》撰写《学习白求恩》一文，高度赞扬了白求恩的共产主义、国际主义精神，号召每一个共产党员向他学习，毛泽东在文章中庄重地指出："一个外国人，毫无利己的动机，把中国人民的解放事业当作他自己的事业，这是什么精神？这是国际主义的精神，这是共产主义的精神，每一个中国共产党员都要学习这种精神。"

诚如毛泽东所说，一个外国人，而且是国际上知名的医生，不远万里来到中国，不去生活条件和医疗条件都有保障的国民党统治区，也不留在条件相对较好一些、至少没有生命危险的后方，而是不顾自己近50岁的年龄主动争取奔赴前线，冒着纷飞的战火，冒着随时都有可能牺牲的危险，在简陋到不能再简陋的医疗条件下工作，在离前线近得不能再近的地方战斗。

这就是白求恩，我们实在想不出还有什么词句能够比毛泽东所概括的"毫不利己，专门利人"更为贴切的了。许多人也许会从白求恩作为一个医生，其职责就是救死扶伤这个角度来理解，把他想成一个模范的人道主义者，仿佛无条件地治病救人是他的最高理想。但是，白求恩的所作所为，在世界反法西斯战争和中国人民抗日战争的大背景下，不是一般的人道主义所能够解释得了的。毛泽东曾经对白求恩有过一个很精辟的评价：一个高尚的人，一个纯粹的人，一个有道德的人，一个脱离了低级趣味的人……

这样的评价，是站在白求恩的人生终点的角度对白求恩进行的全面而准确的总结。虽然白求恩已经逝世，但这台他曾经用于救死扶伤的X光机无疑是这段历史的最好见证。

- 35 -

国际友人马海德的卫生包

抗日战争时期，许多国际友人来华支援中国抗战，并与中国人民结下了深厚的友谊。抗战胜利后，有的国际友人割舍不了对这块土地的深情，自愿留在了中国，并且加入了中国国籍。美国医生马海德就是其中的一位，而且有幸成为了新中国第一个加入中国国籍的外国人。在《复兴之路》展览上就展出了陪伴他无数个日夜的卫生包。

马海德，原名乔治·海德姆，1910年9月26日出生于美国纽约州布法罗市的一个炼钢工人家庭。贫穷的家境铸就了马海德倔强不屈的性格，他的学业就是依靠自己半工半读完成的。他先是考入了美国医科大学，后来在日内瓦医科大学获得了医学博士学位。

求学时期，乔治结识了一位中国

◇ 国际友人马海德的卫生包

留学生，从他那里了解到古老中国悠久灿烂的文化，同时也了解到中国是一个贫困落后、任由西方列强宰割的国家。对中国的好奇以及强烈的治病救人理想促使乔治下决心到中国去行医。1933年11月，乔治漂洋过海，不远万里，来到中国这块陌生的土地上。

乔治最初在上海从事医疗工作，并且参加了上海国际友人组织的马列主义小组，协助我地下党开展工作。在这里，他还结识了一批国际友人，如美国女作家史沫特莱、新西兰人路易·艾黎等。

1936年初，乔治应邀来到宋庆龄家。宋庆龄告诉他一个梦寐以求的消息，中共中央准备邀请一位外国医生和一位外国记者去边区进行实地考察，以便使国外友人了解中共的抗日政策。在宋庆龄的安排下，乔治怀揣半张五英镑的钞票作为接头信物，奔向延安。

1936年6月初，乔治先到达南京，然后乘车北上转道西安，其目的在于摆脱国民党特务的跟踪。在西安，乔治找到了手持另外半张五英镑钞票的中共地下党员董健吾。在董健吾的安排下，乔治与美国记者斯诺闯过重重封锁线，辗转来到陕北红军的驻地——安塞。

初到陕北，乔治对于偏僻落后的黄土高坡非常陌生。然而，在与毛泽东等中央领导人会谈以后，他被中国共产党人的乐观精神所感动，立即穿上红军的服装，对根据地的情况进行考察。虽然是外国人，但他把自己当成了红军中的一员。为了便于结识群众，乔治把自己的名字改为马海德。这样一改，既保留了原来的美国姓，又增加了边区回族同胞姓氏中常见的"马"字，这是他决心献身中国革命事业的一个重大行动。

马海德与斯诺在边区一共采访了四个多月。当斯诺完成采访任务离开边区时，马海德却毅然留在了陕北工作，决心为中国革命事业作一些贡献。

马海德要求参加红军的请求，得到毛泽东的赞许，并委任他为卫生部顾问。26岁的洋博士能够留在陕北边区，并被委以重任，充分体现中国共产党对他的信任和所寄予的重托。

因为工作成绩突出，马海德被光荣地吸收为中国共产党党员。同时，他也受到鲁迅艺术学院一位名叫周苏菲的年轻女学生的青睐，并在1940年3月结为终身伴侣。

抗战时期，除了担任卫生部顾问这一重要职务外，马海德更重要的工作是保证中共中央领导人的身体健康。

在长期的革命斗争环境中，毛泽东养成了夜里办公，白天休息的习惯。从医学保健角度，马海德认真帮助毛泽东调整好生物钟，以保证他能够完成对全国抗战的指导工作。

当时还有一位受马海德重点保护的对象，就是时任中共中央军委副主席兼政治部主任的王稼祥。在长期艰苦的革命环境中，王稼祥积劳成疾，患有多种疾病。马海德对症下药，体贴细微。

在抗日战争时期，周恩来有一次在骑马时不慎跌落并摔断了右臂，马海德立即组织当时在延安的印度医疗队的巴苏华、柯棣华等著名医生对周恩来进行会诊，他们发现周恩来的臂骨愈合很不理想，右臂肌肉出现萎缩，于是想尽办法帮助周恩来渡过难关，直到中共中央决定送周恩来去苏联治疗为止。

延安当时是中国抗战的指导中心，汇集了中共中央的领导同志，如董必武、吴玉章、林伯渠、徐特立、谢觉哉等。大部分从前线到延安汇报工作或开会的领导同志，都接受过马海德医生的检查或治疗，他认为，这些同志都是用自己的生命在为中国人民争取未来的幸福生活，我们必须保证他们的健康。从某种意义上说，保证中央领导同志的身体健康，是马海德在抗战时期的一大贡献。

抗日战争胜利后，马海德并没有离开中国，而是继续支持中国人民的革命事业。新中国成立后，马海德立即提出了加入中国国籍的申请。因为此时的他已经模糊了国别，把自己看作新中国的一分子，他要全身心地投入到新中国的建设中去。

马海德的这种崇高的国际主义精神赢得了中国政府的尊重。1950年，在周恩来总理的亲自批准下，他有幸成为新中国第一个加入中国国籍的外国人。对此，马海德感到非常激动，他把全部精力投入到了新中国的建设事业。他协助组织中华人民共和国卫生部，把主要精力放在解决性病和控制麻风病领域，并取得重大成果。20世纪60年代中国政府宣布旧社会遗留下来的性病在中国已经基本灭绝，这与马海德积极从事性病研究和治疗是分不开的。

"文化大革命"期间，虽然受到"四人帮"的迫害，但马海德仍然坚持治病救人的理想。"文化大革命"之后，他集中精力从事麻风病的研究和治疗，为中国治疗麻风病作出了重要贡献。

马海德的一生，闪烁着国际共产主义战士的灿烂光辉。他是第五届全国政协委员，第六、七届全国政协常委，1988年被国家卫生部授予"新中国卫生事业的先驱"荣誉称号。1988年，78岁的马海德带病坚持工作，终因体力不支病倒，10月3日与世长辞。临终前，他满怀深情地对亲友们说："如果让我重新开始生活，我还是要选择这条道路，这是毫无疑问的。"

－ 36 －

"驼峰航线"上的B-29重型轰炸机残骸

"驼峰航线"是"二战"时期中国和盟军一条主要的空中通道，始于1942年，为打击日本法西斯作出了重要贡献。

1942年5月，日军将滇缅公路切断，使大量的援华物资无法运进中国。中美两国政府被迫在印度到云南之间，联合开辟出一条空中战略物资转运的航线。"驼峰"位于喜马拉雅山脉南麓的形似骆驼脊背凹处的一个山口，它的海拔高度高于美国当时主要装备机型的最大爬行高度。这里是中国向印度运送派往境外对日作战的远征军士兵，再从印度运回汽油、器械等战争物资的唯一线路。"驼峰航线"西起印度阿萨姆邦，向东横跨喜马拉雅山脉、高黎贡山、横断山、萨尔温江。怒江、澜沧江、金沙江、丽江白沙机场，进入中国的云南高原和四川省。这条航线全长500英里，沿线山地海拔在4500—5000米之间，最高达7000米，山峰起伏连绵，犹如骆驼峰背，故而得名"驼峰航线"。

"驼峰航线"不仅地形险峻复杂，还有堪称世界上最恶劣、最可怕的气候。从1942年5月初到1945年底，援助中国物资的81%是在"驼峰航线"上完成的。有资料显示，在"驼峰航线"上中美共坠毁和失踪飞机609架，牺牲和失踪飞行员1500多名，堪称世界航空史和军事史上最为艰险的空中运输线。而在这条航线上发现残骸最多的是B-29轰炸机。

B-29轰炸机是美国波音公司设计生产的四引擎重型螺旋桨轰炸机。它是延续B-17飞行堡垒命名的，是美国陆军航空队在第二次世界大战亚洲战场的主力战略轰炸机，是二次大战时各国空军中最大型的飞机，也是当时集各种新科技的最先进的武器之一，被称为"史上最强的轰炸机"。

波音公司研制的B-29轰炸机性能优异，当然从现代眼光来看，这种飞机也没什么新奇之处，但在当时是一个划时代的研制成果。为了实现在1万米高空上飞行，除了炸弹舱之外，B-29的所有座舱都是密封加压舱室。其机身设计成流线形，从空气动力学角度来看，机身设计水平接近理想水平。如果想挑出什么毛病的话，就是座舱有些狭小，前后机舱的中间通道过窄，各机舱内部舒适性较差。究其原因也十分简单，因为B-29轰炸机携带炸弹量十分大，炸弹舱尺寸过大，挤占了其他机舱的空间尺寸。可以说，B-29轰炸机的设计思想十分明确，就是为了提高轰炸机的性能。为了多装炸弹，不惜牺牲机身设计的其他功能。B-29研制于"二战"的最激烈时期，一切为战争服务的思想深入人心，所以机身设计凝聚了同时代人的各种优秀方案。为了适宜于高空飞行，B-29各舱室都采用了密封加压方案，但一旦中弹，将使加压

◇ "驼峰航线"上的B-29
重型轰炸机残骸

系统失效。为了解决这一问题，机身采用了正圆断面，这样能减少机身表面积、降低机身被炮弹击中的机率。又如，各机关炮都采用了遥控结构，以减少机关炮射手的伤亡。当然机身采用正圆断面也有缺点，这使机身较细，使前后舱的连接通道过窄，妨碍了机组人员的自由活动。

在要求大炸弹舱，或者要求大座舱两种意见发生矛盾时，B-29轰炸机倾向选择了大炸弹舱，但也适当地改善了座舱的舒适性。总之，B-29机身设计是一个相当成功的例子。B-29轰炸机还装用了四台活塞式发动机，动力充足，速度高，每台发动机承连的炸弹重量是

当时的新世界纪录，并能飞越太平洋，直接轰炸日本本土。无论从哪方面讲，B-29设计计划都是一个十分成功的样板。为了赢得战争的胜利，我们在"驼峰航线"上选择了B-29轰炸机。

飞越驼峰对于盟军飞行人员而言是近乎自杀式的航程。航线穿越喜马拉雅山脉，穿行于缅甸北部与中国西部之间的崇山峻岭之间频繁遭遇一系列故障，在行动最初的几个月里都没有有经验的飞行人员，大都是刚刚受过训练的。那时候，"驼峰航线"上摔飞机是很平常的事情，有时一天摔掉好几架，牺牲好几位飞行员。经常是刚才几个人还在一起吃饭，有人飞走了就再没有回

来。那个年代，在中国的云、贵、川等地，有不少坟墓，都是当地老百姓自发为战争中牺牲的飞行员修建的。

"驼峰"飞行是中美两国飞行人员共同创立的英雄壮举，牺牲于"驼峰航线"的先烈也将永远活在中美两国人民的心中。而展出在《复兴之路》展览中的这些飞机残骸，无疑是这一段血与火历史的最好见证。

- 37 -

陈仪在台湾日军投降仪式上用过的毛笔

台湾自古是中国的领土，1894年中日甲午战争以后，被割让给日本。

1945年8月14日，日本政府照会美、中、英、苏四国政府，表示接受《波茨坦公告》全部条款，无条件投降。这也意味着日本同时接受《开罗宣言》的约束。根据四国协议，杜鲁门宣布任命麦克阿瑟为同盟国最高统帅，具体执行受降，并由麦克阿瑟命令中国大陆地区（东三省除外）、台湾及越南北纬16度以北地区内的日军向中国政府投降。9月2日，日本全权代表重光葵和梅津美治郎在由同盟国拟定的投降书上签字。

日本宣布投降以后，国民政府开始实施收复台湾的工作。8月27日，国民政府任命陈仪为台湾省行政长官兼台湾警备总司令。9月1日，陈仪在重庆国府路140号成立了台湾省行政长官公署及警备总司令部临时办事处，派警备总司令部参谋长柯远芬具体负责，开始筹划去台受降接收的各种事宜。9月3日，中国陆军总司令何应钦以"中字第18号备忘录"致冈村宁次，"奉中国战区最高统帅蒋委员长命令，派陈仪为台湾及澎湖列岛受降主官"。9月4日,蒋介石签署国民政府布告,宣布即将派行政及军事各官吏前去治理台湾。

9月9日,侵华日军中国战区投降签字仪式在南京举行,台湾省行政长官公署秘书长葛敬恩作为台湾省代表参加了签字仪式。在南京期间,葛敬恩约见了代表台湾日军出席投降仪式的日军驻台第十方面军参谋长谏山春树中将,令其做好中方入台接收的各项准备工作。日军投降部队为第十方面军、第九师团、五十师团、六十六师团、七十一师团、十二师团、第八飞行师团、七十五独立旅团、七十六独立旅团、一零零独立旅团、一零二独立旅团、一零三独立旅团、一一二独立旅团及澎湖守备队。

9月28日,陈仪在重庆成立台湾省行政长官公署与台湾警备总司令部前进指挥所,由行政长官公署秘书长葛敬恩、警备总司令部副参谋长范诵尧分任正副主任。10月6日,位于原台湾日本总督府的台湾前进指挥所开始办公。下午2时,台湾前进指挥所以"台政字"第1号与第2号备忘录,及警备总部第1号与第2号

备忘录共4件交与日台湾总督兼驻台湾日军第十方面军司令官安藤利吉大将。因葛敬恩生病,由副主任范诵尧主持。范诵尧宣读备忘录内容、件数,并饬令切实遵照办理。谏山春树用毛笔在四份受领证上签字盖章。下午3时,前进指挥所举行了抵台后的第一次国旗升旗仪式。当青天白日旗缓缓升起、随风飘扬在宝岛上空时,在场的官兵无不热泪盈眶,心潮澎湃。

从10月17日起,中国第七十、第六十二军主力陆续在基隆、左营、高雄港登陆。第六十二军部署在台南(包括台中)地区,军长黄涛为该地区指挥官;第七十军部署在台北地区,军长陈孔达为该地区指挥官。

10月25日上午,历史性的时刻终于到来,中国战区台湾省对日受降仪式在台北今中山堂举行。出席仪式的有陈仪、葛敬恩、柯远芬、陈孔达、范诵尧等在台高级军政人员及中央各部特派员、盟军代表顾德里上校、柏克上校、和礼上校等19人,台湾人民代表林献堂、陈忻、杜聪明、林茂生等30余人,新闻记者、来宾等10余人;日方代表则有日本台湾

总督兼日军第十方面军司令官安藤利吉、台湾军参谋长谏山春树、总务长官代理农商局长须田一二三、高雄海军警备府参谋长中泽佑等5人，共约180余人。

在询明日方代表身份后，陈仪下达了第一号命令，"台湾日军已于9月9日在南京投降，我奉命为台湾受降主官，兹以第一号命令交与日本台湾总督兼第十方面军司令官安藤利吉将军具领，希即遵照办理。"随即由柯远芬参谋长向安藤转交了第一号命令及命令受领证。安藤用毛笔颤抖着在受领证上签字盖章后，由谏山春树向陈仪呈送降书，陈仪审阅无误后，命日方代表退出。短短5分钟，受降典礼结束。陈仪即席发表广播讲话，并代表中国政府正式宣告："此次受降典礼，经于中华民国三十四年十月二十五日上午十时在台北中山堂举行；顷已顺利完成。从今天起，台湾及澎湖岛已正式重入中国版图，所有一切土地、人民、政事，皆已置于中华民国国民政府主权之下，这件具有历史意义的事实，本人报告给中国全体同胞及世界周知。"

当日下午3时，各界代表在中山堂举行了台湾光复庆祝大会。陈仪率党政军及各方代表出席，并致祝辞，对台湾重回祖国版图表示热烈祝贺。10月25日，也被定为"台湾光复日"。

这支陈仪曾经用过的，曾经历日军投降仪式的毛笔，正展出在《复兴之路》展览中，向观众诉说着那一段不平静的往事。

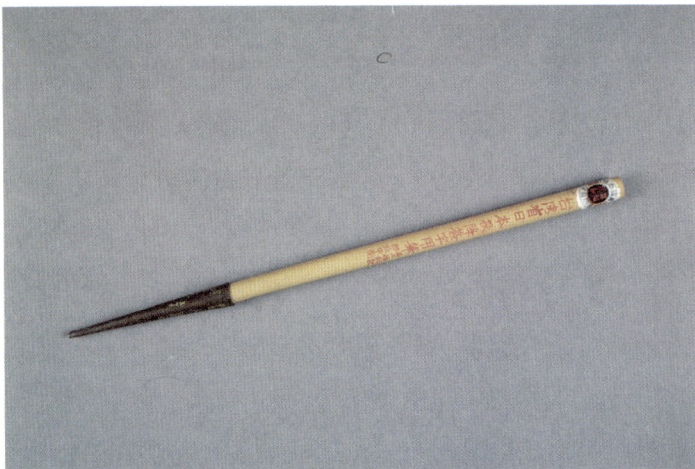

◇ 陈仪在台湾日军受降仪式上用过的毛笔

- 38 -

1945年国民政府特派董必武出席联合国大会代表的特派状

1945年3月29日，国民政府发给董必武特派状，写有"特派董必武为中华民国出席联合国大会代表，此状（派字第十八号）"，由国民政府主席兼行政院长蒋中正和代理行政院长宋子文签署。此特派状，纵41.3厘米，横50.7厘米，纸质，石印，毛笔写。盖有中华民国国民政府印，信封有残缺，现展出在《复兴之路》展览中。

1945年6月26日，联合国制宪会议在美国旧金山退伍军人纪念大

◇ 1945 年国民政府特派董必武出席联合国大会代表的特派状

厦进行庄严的签字仪式。从早晨开始，参加会议的50个国家的代表用8个小时，在印有5种文字（中、英、俄、法、西）的文本上签字。按照事先商定的顺序，中国代表团被安排第一个签字，董必武用传统毛笔签下了"董必武" 3个刚劲有力的楷书字。中国成为联合国创始国之一。

这是极不寻常的历史时刻。董必武作为中国代表团的10名正式代表之一，到旧金山出席当代国际关系史上有重大历史意义的联合国制宪会议，事实证明，中国共产党及其领导下的军民，在中国已经成为决定中国命运和前途的重要政治力量。然而，他能够出席这次大会，却是经过了一番政治较量才得以成行的。

1945年2月，美、英、苏三国首脑在雅尔塔举行会议，决定于4月25日在美国旧金山举行联合国宪章制宪会议。中国作为联合国的发起国之一，准备派代表团参加会议。当时的中国，全民抗战已打了七年多，中国共产党领导的抗战力量，正在迅速成长壮大，为国内外所瞩目。经过几番交涉，加上美国总统罗斯福施

加了影响，国民党当局才不得不允许中国共产党和解放区军民派一人参加中国代表团。中共中央经过讨论，决定派党的元老、知名法学家、又懂英语的董必武赴旧金山参加联合国制宪会议。

4月1日，筹备中共七大会议的六届七中全会主席团，专门召开有董必武参加的会议，毛泽东等决定由董必武带随员二人（伍修权、陈家康或章汉夫）参加出席旧金山会议的中国代表团。4月6日，延安机场人声鼎沸，笑语连天，朱德、周恩来、叶剑英、林伯渠、陈毅、林彪、聂荣臻、刘伯承、罗瑞卿及社会各界人士数百人，喜气洋洋地到机场欢送董必武及其随行人员乘飞机前往重庆，然后赴美。

4月12日，董必武率陈家康、章汉夫，在重庆登上一架小型军用飞机离渝赴美。国民党当局以伍修权患有"砂眼"为口实，未允许他同行。董必武等登上不断颠簸的小型军用机，先是飞越喜马拉雅山到印度加尔各答，然后转赴中东，跨越非洲，横飞大西洋，到拉丁美洲的巴西，最后才飞到美国纽约的莱加弟

机场。此时已是21日，前后共飞行了将近10天。董必武一行，在纽约稍事休息后，24日到达旧金山。

4月25日，联合国制宪会议在富丽堂皇的旧金山大歌剧院隆重开幕。会议期间，陆续到会的共50个国家282名代表和1726名各代表团顾问、专家、秘书，还有2636名采访记者，齐聚一堂，气氛十分热烈。

会议期间，中国代表团于5月1日举行的中外记者招待会，引起了广泛的关注。招待会由宋子文主持，600多名记者蜂拥而至，被国民党当局宣传为"危险人物"的董必武，自然成为许多记者关注的焦点。一位美国记者好奇而又友好地请董必武站起来让大家看看是否真有点"危险"。董必武通晓英语，没有等翻译人员翻译，便面带微笑、落落大方地站起来向大家点头致意。记者们看到的"危险人物"原来是一位温文尔雅、嘴巴上蓄有两撮胡须、令人起敬的长者，顿时，全场响起了一阵热烈的掌声。在之后两个多月的会议过程中，董必武以庄重而平和的政治家风度，给当时许多著名人物留下了深刻而难忘的良好印象。

会议结束后，董必武根据中共中央的指示，尽可能多地接触旅美华侨。他走进唐人街的华侨会馆、中华学校、东华医院，向侨胞介绍中国共产党领导下的军民在抗日战争中取得的辉煌战绩，阐述中国共产党团结抗日的各项政策。

董必武到美国，是中国共产党高层领导人第一次以公开身份在美国活动。为了扩大中共的影响，董必武主持出版了英文版《解放区实录》，共印了5000册，散发给出席旧金山会议的各国代表、外国记者及美国人士，比较详细地向世人介绍了解放区军民在抗击日寇、政权建设、经济和文化建设等方面的成就。1945年11月20日，由于国内工作需要，董必武乘飞机回国，26日抵达重庆，胜利地完成了中共中央和中国人民赋予他的重大历史使命。

- 39 -

毛泽东手书《沁园春·雪》

毛泽东诗词是中国革命的史诗，是中华诗词海洋中的一朵奇葩。在《复兴之路》展览中的《沁园春·雪》更是被柳亚子先生盛赞为千古绝唱。每次读来都仿佛回到了那个战火纷飞的年代，看到了那个指点江山的伟人。

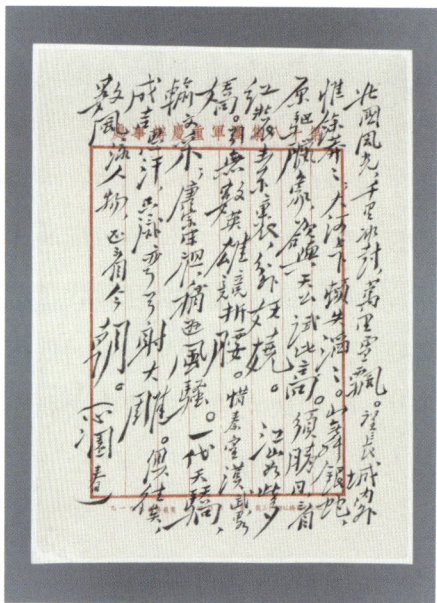

◇ 毛泽东手书《沁园春·雪》

重庆谈判期间，毛泽东广泛与各界人士、各民主党派进行接触，交换意见，磋商战后时局及建国大计，并宣传中共和平、民主、团结的方针，以发展扩大和平民主统一战线。期间，柳亚子向毛泽东"索句"，毛泽东便把9年前创作的《沁园春·雪》书赠给柳亚子，并致信云："初到陕北看见大雪时，填过一首词，似与先生诗格略近，录呈审正"。对此，中共中央文献研究室后来编写的《毛泽东年谱》记载说：1936年2月8日，毛泽东"在清涧县袁家沟，侦察渡口情况，督促渡河准备"；2月上旬，"遇大雪，作《沁园春·雪》"。

柳亚子得到毛泽东的回复，欣喜万分，深为毛词那磅礴的气势、丰富的内涵、深刻的思想所折服，立即和了一首，连同毛泽东原词一起送交重庆《新华日报》发表。报社考虑到发表毛泽东原词须请示在延安的毛泽东同意，只是将柳的和词在11月11日《新华日报》上刊出。

柳亚子"和词"一发表，立即引起社会上的广泛关注，人们很想拜读毛泽东的"咏雪"原作。时任重庆《新民报晚刊》副刊《西方夜谭》主编的吴祖光对此事尤为热心，他四处奔波，几经周折，把三个传抄本凑合起来，终于得到一份完整的《沁园春·雪》，虽然在个别字句上与毛泽东书赠柳亚子的手迹略有出入，但还是在11月14日该报《西方夜谈》的显著位置上以《毛词沁园春》为题隆重推出："北国风光，千里冰封，万里雪飘。望长城内外，惟余莽莽；大河上下，顿失滔滔。山舞银蛇，原驰蜡象，欲与天公试比高。须晴日，看红装素裹，分外妖娆。江山如此多娇，引无数英雄竞折腰。惜秦皇汉武，略输文采；唐宗宋祖，稍逊风骚。一代天骄，成吉思汗，只识弯弓射大雕。俱往矣！数风流人物，还看今朝。"

不仅如此，吴祖光还在该词后面配发了一段热情洋溢的"跋文"——"毛润之氏能诗词似少为人知。客有抄得其沁园春咏雪一词者，风调独绝，文情并茂，而气魄之大乃不可及。据毛氏自称则游戏之作，殊不足为青年法，尤不足为外人道也。"

毛泽东的这一"传抄稿"一经刊出，就立刻轰动山城。不久，重庆《大公报》因势而动，将《新华日报》上的柳亚子的和词和《新民报晚刊》上的《毛词沁园春》集于一起，以醒目版面再度刊出，又一次引起人们的争相传阅。随即山城的各大报纸竞相转载，无一例外地发表了大量的步韵、唱和之作和评论文章。这些词章，充分表达了人民群众在重庆谈判之后，要求国内和平，反对美国当局支持国民党顽固派阴谋发动内战的强烈愿望，和"要求民主，反对独裁"，对国民党顽固派推行法西斯暴政的血泪控诉。一句话：充分表达了人民群众对中国共产党在抗日战争胜利后，提出的"为和平、民主、团结而奋斗的方针"的坚决拥护。

在万人争诵的一片欢呼称赞声中，亦有诋毁噪音杂于其中。其中歪曲、丑低而又最为惑人的一招是：因毛泽东用典评判了我国历史上几位著名的帝王，一些人就别有用心地说毛泽东的这首词有"帝王思想"。蒋介石就曾怀着嫉恨心理"不相信这是毛泽东的词"，并对其秘书陈布雷说："我看他的词有帝王思想，他想复古，想效法唐宗宋祖，称王称霸"。

面对全国各地兴起的《沁园春·雪》唱和热潮，12月4日，国民党中央机关报《中央日报》等报刊同时登出了"围剿"毛泽东《沁园春·雪》的和词。易君左等一批御用文人以"唱和"为名，以"反帝王思想"为幌子，骂街似的大肆攻击毛词，妄想把毛词的巨大影响"扫荡"下去。

12月，在重庆的王若飞将国民党顽固派及其御用文人通过《沁园春·雪》大反"帝王思想"的词作、文章，寄给远在延安的毛泽东。毛泽东读后于12月29日将这些词作转送在延安的黄齐生先生一阅，并在致黄齐生的信中说："若飞寄来报载诸件，附上一阅，阅后乞予退还。其中国民党骂人之作，鸦鸣蝉噪，可以喷饭，并付一观。"

根据毛泽东上述指示精神，重庆《新华日报》于1946年5月23日转载锡金的《咏雪词话》一文，并在前面写了一段"按语"：毛泽东同志咏雪一词刊出后，一时唱和甚多。然而也不乏好事之徒，任意曲解丑低，强作解人，不惜颠倒黑白，诬为封建帝王思想。虽"蚍蜉撼大树，可笑不自量"，然而因旧文字，却也有向大众作一通俗解说之必要。本刊华中版载锡金先生词话一篇，虽未必尽得原意，亦不失为一种可以共喻的解释，兹转载以供参考。

毛泽东《沁园春·雪》是一首前无古人后无来者的千古绝唱，其主题思想究竟是什么？应该如何理解？直到1958年12月21日，毛泽东才在文物出版社1958年9月出版的大字木刻本《毛主席诗词十九首》上给出了答案，他在《沁园春·雪》的天头上写下这样一段批注：

雪：反封建主义，批判二千年封建主义的一个反动侧面。文采、风骚、大雕，只能如是，须知这是写诗呵！难道可以谩骂这一些人们吗？别的解释是错的。末三句，是指无产阶级。

毛泽东所说的末三句是"俱往矣，数风流人物，还看今朝"。这三句铿锵有力，余味无穷。尤其是"俱往矣"，堪称为点睛妙笔，将中国封建社会的历史一笔带过，点出全词"数风流人物，还看今朝"的主题。艺术追求含蕴，词中别有洞天。这首词《沁园春·雪》因雪而得、以雪冠名，却并非为雪所作，而是在借雪言志。其情感之真挚、寓意之深远、哲理之精辟，令人拍案叫绝。

－ 40 －

梅汝璈大法官在东京审判中
所穿的法袍

1945年，第二次世界大战结束以后，按照有关国际公约和规定，国际社会在日本东京组成了远东国际军事法庭，对在第二次世界大战中犯下严重战争罪行的日本战犯进行国际审判。国际军事法庭由中、美、苏、英、法、印度、澳大利亚等11国指派的11名法官组成。通过慎重选择，中国政府指派学识渊博、人品高尚的梅汝璈参与国际军事法庭，代表受害的4亿多中国人民远赴东京，在侵略者的国土上对侵略者施行正义的审判。

梅汝璈（1904—1973），字亚轩，出生在江西南昌朱姑桥梅村，自幼聪颖好学。12岁那年，他以优异成绩考入清华留学预备班（清华大学前身）学习。在此期间，梅汝璈还在《清华周刊》上发表了多篇文章，表现出其年轻时代的忧国忧民之心。

1924年，梅汝璈在清华毕业后赴美国留学。经过刻苦努力，他于1926年毕业于美国斯坦福大学，获得文科学士学位。之后又入芝加哥大学法学院攻读法律，获得法学博士学位。1929年春，他在游历了英、法、德、苏等国之后回国。回国以后，梅汝璈先后到山西大学、中央政治学校、复旦大学、武汉大学等多所高校担任教授职务。

从1946年1月东京国际军事法庭组建到1948年底，梅汝璈和来自其他国家的同行一道，尽心工作，出色地完成了这一注定被写入史册的审判任务。这次审判于1946年5月3日开庭，在长达两年半的漫长过程中，法庭一共开庭了818次，创下了国际刑事审判的记录。在审判中，梅汝璈始终坚持法律原则，有礼有节，在"法官席位之争""起草判决书"和"坚持死刑处罚"等多个关键时刻，用自己的智慧、勇气和学识维护了祖国的尊严和人民的利益。

在东京国际军事法庭开庭前，各国法官首先关注的是在法庭上座位的排列顺序，这不仅仅是法官个人的尊卑问题，更体现了法官所在国在审判中的地位。梅汝璈深知当时中国的国力不强，很难获得应有的地位。在经过缜密考虑后，他在发言中指出："首先，今日系审判日本战犯，中国受日本侵略最烈，而抗战时间最久、付出牺牲最大，因此，有八年浴血抗战历史的中国理应排在第二。再者，没有日本的无条件投降，便没有今日的审判，按各受降国的签字顺序排座，实属顺理成章。"

梅汝璈用自己的坚持为祖国争得了应有的位置，为中华民族赢得了尊严。

在东京审判进行到后期时，围绕对战犯的量刑问题，法官们发生了激烈的争辩。已废除死刑且未遭到日军过多侵略践踏国家的法官们不赞成用死刑。庭长韦伯就主张将战犯流放到荒岛上；印度法官则建议慈悲为怀，无罪开释全部日本战犯；美国法官仅仅坚持对发动太平洋战争和虐待美军俘虏的战犯处以死刑……

为了伸张正义、不辱使命，梅汝璈用充分的证据证实了日军的暴行，主张对日军首恶必须处以死刑。他与各国法官们进行了多次磋商，经过了无数次争论，终于使得一部分法官同意了他的观点。在梅汝璈的慷慨陈词和据理力争下，东京国际军事法庭在最后投票表决时以六票对五票，一票的微弱优势，把东条英机、土肥原贤二、坂垣征四郎、松井石根等七名首犯送上了绞刑架。

在法庭最后环节的工作——判决书的书写问题上，梅汝璈再次以其凛然正气和爱国之心为中国人争得了荣誉和尊严。当时，有人主张判决书统一书写，但梅汝璈认为，有关日本军国主义侵华罪行的部分，中国人受害最深，最有发言权，因此，这一部分理当由中国人自己书写。经过他的交涉，在这次历史性审判而形成的长达90余万字的国际刑事判决书中，留下了梅汝璈代表4亿多受害中国人民写下的10多万字。

这次审判的案情复杂，其证人、证据之多，实属罕见。梅汝璈与助手们全力以赴，在长达300页的初稿上倾注了大量心血。由于蒋介石政府没有派专员去搜集日军侵华暴行的罪证，这给梅汝璈的工作造成了极大的困难，他不得不利用盟军提供的材料进行工作。在精心研究、分析了盟军截获的密电和密档等大量证据后，日本战犯矢口否认的南京大屠杀被写进了判决书。

对于那场如同硝烟一般逝去的历史审判，也许会有人有不同的看法，但梅汝璈的一段话，或许能让人更深刻地理解什么是战争和历史："我不是复仇主义者，我无意于把日本军国主义欠下我们的血债写在日本人民的账上。但是，我相信，忘记过去的苦难可能招致未来的灾祸。"

在参加东京审判的这两年里，作为战胜国的法官，虽然享受着丰厚的待遇，但是梅汝璈内心很是不安，这些不安来自于他经常从报上看到国内"饥饿""内战"的坏消息，他对国民党政府越来越失望了。

1948年12月，国民党政府宣布梅汝璈为政务院委员兼司法部长，但他拒绝到任。1949年6月，梅汝璈由东京抵达香港，在设法与中共驻香港代表取得联系以后，秘密回到了北京。

到北京的第三天，梅汝璈便欣然出席了中国人民外交学会的成立大会。周恩来在会上介绍："今天参

◇ 梅汝璈大法官在东京审判中所穿的法袍

加这个会的，还有刚从香港回来的梅汝璈先生。他为人民办了件大好事，为国家增了光。全国人民都应该感谢他。"

在史无前例的"文化大革命"中，他和千百万人一样，遭到了厄运。造反派到他家抄家，搜出了那件他曾在东京大审判时穿过的法袍，如获至宝，马上质问；"你保存着这东西，是不是盼着国民党回来变天"。梅汝璈气愤地答："国民党给我那么大的官我都没做，我是一个被国民党通缉的要犯。说句笑话，真要是复辟了，我的人头落地恐怕还在各位青年之先呢。"造反派自觉无理，要烧掉法袍。梅汝璈一脸正气地说："这是咱们中国人历史上第一次审判外国人时穿的衣物，是民族尊严的见证。"造反派们终于放弃了焚烧法袍的想法。

如今，梅汝璈先生最珍惜的物品——他在东京大审判时穿过的法袍，静静地躺在国家博物馆的《复兴之路》展览上。它作为历史的见证，时刻警示后人永远不要忘记过去的屈辱岁月。

- 41 -

李公朴烈士的血衣

在《复兴之路》展览中有一件弹孔清晰可辨的长衫，这件衣服是李公朴被国民党特务暗杀时所穿的。

李公朴（1902—1946），江苏武进人，生于镇江。他出身贫寒，父母早亡，由其三哥抚养成人。1925年考入沪江大学，加入中国国民党，并于1926年赴粤参加北伐。

蒋介石发动四一二反革命政变以后，李公朴愤然脱离了国民党，抱着"唤起民众"的雄心壮志，积极从事抗日救亡运动和群众文化教育工作。他先后筹办了读书出版社，主编《读书生活》杂志，曾是上海文化界救国会、各界救国联合会、全国各界救国联合会负责人之一。

1936年11月22日，李公朴作为著名的"七君子"之一被捕，经多方营救，才于抗战爆发后出狱。随即，他便与沈钧儒、邹韬奋等人创办《全民》周刊、《全民抗战》周刊，主张动员全民，抗战到底。

皖南事变后，李公朴来到昆

◇ 李公朴烈士的血衣

明，先后创办北门书屋和出版社，秘密翻印和发行《新民主主义论》《论联合政府》《论解放区战场》等共产党人的文章。1944年，中国民主同盟在昆明成立云南支部，李公朴当选为执行委员，并在民主运动中，始终站在斗争的前列。

抗战胜利以后，全国人民都渴望把中国建设成一个真正独立自由民主统一和富强的新中国。代表广大人民的利益，中国共产党主张在和平、民主、团结的基础上，实现全国统一，各党派与各种社会力量合作，建设独立自由与富强的新中国。然而，执政的国民党依然奉行一党专政、以党治国的方针，企图独享抗战胜利果实，继续排斥其他党派和社会力量的政治参与。

此时，国内危机四伏，内战大有一触即发之势。李公朴对此有着清醒的认识，他坚持进步的立场，在许多重大的原则问题上，勇敢地和保守错误的思想作斗争，同中国共产党争取实现建立联合政府的斗争目标相一致。

就在李公朴为要求避免内战，实现和平民主而呼号奔走时，昆明发生了震惊全国的一二一血案。西南联大、云南大学、中法大学等学校反对内战要求和平民主的教师和学生，遭到云南武装军警和宪兵特务的镇压，打死教员1人、学生3人，受伤50余人。这是继北洋军阀段祺瑞1926年制造三一八屠杀学生大惨案后的又一大惨案！消息传到重庆，李公朴愤慨不已，接连写了两副挽联，愤怒谴责国民党践踏民主、屠杀教师学生的暴行，沉痛敬挽一二一烈士。

其中一副这样写道：

要独裁惨杀学生之政府从来没有好下场

反内战代表人民的公意不久一定会成功

李公朴认为："仅仅是发表书面抗议，已经不起什么作用了，要有广大人民群众起来斗争，才可能争的一些民主斗争的成果。"

当时，民盟总部决定举行重庆各界追悼会，公祭一二一惨案死难师生，李公朴担负起追悼大会的筹备、组织和联络工作。在他的努力下，追悼和公祭大会开得很成功，各界人士和群众一万余人前来参加，重庆掀起了反内战、反暴行、争和平、争民主的浪潮。

1946年1月10日，为全国各界瞩目的政治协商会议在重庆正式召开。2月10日上午，陪都各界庆祝政治协商会议成功大会在较场口广场举行，参加的群众多达万余人。作为主席团成员和大会总指挥，李公朴早早地来到会场。而国民党当局的特务打手和流氓也抢先进入会场，围住李公朴痛打，其他暴徒则挥动铁尺、棍棒，打伤了郭沫若、施复亮、马寅初等人民主人士。这就是震惊国内外的较场口血案。

较场口血案的发生，激起全国人民的公愤，各地纷纷成立后援会，强烈要求国民党当局惩治主凶，保证人民的自由和民主，形成了声势浩大的争民主、反迫害的政治浪潮。较场口血案的发生也使李公朴进一步认识到蒋介石决不会放弃一党专政和独裁统治。

为实现国内和平民主、普及教育，并为建设民主的新中国培养干部人才，在中共的支持和帮助下，李公朴和陶行知在重庆共同创办了一座新型的学校——重庆社会大学。

李公朴任副校长兼教务长。通过不断深入的接触，李公朴和共产党的关系日益亲密，相互信任，相互支持，每当遇到什么困难或重大的事情，都要找共产党员，通过他们向党倾诉衷肠。

李公朴反对内战，实现民主，和平建国的真诚呼吁，使国民党反动派对他恨入骨髓，必欲除之而后快。国民党云南警备司令部就把中共云南地下党、民盟人士及进步师生50余人列入黑名单，其中李公朴被放在了第一号的位置。他们一方面派特务监视盯梢，一方面等待蒋介石圈定后动手。亲朋好友都为李公朴的安全担心，劝他早点离开昆明。然而，为了民主和平，李公朴早已把死生置之度外。

7月11日晚，李公朴和夫人张曼筠外出回家途中，遭到几名特务的尾随跟踪，趁夜色，特务连开数枪，李公朴当即倒在血泊中。虽经送医院抢救，终因伤势严重，流血过多，于12日凌晨不治身亡，年仅44岁。

李公朴被国民党特务枪杀身亡，引起人们极大愤慨，各方人士纷纷表示深切悼念。毛泽东、朱德致唁电说："先生尽瘁救国事业与进步文化事业，威武不屈，富贵不淫，今为和平民主而遭反动派毒手，是为全国人民之损失，抑亦为先生不朽之光荣。"周恩来赞誉他"是一位为新民主主义革命而献身的战士"。民盟总部发表声明，强烈谴责国民党的这种法西斯暴行。

在李公朴遇难后的第四天，国民党特务又暗杀了民主战士闻一多。李闻惨案震惊国内外，全国人民反对国民党法西斯暴行、要求和平民主的浪潮进一步高涨，国民党统治人心尽丧，从而加速了它的覆亡。

- 42 -

中共中央转战陕北时用的发报机

1946年6月26日，蒋介石凭借其暂时的军事优势，以大举围攻中原解放区为起点，悍然发动了全面内战。

面对蒋介石的军事进攻，中共中央被迫进行反击。在人民解放军的沉重打击下，国民党军队于1947年3月不得不放弃全面进攻计划，改为以陕北和山东解放区为重点，尤其是把重点进攻的矛头指向延安。蒋介石把重点进攻陕北的任务交给了拥有重兵的"西北王"胡宗南。胡宗南纠集了20个旅担任主攻，马步芳、马鸿逵集团的3个整编师以及邓宝珊的1个军加以配合，其全部兵力为34个旅约25万人。敌人制订了野心勃勃的计划：三天占领延安，摧毁中共中央和中央军委总部首脑机关。

延安，是黄土高原上的一座小城。自1937年1月迁到这里开始，延安一直是中共中央所在地，中国革命的中心和圣地，中国共产党领导全体军民进行全国解放战争的指挥中枢。在中国共产党的领导下，延安从一个偏僻落后的小城变为一个光明的城市，在抗日战争时期留下了光辉灿烂的历史，一直吸引着无数进步青年和爱国民主人士。

为了粉碎国民党军的大规模进攻，中共中央客观分析了国内外形势和敌我双方的力量对比，确立了基本作战方针：诱敌深入，必要时放弃延安，与敌人在延安以北的山区周旋，使之陷于疲惫之困境，然后抓住有利战机，集中优势兵力在运动中逐个加以歼灭。同时，中共中央领导边区军民认真地进行战争准备，在军事上、思想上、物资上做了一系列的准备工作，为粉碎国民党军重点进攻陕北的企图奠定了坚实的基础。

1947年3月18日晚，在国民党军队进攻延安的枪炮声已清晰可闻之际，毛泽东、周恩来告别居住了十年之久的延安，开始了转战陕北的伟大征程。临行前，毛泽东对前来送行的西北野战兵团的领导干部们说："我们要以一个延安换取全中国。"

3月19日上午，西北野战兵团主动放弃延安。当天下午，国民党军胡宗南部进入延安，占领了一座空城。在撤离延安的途中，毛泽东写下了一首题为《张道冠中》的五言律诗：

"朝雾弥琼宇，征马嘶北风。露湿尘难染，霜浓鸦不惊。戎衣犹铁甲，须眉等银冰。踟蹰张冠道，恍若塞上行。"全诗描写了在张冠道中的所见所感，诗中的踟蹰两字用得非常含蓄，深切地表现了毛泽东当时的心态。

3月29日晚至30日，毛泽东在陕北清涧枣林沟村召开中共中央会议，讨论中央机关行动问题。毛泽东高瞻远瞩，决定中央机关撤出延安，在外线同敌人周旋，留在陕北的中央机关代号为"昆仑纵队"。会议决定成立中央前敌委员会（简称中央前委），由中央书记处的三位书记毛泽东、周恩来、任弼时率中央机关和人民解放军总部留在陕北，主持中央工作；成立中央工作委员会（简称中央工委），由刘少奇、朱德、董必武组成，刘少奇为中央工委书记，朱德为副书记，董必武、彭真、康生、陈伯达为常委，伍云甫为秘书长；中央工委立即东渡黄河，前往晋西北或其他适当地点进行中央委托的工作。会议前一天，中央还成立了后方委员会，以叶剑英为书记，杨尚昆为副书记和后方支队司令，转移到晋绥解放区，负责中央机关的后方保障工作。

枣林沟会议之后，为了便于行动，留在陕北的中央人员按军事编制，编成中央纵队，即"昆仑纵队"。第一大队为直属队；第二大队负责机要和情报工作；第三大队负责电台和通讯工作；第四大队是新华社工作人员。再加上四个警卫连，一共800多人。纵队由任弼时担任司令员，陆定一为政治委员，叶子龙为参谋长，汪东兴任副参谋长，廖志高为政治部主任。毛泽东的代号叫"李德胜"，周恩来的代号是"胡必成"，

◇ 中共中央转战陕北时用的发报机

任弼时代号为"史林"，陆定一代号为"郑位"。

毛泽东率领"昆仑纵队"在十分艰险的境遇中与敌人周旋，同时与全国各战场保持着不间断的无线电联系。遵照蒋介石的命令，借助美国的无线电测向仪，胡宗南一直在寻找我党中央的踪迹。对此，毛泽东带着几部小电台在山沟里跟国民党军转圈，军委的大电台就伪装成中央电台，一直在发一些电报，也在迷惑国民党的侦测部队，使胡宗南部以强大的无线电测向方式判断我中央和野战军方位的企图归于失败，使占领延安后的敌军失去下一步的进攻方向。

当毛泽东所在的"昆仑纵队"在强敌围追堵截必须保持无线电静默时，西北野战军又及时启用其他通信枢纽进行替代，通过转发转收、网络迂回、有线无线、徒步骑兵等各种通信手段，最后通过无线电波协助中共中央从容指挥全国解放战争的

各个战场。这台在《复兴之路》展览中展出的发报机就是中共中央转战陕北时用过的。

在解放战争初期敌我力量对比悬殊的极端困难条件下,中共中央"昆仑纵队"的电台与西北野战军"前指"电台以6部15瓦手摇马达野战电台协助、保障毛泽东、中央军委对西北战场,对全国各战场实施不间断的有效指挥和管控,创造了闻名中外的近代无线电野战通信保障的光辉范例。

依靠陕北优越的群众条件和有利地形,西北野战军与比自己多达十倍的胡宗南部几十万军队在陕北高原周旋,不断地调动敌人,使其不往返奔波,疲于奔命,造成补给等方面的严重困难,士气低落。而人民解放军则选择有利时机和地形,于3月25日、4月14日及4月底5月初,连续进行了青化砭、羊马河、蟠龙三次歼灭战,共歼灭胡宗南部1.4万余人,有力地策应了其他战场的人民解放军,为彻底粉碎国民党军对陕北的重点进攻奠定了基础。

在党中央转战陕北、与强敌巧妙周旋的日子里,毛泽东一方面以其超乎常人的胆识和气魄,用一小支中央纵队牢牢地拖住蒋介石的后腿;另一方面,又以其高瞻远瞩的战略眼光,思考着如何扭转全国战局,由战略防御转入战略进攻。

－ 43 －

淮海战役中缴获的国民党军
将领黄百韬的手表

在济南战役即将结束的时候,粟裕向中央军委提出了举行淮海战役的建议。经过深思熟虑,他建议乘胜挥师南下,夺取淮安、淮阴、海州、连云港。第二天,中央军委就批准了这一建议,但提出"第一个作战目标,应以歼灭黄(百韬)兵团于新安、运河之线为目标"。然后再去攻占淮安、淮阴、海州、连云港等地区,这就是关于淮海战役最初的构想。

此后,根据中央军委的意见,这一战役部署进行了几次修改和完善。从1948年11月6日开始,华东野战军在山东境内集结,分几路南下,横扫徐州以东、陇海路北侧地区国民党守军阵地。蒋介石手忙脚乱,急令驻扎在徐州以东陇海路的邱清泉、李弥、黄百韬、冯治安、李延年等部西撤徐州聚集,妄图阻击解放军南下。根据蒋介石的命令,黄百韬于11月6日命令第六十三军在新安镇占领阵地,担任侧翼警戒,掩护海州李延年第二绥靖区部队西撤徐州。

11月7日,在运河以东新安镇的黄百韬,闻听华东野战军全军南下,出击徐州与新安镇之间的台儿庄和邳县,生怕自己的退路被断,连忙下令部队火速向徐州收缩。11月8日,黄百韬兵团已经越过运河到达碾庄一带。

黄百韬兵团的西撤,一度让粟裕十分紧张。本来,蒋介石命令黄百韬兵团在新安镇等待三天,接应海州李延年的第九绥靖区撤至徐州并等候第四十四军归建。新安镇与徐州间有一道运河阻隔着,运河上有一座铁桥,可以通过部队。黄百韬在等待第四十四军时,根本没有想到要在运河上再架设一座桥,以渡过大军。当黄百韬命令大军西撤时,10多万人、成百上千辆的汽车、装甲车聚集在一座桥边,一时难以通过。

就在此时,中共地下党员、国民党第三绥靖区副司令何基沣、张克侠率部于11月8日凌晨在贾汪至台儿庄一线率第五十九军两个师和第七十七军一个半师起义,这一举动使国民党军在徐州东北部的防线顿时化为乌有,也使得黄百韬兵团北部防线的门户洞开。

而在徐州的刘峙得悉华东野战军全力南下,第三绥靖区的张克侠、何基沣起义后,生怕徐州不保,命令在徐州东面邳县的李弥第十三兵团和在徐州西面砀山的邱清泉第二兵团立即放弃曹八集和砀山,向徐州收缩。同时,又命令黄百韬的第七兵团加速向徐州城撤退;令在蒙城的孙元良第十六兵团撤至宿县，加强津浦路徐蚌线的守备，防止津浦线被人民解放军切断。然而，李弥第十三兵团迅速撤至徐州，空出了曹八集这一战略要地，使华东野战军顺利地插入这一地区，阻隔黄百韬兵团逃回徐州。

11月9日，黄百韬率领四个军刚刚逃到运河西岸，就遭受由台儿庄、枣庄地区迅速南下，以及由江苏宿迁向西北插上来的两路解放军部队迎头堵击。黄百韬走投无路，不得不折回碾庄、曹八集地区，妄图负隅顽抗。

11月10日，在华东野战军尚未完成对黄百韬兵团的包围时，国民党国防部电令黄百韬兵团在碾庄一带"固守待援"，同时命令徐州方面派邱清泉、李弥兵团"以主力转用于徐州以东，协同黄兵团之作战"。但徐州"剿总"司令刘峙唯恐丢了徐州，不愿执行这一命令，而向蒋介石提出了"先巩固徐州"，然后"策应"黄百韬兵团作战的方案。刘峙的这一想法让蒋介石十分恼火，他派杜聿明飞赴徐州，负责具体的作战指挥。直至11日下午，徐州"剿总"才

做出了解救黄百韬兵团的部署，决定派邱清泉和李弥兵团的5个军共计12个师配置了100多辆坦克和100多门重炮组成"东进兵团"，在空军的配合下驰援黄百韬。

从11月11日开始，解放军开始对黄百韬兵团主力发动猛烈攻击，黄百韬部据守地堡工事，负隅顽抗。经过六七天的激烈战斗后，解放军逐渐收缩碾庄地区包围圈，将黄百韬所部压缩于东西不及十里，南北不及六里的狭长地带。

激烈的战斗持续到11月18日，黄百韬兵团终于抵挡不住解放军的猛烈进攻，敌第一百军、第四十四军相继被歼，第一百军副军长杨诗云、第四十四军军长王泽浚被俘，第二十五、第六十四军也遭到重创。

到11月19日，黄百韬部在碾庄外围的村庄据点相继被解放军肃清，当日晚间，解放军对碾庄发起总攻击，冲锋号角响彻了淮海平原。经过一整夜的激战，解放军于次日清晨攻占了碾庄，全歼敌第七兵团部和第二十五军大部，黄百韬逃至第六十四军军部，组织残兵继续进行顽抗。

11月21日晚，解放军向黄百韬部的残存阵地发起了最后攻击。

11月22日黄昏，看着一片狼藉的司令部，士兵们的尸体横七竖八地陈于周围，作为第七兵团司令，黄百韬感到一片悲凉，他拿出一张名片，在背后写上了"黄百韬尽忠报国"几个字，交给所部第二十五军副军长杨廷宴，让其转交蒋介石。然后举起手枪，对准自己的太阳穴扣动了扳机。

至此，被围于碾庄的黄百韬所部12万人马，在顽抗了15天之后，被全歼。黄百韬的手表也被解放军战士的缴获，展出在《复兴之路》展览中。据战后侥幸逃跑的杨廷宴回忆，黄百韬临死前对他说："我有三不解：一、我为什么那么傻，要在新安镇等待第四十四军两天。二、我在新安镇等两天之久，为什么不知道在运河上架设军桥。三、李弥兵团既然以后要向东进攻来救援我，为什么当初不在曹八集附近掩护我西撤。"

黄百韬永远也没有机会解答自己的"三不解"。而此时，邱清泉和李弥的东援兵团仍未能越过华野在大许家的防线。在这10天之中，邱李兵团以死伤1万多人、损失34辆坦克、消耗12万发炮弹的代价缓慢前进了10多公里，眼睁睁看着黄百韬兵团被全歼。蒋介石为此十分震怒，在电报中斥责邱清泉他们"有失军人武德"，其所为乃"军人之奇耻大辱"。

◇ 淮海战役中缴获的国民党军将领黄百韬的手表

- 44 -

中共北平地下组织绘制的《北平国民党军部署图》

中国共产党成立后，到北平和平解放前，整个民主革命过程中，北平地区始终有党的地下组织和党员在从事革命活动，广大党员在白色恐怖下坚持斗争舍生忘死，前仆后继，为祖国为人民建立了不朽的军功，留下了光辉的业绩。

抗战后期，中共中央晋察冀分局大力加强了北平城内的地下工作。日本投降后，成立了以刘仁为书记的中共北平市委员会，紧接着组建了学生工作委员会、工人工作委员会、铁路工作委员会和平民工作委员会。进入解放战争时期，经中共晋察冀中央局决定，于1946年10月撤销了北平市委，原市委下属的各委员会归中共晋察冀中央局城工部直接领导。在北平，共产党的地下组织是逐步发展壮大起来的。随着各个工作委员会的发展，北平中共地下党的组织也不断发展壮大，据当时北平的一个地下组织的成员王大明回忆："1948年10月前后，地下党组织就做好了两手准备迎接北平解放。一个是武装途径，另一个是和平途径。无论哪种情况，都急需扩大革命力量，同国民党特务作斗争。当时，山西地区有约2000多名学生逃难到北平，在内务部街大四合院成立了山西临时中学。王大明主要负责争取这批学生参加革命斗争，建立地下党组织。山西地下党组织已经被破坏，这批学生成分很复杂。后来通过党内一些同志的同学关系建立了联系，两个月左右时间我们就成功发展了20多个党员、200

多盟员（民主青年联盟）。党组织吸纳了各行各业的有志者，到1949年1月，学校的学生会和各主要社团组织都被地下党所领导，设立各个委员会进行统一管理，遍布整个平津地区，2000多学生已经可以随时拉出一支队伍，成为解放北平的革命力量，投入地下工作"。

面对国民党军队的阴谋，中共北平地下组织一直在晋察冀中央局城工部的领导下采取积极行动全力配合党的军事斗争，搜集一切可能的情报，为平津解放创造有利条件。城工部指示平津地下党有重点地进行突击调查，调查内容为工厂、学校和一些重要部门的历史沿革、组织系统、主要设备、经费来源、人员名单等。对本单位附近的医院、仓库、监狱以及一些重要机关的地形、建筑、警卫等情况，国民党驻军的防区、兵力部署、军事设施、工事、武器装备、交通等情况都要设法了解并尽可能绘制成地图。以上情况的调查材料，对平津解放以后的城市接管工作起了重要作用。天津地下党员麦璇琨多方搜集，实地验查，绘制成《北平国民党军部署图》，交给地下党领导人，而后由地下交通员

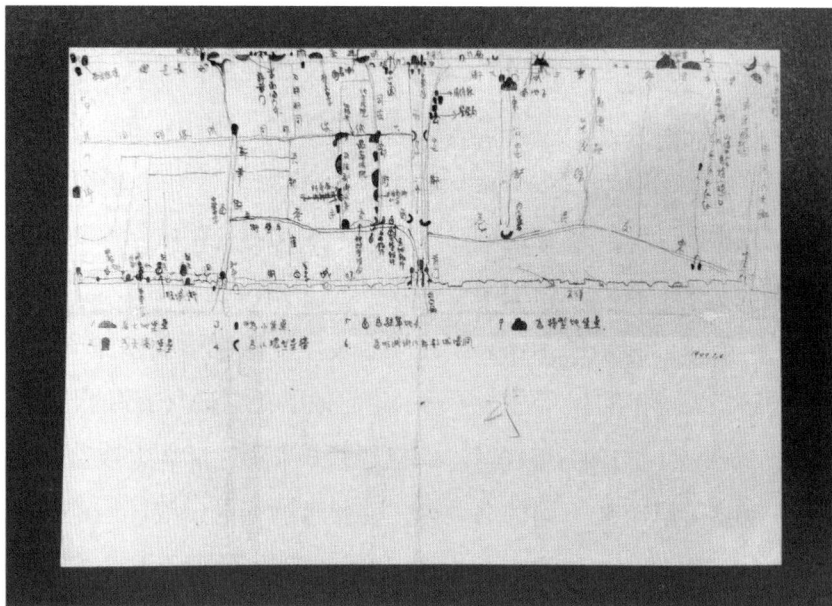

◇ 中共北平地下组织绘制的《北平国民党军部署图》

赵岩经过与国民党军的多方周旋于1948年10月送到城工部刘仁处，也正是因为得到了这张地图，我们党取得了同国民党谈判的先机，为和平解放北平起到了重要作用。

在刘仁的直接领导和具体部署下，北平地下党对傅作义周围的上层关系开展了工作，他们联系了傅作义的一些亲近关系，如华北"剿总"副司令邓宝珊、傅作义的老师刘厚同、联络处长李腾九，还有傅作义的女儿傅冬菊等人。通过几方面的工作，促使傅作义与我方进行谈判。傅冬菊随时了解傅作义的动态，及时向地下党汇报，再由地下电台向城工部发电报。这对于我军作出正确判断，进行正确部署，起到了不可替代的重要作用。1949年1月15日我军解放天津后，北平面临大兵压境之势。在各方促使下，傅作义第三次派代表出城与我方谈判，终于接受了我方提出的和平条件。1949年1月31日，解放军入城，北平和平解放。

－ 45 －

南京总统府的木牌和日历

辽沈战役、淮海战役、平津战役三大战役后，国民党的正规军还有71个军227个师的番号约115万人，加上特种兵、机关、学校和地方部队，总兵力约为204万人，其中能用于作战的部队为146万人。这些部队多是新建或重建的，且分布在从新疆到台湾的广大地区，对人民解放军的进攻已无法形成有组织的抵抗。

为了赢得时间，重整军力，蒋介石于1949年1月21日宣布"引退"，由副总统李宗仁任"代总统"出面与中共和谈。另一方面，蒋介石积极组织长江防御，企图借长江天险来阻止人民解放军渡江南进。国民党军在宜昌至上海间1800余公里的长江沿线上，共部署了115个师约70万人的兵力。其中，汤恩伯集团75个师约45万人，布防于江西省湖口至上海间800余公里地段上。白崇禧集团40个师约25万人，布防于湖口至宜昌间近1000公里地段上。同时，以海军海防第2舰队和江防舰队一部共计军舰26艘、炮艇56艘分驻安庆、芜湖、镇江、上海等地的长江江面，江防舰队主力舰艇40余艘分驻宜昌、汉口、九江等地江面，沿江巡弋。而空军的300余架飞机则分布武汉、南京、上海等地，支援江防作战。

在这种形势下，以毛泽东为首的中共中央决心将革命进行到底。他们一方面以极大的耐心同国民党举行谈判，争取和平解放全中国；另一方面，命令第二、第三野战军和中原、华东军区部队共约100万人，统归由第二野战军司令员刘伯承、政治委员邓小平和第三野战军司令员兼政治委员陈毅、副司令员粟裕、副政治委员谭震林组成的总前委（邓小平为书记）指挥，准备在5月汛期到来之前，由安庆、芜湖、南京、江阴一线发起渡江作战。

同时，中央军委还决定以第四野战军两个军的12万人组成先遣兵团，攻取信阳，威胁武汉，牵制白崇禧集团，配合渡江作战。

根据中央军委的意图，总前委于1949年3月31日制订了《京沪杭战役实施纲要》，决定组成东、中、西3个突击集团，采取宽正面、有重点的多路突击战法实施渡江作战。以第三野战军8个军35万人，组成东突击集团，在粟裕、张震指挥下，在扬中至靖江段渡江；以第三野战军7个军30万人组成中突击集团，在谭震林指挥下，于安徽裕溪口至枞阳镇段渡江；以第二野战军9个军35万人组成西突击集团，在刘伯承指挥下，于枞阳镇至望江段渡江。

参加渡江作战的人民解放军各部队，于3月初至4月初先后进抵长江北岸，开展战役的各项准备工作：进行形势任务和新区城市政策纪律教育；侦察国民党军的防御部署、工事和长江水情、两岸地形；在地方党和政府的帮助下筹集、修理船只。到渡江前夕，共筹集到各种型号的木船9400余只，培训了数千名从部队选调的水手，并开展了以强渡江河和水网稻田地作战为主要内容的战术、技术训练。

1949年4月1日，国共双方代表团在北平开始谈判。为了争取达成有利于人民的协定，人民解放军几次推迟渡江时间。4月15日，国共双方代表团拟定了《国内和平协定（最后修正案）》，并商定于4月20日签字，但南京国民党政府却拒绝签字。

按照中央军委的命令，人民解放军于4月20日晚发起渡江作战，首先由中突击集团在100余公里的正面上登船起渡，于次日占领铜陵、繁昌、顺安等地。4月21日，在广大群众的大力支援下，东西两突击集团乘坐成千上万只木船，以排山倒海之势，横渡长江。在强大炮兵掩护下，粉碎了南岸守军抵抗、迅速突破了江防。国民党江阴要塞守军7000余人，在中共地下党员唐秉琳等人率领下，宣布起义。至4月22日，渡江部队占领并扩大了滩头阵地。至此，国民党军苦心经营达3个月之久的长江防线完全崩溃，人民解放军百万大军胜利渡过长江。

鉴于长江防线已被全线突破，国民党军于4月22日下午实行总退却。人民解放军随即发起追击，23日凌晨，解放军第三野战军三十五军一〇四师三一二团三营营长管玉泉率部抵达总统府后，六名战士推开总统府大门，大队人马立即涌入，控制了整个总统府大院，俘虏了十多名未佩枪弹的卫兵。相信很多人都曾在网上或电视上看过《解放军占领南京总统府》这张老照片：在初升太阳的照耀下，南京总统府门楼上出现了一群解放军战士，他们高举手中的枪，欢呼胜利……这张照片向人们见证、宣告了一个重要的历史时刻——蒋家王朝覆灭的瞬间。

《复兴之路》展览中的南京总

◇ 南京总统府的木牌

◇ 南京总统府的日历

统府木牌和停留在1949年4月23日的日历，无疑是对这一段历史最好的见证。在北平双清别墅听到南京解放的消息后，毛泽东欣然命笔，写下了光辉的诗篇："钟山风雨起苍黄，百万雄师过大江。虎踞龙盘今胜昔，天翻地覆慨而慷。宜将剩勇追穷寇，不可沽名学霸王。天若有情天亦老，人间正道是沧桑。"

– 46 –

曾联松设计的中华人民共和国国旗图案原稿

五星红旗，是中华人民共和国国旗，原来被称为"红地五星旗"。它的设计者是上海现代经济通讯社曾联松。为了迎接新中国的建立，1949年6月16日，新政协筹备会决定成立国旗、国徽图案初选委员会，7月14日至8月15日在《人民日报》等报纸发表征求启事。1949年7月开始，国旗的设计者们纷纷提交了自己的方案，曾联松的设计，一路过关斩将，脱颖而出，经过多次讨论和少量修改，最终被选为新中国的国旗图案。

曾联松是浙江瑞安人,少年时酷爱书画,写得一手好字。九一八事变后,他曾和家乡的爱国青年一起走上街头,宣传抵制日货。1935年,他又在南京勇敢地参加了声援北京一二·九学生运动的集会游行。1949年5月,正在上海地下党的秘密经济新闻机构工作的他与全市人民迎来了上海的解放。征集国旗图案的启事发出后,曾联松希望设计一幅国旗图案来表达他对新国家的爱国热情。他一口气把征稿启事读了十几遍,一颗年轻的心再也无法平静了。他立即决定,要全身心地投入到这个伟大的设计中。时值7月中旬,上海酷暑难耐,他却一头钻进自家阁楼开始了国旗图案的设计。他想到中国共产党领导的工农红军是以五角星作为自己的标志的,而且中国共产党又是中国人民的大救星,于是决定用五角星来象征它。而毛泽东在《论人民民主专政》一文则指出,当时人民由四个阶级,即工人阶级、农民阶级、城市小资产阶级和民族资产阶级组成,因此,他决定用四颗小五角星来象征由四个阶级

组成的人民群众。在确定了五颗金星的位置和大小后(他曾设想在旗面的中心置放五颗金星,但因其在视觉上过于局促、凝滞而放弃),他于8月中旬将自己的设计"红地五星旗"寄给了筹备会。

1949年9月,中国人民政治协商会议第一届全体会议期间,初选委员会从收到的3012幅图案中选出38幅印发全体代表讨论。经全体代表分组讨论后,9月25日晚,毛主席召开关于国旗图案的讨论会,他指出,"红地五星旗"这个图案表现革命人民大团结,因此,又是团结,又是革命。9月27日,中国人民政治协商会议第一届全体会议正式决定采纳"红地五星旗"的方案,并将其更名为"五星红旗"。9月29日,《人民日报》刊发了新国旗的图样和制法说明,提供给社会各界制作使用。10月1日,在中华人民共和国的开国大典上,五星红旗首次在北京天安门广场升起。第一面飘扬在天安门广场上的国旗由女缝纫工赵文瑞缝制,她在9月30日下午1时完成了这项工作。曾联松最初并不敢确信五星红旗是他设计的,因为在公布的图

案中, 大五角星上没有镰刀和锤子。中央人民政府办公厅后来给他寄送了公函, 正式告知他就是国旗的设计者, 并随信附带了五百万元 ("万元"是当时旧币的单位, 1955年实行新币后, 旧币和新币的比价为1万元旧币换1元新币。当年的500万元是一个熟练技术工人一年的工资) 人民币作为酬谢。

1949年10月1日, 第一面中华人民共和国国旗——五星红旗由毛泽东在天安门广场首次升起。1950国庆, 曾联松被邀请登上了天安门观礼台。1954年《中华人民共和国宪法》第一百零四条规定: "中华人民共和国国旗是五星红旗。" 以后, 历次宪法均保留这个规定。1977年, 上海市政协五届二次全体会议增补他为市政协委员。新中国成立30周年时, 他又一次应邀到北京参加庆祝活动。由他亲笔签名的五星红旗, 高高飘扬在天安门广场上空。现在, 由他设计的中华人民共和国国旗原稿展出在《复兴之路》展览中。

作为新中国国旗的设计者, 曾联松回忆起当年设计国旗时的情景, 仍激动不已。他说: "当时我之所以不量力度德, 亦不记工拙, 想去设计国旗图案, 实在是一种欢呼新中国诞生的喜悦, 一种热切爱国的激情使然。" 如今, 五星红旗已成为我们伟大祖国的象征, 祖国各族儿女, 都像保护自己眼珠一样, 爱护无数先烈和仁人志士用鲜血染

◇ 曾联松设计的中华人民共和国国旗图案原稿

成的红旗，用对祖国的贡献，为五星红旗增光添彩。几十年来，中国人民以许许多多可歌可泣的爱国行为，赋予五星红旗以新的生命力和不朽的内容。

－ 47 －

中国人民政治协商会议第一届全体会议的选票箱

在人民解放军向全国进军的同时，建立新中国的组织准备也在积极地进行着。然而，新政权应该怎么组建？要通过什么样的途径？中国大地上的各种政治力量，都在静静地观望着。

在人民解放军转入全面战略反攻后不久，毛泽东就于1947年10月在《中国人民解放军宣言》中提出了自己的政治纲领，那就是："联合工农兵学商各被压迫阶级、各人民团体、各民主党派、各少数民族、各地华侨和其他爱国分子，组成民族统一战线，打倒蒋介石独裁政府，成立民主联合政府。"

随着解放战争进程的不断加快，筹建新中国的大幕，缓缓地拉开了。1948年4月30日至5月7日，中共中央在河北阜平召开了城南庄会议，讨论通过了纪念"五一"节口号，其中的第五条指出："各民主党派、各人民团体、各社会贤达迅速召开政治协商会议，讨论并实现召集人民代表大会，成立民主联合政府！"

中共中央发布的"五一"口号，很快通过各种渠道传遍海内外，引起了各方的积极响应。根据毛泽东的指示，在周恩来的周密安排下，原来在国民党统治区的各民主党派、爱国民主人士和海外华侨代表，陆续进入东北和华北解放区，政治协商会议筹备会的地址原定为哈尔滨。1949年1月22日,北平的和平解放使千年古都迎来了新生,也为新政协的召开提供了一个更宽阔的舞台。

4月初,国共双方代表在北平举行的和平谈判破裂。

为了准备新政治协商会议的召开,同时也为了筹备中央人民政府的建立,6月15日,新政治协商会议筹备会在北平召开,历时五天于6月19日闭幕。经过讨论,会议通过了《新政治协商会议筹备会组织条例》和《关于参加新政治协商会议的单位及其代表名额的规定》。会议推选毛泽东为常务委员会主任,周恩来、李济深、沈钧儒、郭沫若、陈叔通为副主任,李维汉为秘书长。

为了加快各项准备工作,新政协筹备会首次全体会议决定在常务委员会领导下设立六个小组,分别完成下列任务:(一)拟定参加新政协的单位及其代表名额;(二)起草新政协组织条例;(三)起草共同纲领;(四)起草宣言;(五)拟定政府组织大纲;(六)拟定国旗、国徽及国歌方案。周恩来被推选兼任第三小组组长,负责起草《共同纲领》。

根据新政协筹备会第一次全体会议的决定,经过反复协商,确定并邀请了参加会议的45个单位代表510人和候补代表77人,并特别邀请了民主人士74人,共为661人。在这661位代表中,共产党员约占44%,工农和各界的无党派代表约占26%,各民主党派的成员约占30%。在党外人士中,进步人士约占1/3,共产党员和党外进步人士约达总数的2/3。这就既保证了共产党的领导,又广泛团结了党外人士。当时,中央

◇ 中国人民政治协商会议第一届全体会议的选票箱

统战部把参加新政协的单位人选和各项统计，印制了一本很厚的表册，毛泽东曾幽默地说，这真是一本"天书"。

在中国人民解放战争胜利发展的形势下，中国人民政治协商会议第一届全体会议于1949年9月21日在北平胜利召开。这是一次具有重要历史意义的会议，担任政协筹备会主任的毛泽东在开幕词中庄严宣告："我们有一个共同的感觉，这就是我们的工作将写在人类的历史上，它将表明：占人类总数四分之一的中国人从此站立起来了。"

会议决定新中国的名称为中华人民共和国，国都定于北平（1949年9月27日改名为北京），采用公元纪年，国歌未制定前以《义勇军进行曲》为国歌，国旗定为五星红旗。这次会议代行了全国人民代表大会的职权，通过了具有临时宪法性质的《中国人民政治协商会议共同纲领》，制定了《中国人民政治协商会议组织法》《中华人民共和国中央人民政府组织法》。

根据以上两项组织法，中国人民政治协商会议第一届全体会议在9月30日进行了两项选举：（1）选举毛泽东为中华人民共和国中央人民政府主席，朱德、刘少奇、宋庆龄、李济深、张澜、高岗为副主席；选举周恩来等56人为委员，组成中央人民政府委员会。（2）会议选举毛泽东为中国人民政治协商会议全国委员会主席，周恩来、李济深、沈钧儒、陈叔通为副主席；会议还选出了由180人组成的政协第一届全国委员会，完成了中华人民共和国建国的一系列准备工作。

选举结束后，会议秘书处工作人员按规定清理票箱，封存全部选票。现在，这个选票箱正在《复兴之路》展览中展出，它见证了中国人民政治协商会议的召开，中华人民共和国的诞生，也标志着中国历史从此进入了一个新的时代。

- **48** -

开国大典上使用的话筒

1949年10月1日，是中国近现代史上具有划时代意义的日子。下午2时，中央人民政府委员会在中南海勤政殿举行第一次会议。主席毛泽东，副主席朱德、刘少奇、宋庆龄、李济深、张澜、高岗，以及周恩来、陈毅等56名委员宣布就职，宣告中华人民共和国中央人民政府成立。

会议一致决定接受《中国人民政治协商会议共同纲领》为政府施政方针，选举林伯渠为中央人民政府委员会秘书长；任命周恩来为政务院总理兼外交部长，董必武、陈云、郭沫若、黄炎培为副总理；毛泽东为人民革命军事委员会主席，朱德、刘少奇、周恩来、彭德怀、程潜为副主席；朱德为中国人民解放军总司令，徐向前为总参谋长，聂荣臻为副总参谋长；沈钧儒为最高人民

法院院长，罗荣桓为最高检察署检察长。

会议结束后，中央人民政府委员会主席、副主席及各位委员集体乘车出中南海东门，前往天安门城楼出席开国大典。首都30万军民早已齐聚天安门广场，按照预定地点排列，他们正翘首期待着伟大历史时刻的到来。整个广场上红旗翻卷，像红海奔腾，主席台设在天安门城楼上，城楼檐下挂着八盏大红宫灯和八面红旗。城墙正中央挂着毛泽东的巨幅画像，两边挂着两条巨大标语："中华人民共和国万岁！""中央人民政府万岁！"

下午3时整，毛泽东和刘少奇、朱德等党和国家领导人，沿着天安门城楼西侧梯道，登上了城楼。中央人民政府秘书长林伯渠宣布开国大

典正式开始。毛泽东走到话筒前，以洪亮而又浓重的湖南乡音向全国、向全世界庄严宣布：中华人民共和国中央人民政府已于本日成立了。这庄严的宣告，使参加盛典的30万群众一齐欢呼起来。欢呼声惊天动地，如隆隆春雷在960万平方公里的土地上滚滚而过，令每一个炎黄子孙热泪盈眶！现在《复兴之路》展览中展出的这个话筒，就是在开国大典上毛泽东主席使用过的。由

◇ 开国大典上使用的话筒

于话筒是从国民党处收缴来的，为保险起见，开国大典上一共准备了4个话筒。

接着，第一面五星红旗升起，54门礼炮齐鸣28响，在2分05秒时间内与奏国歌、升国旗同起同落，气势宏大。升旗之后，毛泽东用洪亮的声音宣读了新中国的第一个政府公告——《中华人民共和国中央人民政府公告》，宣布中华人民共和国中央人民政府于本日成立，"本政府为代表中华人民共和国全国人民的唯一合法政府。凡愿遵守平等、互利及互相尊重领土主权等项原则的任何外国政府，本政府均愿与之建立外交关系"。这份全文不到1000字的政府公告还公布了中央人民政府主要领导人任命。

公告宣读完毕，盛大的阅兵式开始。在雄壮的《解放军进行曲》乐声中，朱德总司令在阅兵总指挥聂荣臻陪同下，乘敞篷汽车检阅受阅部队。随后，在全场经久不息的掌声和欢呼声中，

中国人民解放军三军受阅部队的步兵、骑兵、坦克、大炮、汽车等，以连为单位，列成方阵，迈着威武雄壮的步伐，由东向西分列式通过天安门广场。与此同时，刚刚组建的人民解放军空军十七架战斗机、轰炸机，凌空掠过天安门广场，接受检阅。检阅毕，朱德总司令回到主席台上宣读《中国人民解放军总部命令》，指出："坚决执行中央人民政府和伟大的人民领袖毛主席的一切命令，迅速肃清国民党反动军队的残余，解放一切尚未解放的国土，同时肃清土匪和其他一切反革命匪徒，镇压他们的一切反抗和捣乱行为。"

阅兵式持续近三小时，此时天色已晚，长安街华灯齐放，群众游行开始了。一队队游行群众高举红旗和红灯，纵情欢呼，"中华人民共和国万岁！""毛主席万岁！"的口号声响彻云霄。天安门城楼上，毛泽东频频向群众招手，挥帽致意。

当游行群众的"毛主席万岁"呼声直冲霄汉时，他在话筒前挥帽高呼"人民万岁"。人们热情洋溢，载歌载舞，尽情地欢度新中国的第一个夜晚。

10月2日，全国各地举行隆重集会，热烈庆祝中华人民共和国的成立和毛泽东当选为中华人民共和国中央人民政府主席。

中华人民共和国的成立是中国有史以来最伟大的事件。在国内，结束了少数剥削者统治和压迫广大劳动人民的历史，结束了帝国主义、殖民主义奴役和压迫中国人民的历史，劳动人民成了新社会的主人，从根本上改变了中国历史发展的方向，开辟了社会主义革命和建设的新时代；在国际上，冲破了帝国主义的东方战线，极大地改变了世界政治力量的对比，成为第二次世界大战后国际上最重大的事件，为民族解放运动树立了光辉的榜样。

- 49 -

新中国开国大印

中国国家博物馆的《复兴之路》展览里展出了着一枚庄重的国玺，即"中华人民共和国中央人民政府之印"。这是国家主席或中央人民政府颁发各种法令、命令、指示和行使其他权力时钤印公文的凭证信物，具有特殊重要的意义。这枚新中国第一大印为方形圆柄，印面边长9厘米、章体厚2.5厘米、柄长10.9厘米，铜胎铸字。整体造型有气势，15个字的宋体印文搭配对称、严谨，印痕字迹隽秀清晰、美观大气。

刻制中央人民政府大印是筹建新中国过程中的一项重要工作。因为在颁发各种法令、命令、指示和行使其他权力时，中央人民政府需要有凭证信物。因此，在1949年6月新政协筹备会常务委员会成立后，周恩来就委托陈叔通邀请治印名家为中央人民政府及其所属和下属机构治印，后来由副秘书长齐燕铭具体负责筹划和研制工作。

◇ 中华人民共和国中央人民政府之印

与金铸玉制、炫耀家

天下威权的封建王朝的御玺相比，这方材质普通的印章彰显了共和国权力归于人民的现代国家信念，其设计、镌刻者是当时名震京城的篆刻大师张樾丞。

1949年6月，新政治协商会议筹备会期间，筹备会副秘书长齐燕铭拜会了张樾丞。之后，张樾丞画出了隶、宋、汉篆、秦篆四种字体的"中华人民共和国中央人民政府之印"的样本。毛泽东确定了宋体字的样本。后经参加筹备会的代表们讨论、常委会最后研究确定用宋体字的印样。张樾丞知道这一消息后，激动地对家人和伙计们说："毛泽东这个人了不起，历朝历代的国印都是篆书体，他却定为宋体。宋体字好哇，老百姓都能看得懂，容易认。共产党的心里果真是念着老百姓的。"

这方新中国的第一方国印是普通的铜印，比政务院、中央军委、高检、高法等印都要大。按照特殊规定，不许打样留底，而且印章的四个角都留有高台，待正式使用时磨平，即启封。国印的印文是"中华人民共和国中央人民政府之印"，背款是"中华人民共和国中央人民政府之印，1949年11月1日第一号"。

1959年5月，这枚开国打印被国家博物馆珍藏，如今在《复兴之路》展览中展出。

- 50 -

《中苏友好同盟互助条约》

1950年2月14日，经过毛泽东、周恩来同斯大林、维辛斯基的会谈，中、苏两国政府在莫斯科克里姆林宫签订《中苏友好同盟互助条约》，该条约于同年4月11日起生效，有效期30年。从20世纪60年代起，中苏两国关系恶化，该条约名存实亡。期满后没有再延长。

1950年签订的《中苏友好同盟互助条约》，是区别于1945年8月14

日国民党政府与苏联政府签订的《中苏友好同盟条约》以及关于中国长春铁路、旅顺口、大连的协定的。《中苏友好同盟条约》是蒋介石为了维护自己的统治权，做出重大让步而与苏联签订的不平等条约。在该条约中不仅放弃了对外蒙古的主权，承认外蒙古独立，而且给予苏联在中国东北一系列特权，包括：双方共同所有、共同经营中国长春铁路（以下简称中长铁路）；大连所有港口工事及设备之一半，无偿租与苏联，租期定为30年；旅顺口为中苏共同使用的海军基地。

1949年，我们党取得了解放战争的最后胜利，建立了新中国，但是面对满目疮痍、百废待兴的经济状况，新中国领导人心急如焚。如何尽快恢复经济，发展生产，进行正常的国家建设和管理，新中国急需苏联的帮助。这时的国际形势，也迫使苏联重新调整对华政策。为了在冷战的国际环境中加强与美国对抗的实力，斯大林无疑需要新中国加盟社会主义阵营，借助中国在亚洲牵制和打击美国的势力。

正是在上述背景下，新中国成立后，尽快解决与苏联结盟的问题，尽早获得苏联的大力援助，已经成为中国领导人的当务之急。毛泽东和斯大林直接会面，已经势在必行。1949年11月8日，毛泽东致电莫斯科表达了出访苏联的愿望，还特别说明访问期间要提出中苏条约问题。也就是废除不平等的《中苏友好同盟条约》，签订一个新的中苏条约。

同年12月16日，毛泽东到达莫斯科，六个小时后便与斯大林举行了正式会谈。根据俄国档案中的会议记录，两位领导人的第一次对话就在中苏条约的问题上发生了分歧。12月24日，在毛泽东与斯大林的第二次会谈中，两国领导人就中苏条约问题继续会谈。1950年元旦，苏联驻华大使罗申拜访毛泽东，在会谈中，毛泽东当即做出了周恩来出访苏联的安排。

1950年1月，周恩来抵达苏联加入谈判。在这次会谈中，毛泽东与斯大林就中苏条约重新签订的几个原则问题达成了一致意见。经过多次会谈，1950年2月14日在莫斯科签订了《中苏友好同盟互助条约》。同时签订了《关于中国长春铁路、旅顺口及大连的协定》《关于贷款给中华人民共和国的协定》和《关于中苏友好同盟互助条约的补充协定》。

《中苏友好同盟互助条约》的主要内容如下：

第一条　缔约国双方保证共同尽力采取一切必要的措施，以期制止日本或其他直接间接在侵略行为上与日本相勾结的任何国家之重新侵略与破坏和平。一旦缔约国任何一方受到日本或与日本同盟的国家之侵袭因而处于战争状态时，缔约国另一方即尽其全力给予军事及其他援助。

双方并宣布愿以忠诚的合作精神，参加所有以确保世界和平与安全为目的之国际活动，并为此目的之迅速实现充分贡献其力量。

第二条　缔约国双方保证经过彼此同意与第二次世界战争时期其他同盟国于尽可能的短期内共同取得对日和约的缔结。

第三条　缔约国双方均不缔结反对对方的任何同盟，并不参加反对对方的任何集团及任何行动或措施。

第四条　缔约国双方根据巩固

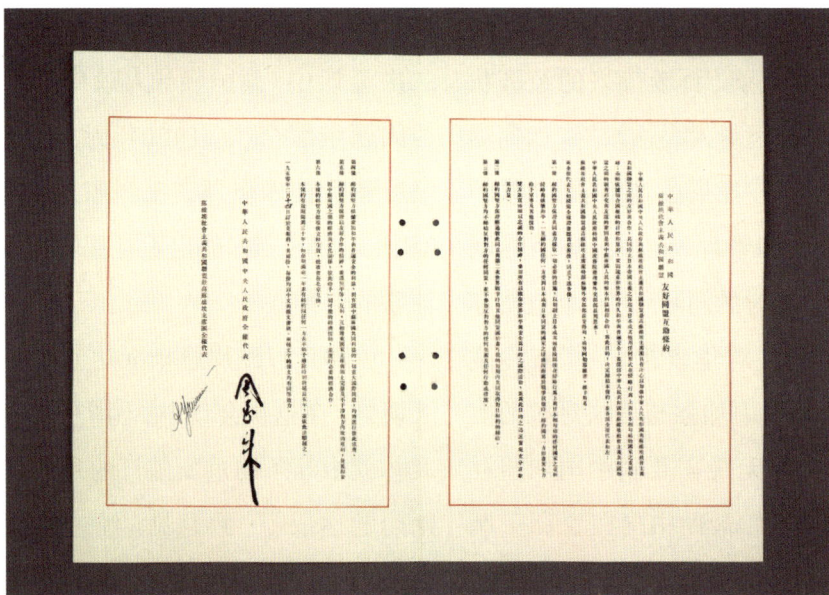

◇　《中苏友好同盟互助条约》中文版

和平与普遍安全的利益，对有关中苏两国共同利益的一切重大国际问题，均将进行彼此协商。

第五条 缔约国双方保证以友好合作的精神，并遵照平等、互利、互相尊重国家主权与领土完整及不干涉对方内政的原则，发展和巩固中苏两国之间的经济与文化关系，彼此给予一切可能的经济援助，并进行必要的经济合作。

第六条 本条约经双方批准后立即生效，批准书在北京互换。

本条约有效期间为三十年，如在期满前一年未有缔约国任何一方表示愿予废除时则将延长五年，并依此法顺延之。

《中苏友好同盟互助条约》缔结，标志着社会主义阵营的形成，对反击美国的"冷战"攻势起了积极作用，它有利于促进两国人民的友好团结。在一定程度上为新生的中国营造了有利的外部环境，并促使中苏两国关系从蜜月期一直向着良性方向发展，对两国关系产生了积极的影响。

但是，即使在50年代前半期中苏友好交往期间，在条约谈判、执行中就已发生一些使中国人民不甚愉快的事情。谈判过程中，由于对一百年来帝国主义强加给中国的种种不平等条约的极端反感，也出于对国内舆论的担心，毛泽东与周恩来格外注意中苏条约和协定中所表现的中方主权和平等权利问题。但实际上，不论毛泽东与周恩来如何努力，中苏两国强弱悬殊，和中国处于受援国地位的现实状况，中国不可能争取到真正的平等。例如，苏联同意向中国提供3亿美元的低息贷款，却提出了一个附加条件，即从1950年到1963年的14年里，中国必须把它所有过剩的工业原料统统卖给苏联，而不得卖给第三国。这显然是一种极不平等的商业垄断行为。苏联坚持在帮助中国建立航空、造船、石油、有色金属等工业方面要实行合营，为此，中方以当年国民党代表张治中与苏联讨论的协议草案为基础，与苏方商定了成立上述四个合营公司的协议。这种合作方式事实上损害了中国的主权。苏联坚持中国东北和新疆不得有第三国势力存在，不允许第三国资本和人员以任何方式参与东北和新疆的任何机构以及经营性活动。用毛泽东后来的话来说，斯大林实际上是在中国要了两个势力范围。条约执行中，关于无偿移交日本投降后在东北留下的财产问题上，苏军在撤离东北时，实际上已将所有能拆卸运走的厂矿机器设备和器材物资等几乎全部搬走，只移交了一些空房子；在两国货币的比值问题上，苏联不顾中国政府的异议，将卢布比值定得很高，将人民币的比值压得很低。

这些情况，暴露出苏联大国沙文主义和民族主义的倾向。这种错误倾向在以后的中苏交往中更有所发展，从而使同盟条约不可避免地蒙上阴影，并最终导致两国关系的破裂。

《中苏友好同盟互助条约》及相关文件的个别条款尽管有不尽人意之处。但从总体上还是符合中国意愿的，中国收回了在1945年失去的大部分东西，保护了中国的主权和经济利益，也为新中国废除一切不平等条约开启了大门。

今天，这份已经期满失效的条约正展出在《复兴之路》展览中，向观众诉说着中苏之间的过往。

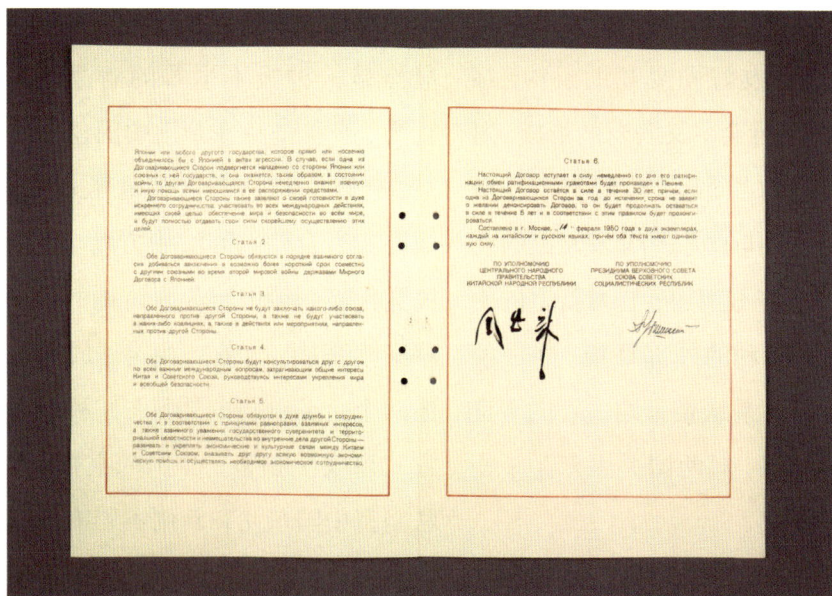

◇ 《中苏友好同盟互助条约》俄文版

- 51 -

《中华人民共和国土地改革法》的发文稿

1950年6月28日，中央人民政府委员会第八次会议通过《中华人民共和国土地改革法》，30日，中央人民政府主席毛泽东发布命令公布施行。现在《复兴之路》展览中展出的，便是这个发文稿。全法共6章40条，明确指出土地改革的目的是废除地主阶级封建剥削的土地所有制，实行农民的土地所有制，借以解放农村生产力，发展农业生产，为新中国的工业化开辟道路。

第一章 总则

第一条 废除地主阶级封建剥削的土地所有制，实行农民的土地所有制，借以解放农村生产力，发展农业生产，为新中国的工业化开辟

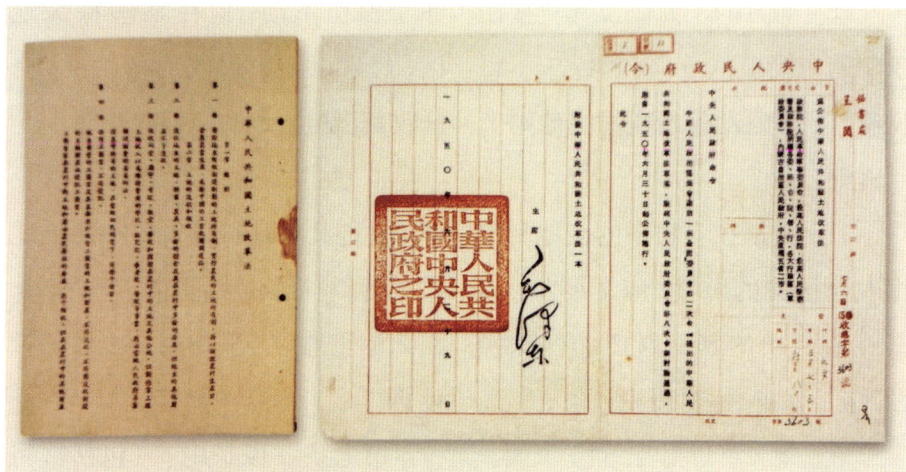

◇ 《中华人民共和国土地改革法》的发文稿

道路。

第二章　土地的没收和征收

第二条　没收地主的土地、耕畜、农具、多余的粮食及其在农村中多余的房屋。但地主土地所有权证的其他财产不予没收。

第三条　征收祠堂、庙宇、寺院、教学、学校和团体在农村中的土地及其他公地。但对依靠上述土地收入以为维持费用的学校、孤儿院、养老院、医院等事业，应由当地人民政府另筹解决经费的妥善办法。

清真寺所有的土地，在当地回民同意下，得酌予保留。

第四条　保护工商业，不得侵犯。

地主兼营的工商业及其直接用于经营工商业的土地和财产，不得没收。不得因没收封建的土地财产而侵犯工商业。

工商业家在农村中的土地和原由农民居住的房屋，应予征收。但其在农村中的其他财产和合法经营，应加保护，不得侵犯。

第五条　革命军人、烈士家属、工人、职员、自由职业者、小贩以及因从事其他职业或因缺乏劳动力而出租小量土地者，均不得以地主论。其每人平均所有土地数量不超过当地每人平均土地数百分之二百者（例如当地每人平均土地为二亩，本户每人平均土地不超过四亩者），均保留不动。超过此标准者，得征收其超过部分的土地。如该项土地确系以其本人劳动所得购买者，或系鳏、寡、孤、独、残废人等依靠该项土地为生者，其每人平均所有土地数量虽超过百分之二百，亦得酌情予以照顾。

第六条　保护富农所有自耕和雇人耕种的土地及其他财产，不得侵犯。

富农所有之出租的小量土地，亦予保留不动；但在某些特殊地区，经省以上人民政府的批准，得征收其出租土地的一部或全部。

半地主式的富农出租大量土地，超过其自耕和雇人耕种的土地数量者，应征收其出租的土地。富农租入的土地应与其出租的土地相抵计算。

第七条　保护中农（包括富裕中农在内）的土地及其他财产，不得侵犯。

第八条 本法规定所有应加没收和征收的土地，在当地解放以后，如以出卖、出典、赠送或其他方式转移分散者，一律无效。此项土地，应计入分配土地的数目之内。但农民如因买地典地而蒙受较大损失时，应设法给以适当补偿。

……

《中华人民共和国土地改革法》规定没收地主的土地，征收祠堂、庙宇、寺院、教堂、学校和团体等在农村的土地。富农所有自耕和雇人耕种的土地不得侵犯，其出租的少量土地一般也予以保留。土改中团结中农，保护农民的土地及其他财产不受侵犯。所有没收和征收得来的土地和其他生产材料，除依法收归国家所有的外，应统一地、公平合理地分配给无地少地的贫苦农民所有。对地主同样分给一份土地，使其自食其力，在劳动中改造成为新人。该法对土地分配的方法，土地改革中特殊问题的处理，以及土改的执行机关、执行方法等，也都作了具体规定。

土地改革是中国人民在党的领导下，彻底铲除封建剥削制度的一场深刻的社会革命，是我国民主革命的一项基本任务。在民主革命时期，我党就领导了解放区的土地改革，新中国成立前，占全国面积约1/3的东北、华北等老解放区已基本完成土地改革，消灭了封建剥削制度。新中国成立后的土地改革从1950年冬开始，有领导地分期分批进行。每期一般都经历了发动群众、划分阶级、没收和分配地主土地财产、复查总结和动员生产等步骤。各地政府都派出土改工作队深入农村，领导土改运动。大批机关干部、知识分子（包括大学教授）和许多民主党派成员都投身到这场伟大斗争中。各地土改工作队深入农村访贫问苦，培养积极分子，逐步把群众发动起来，建立以贫雇农为核心的农民协会，作为土改执行机关。随后，进行划阶级，开展对地主阶级面对面的斗争，揭露他们的罪恶，打垮他们的威风，并对其中罪大恶极的分子和破坏土改的分子实行镇压。在此基础上，由农民协会没收地主的土地和财产，分配给无地、少地的农民，并在分配完成后进行复查,由人民政府颁发土地证,整顿与加强政权和民兵组织,引导农民发展生产。

在党的正确领导下,到1952年底,除部分少数民族地区外,我国大陆普遍完成了土地改革。土地改革消灭了地主阶级,彻底摧毁了我国存在两千多年的封建土地制度,三亿多农民无偿分得了约七亿亩土地和大批生产资料,彻底翻了身,成为土地的主人。土改大大解放了农村生产力,为新中国的工业化建设准备了基本的条件。

－ 52 －

《中央人民政府和西藏地方政府关于和平解放西藏办法的协议》

《中央人民政府和西藏地方政府关于和平解放西藏办法的协议》,通称为《十七条协议》,是1951年中华人民共和国中央人民政府和西藏地方政府签订的一份和平解放西藏的协议。它的签订标志着祖国大陆实现了统一。

西藏民族是中国境内具有悠久历史的民族之一,与其他许多民族一样,为伟大祖国的繁荣发展贡献了自己的智慧和力量。但在近百余年来,帝国主义势力侵入中国,西藏地区更是深受其苦。国民党反动政府对于西藏民族,则和以前的反动政府一样,继续行使其民族压迫和民族离间的政策,致使西藏民族内部发生了分裂和不团结。在帝国主义和本国反动势力的双重压迫下,西藏民族和西藏人民陷于奴役和痛苦的深渊。

1949年中国人民解放战争在全国范围内取得了基本的胜利,国民党蒋介石反动政府败退台湾,其依靠的美国帝国主义势力也随之退出

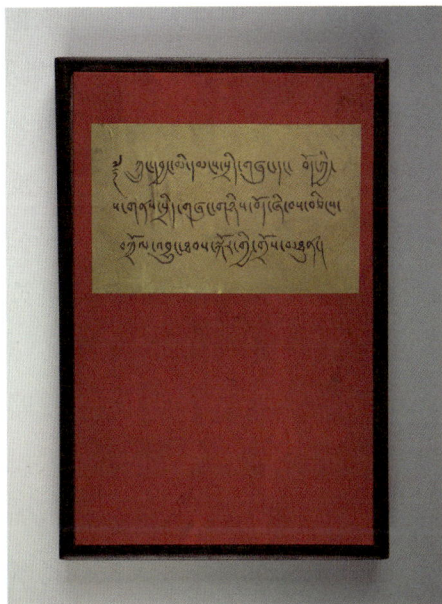

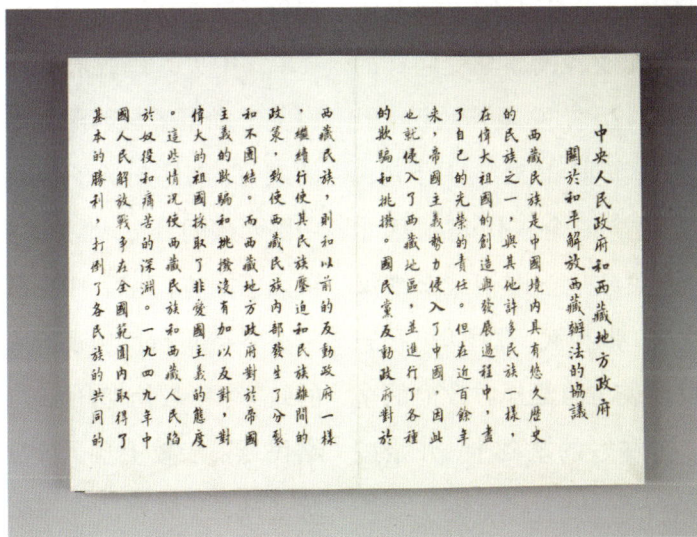

◇ 《中央人民政府和西藏地方政府关于和平解放西藏办法的协议》

了中国，中国近百年的内忧外患的屈辱近代史由此终结，勇敢的中国人民在伟大的中国共产党带领下完成了民族独立、人民解放的历史任务，迎来了中华民族崭新的历史新篇章。1949年10月1日，在天安门城楼上，伟大领袖毛主席向全世界庄严宣告：中华人民共和国中央人民政府今天成立了。中央人民政府依据中国人民政治协商会议通过的共同纲领，宣布中华人民共和国境内各民族一律平等，实行团结互助，反对帝国主义和各民族内部的人民公敌，使中华人民共和国成为各民族友爱合作的大家庭。

为了顺利地清除帝国主义侵略势力在西藏的影响，完成中华人民共和国领土和主权的统一，保卫国防，使西藏民族和西藏人民获得解放，回到中华人民共和国大家庭中来，与国内其他各民族享受同样的民族平等的权利，发展其政治、经济、文化教育事业，1951年4月下旬，西藏地方政府的全权代表到达北京。中央人民政府当即指派李维汉为首席代表，张经武、张国华、孙志远为全权代表与西藏地方政府的全权代表，在友好的基础上，开始进行谈判。

中央人民政府的全权代表根据中央人民政府的民族政策和西藏地区的实际情况，曾主动地提出了一系列建议，同时尽量听取和采纳西藏地方政府全权代表的建设性意见。双方先后经过多次磋商，于5月21日结束谈判，最终达成17条协议，即《中央人民政府和西藏地方政府关于和平解放西藏办法的协议》。5月23日在北京举行了《关于和平解放西藏办法的协议》的签字仪式。中央人民政府全权代表李维汉、张经武、张国华、孙志远与西藏地方政府全权代表阿沛·阿旺晋美，凯墨·索安旺堆，土丹旦达，土登列门和桑颇·登增顿珠先后签字盖章。西藏和平解放。人民日报全文刊发协议。

《中央人民政府和西藏地方政府关于和平解放西藏办法的协议》的签订，彻底粉碎了帝国主义分裂中国西藏的梦想，维护了祖国统一，巩固了国防。此后，中央政府在西藏一直坚持实行民族平等和民族团结的政策，宗教信仰自由政策，争取团结民族、宗教上层人士，发展爱国统一战线，尊重民族风俗习惯以及逐步实行民族区域自治政策。

西藏和平解放，为西藏人民废除反动农奴制度、彻底翻身作主人奠定了基础，为迅速发展西藏工农业生产，提高西藏人民生活水平开辟了广阔的道路。西藏和平解放，还挫败了美国试图将西藏作为亚洲反社会主义阵营基地的计划，对于巩固刚刚诞生的新中国政权，反对以美国为首的帝国主义阵营的斗争，具有重要的战略意义。西藏自治区人民代表大会根据民族区域自治法所赋予的权利，从1965年开始，制定了60余项符合西藏实际情况、维护西藏人民利益的地方性法规、条例、决定和决议，内容涉及政治、经济、文化、教育等各个方面。这些地方性法规的制定和实施，为西藏人民各项民主权利的实现和地方社会经济文化事业的发展，提供了重要的法律保障。

《中央人民政府和西藏地方政府关于和平解放西藏办法的协议》，结束了西藏近代以来遭受帝国主义、殖民主义侵略的历史，宣告了西藏和平解放。为新中国的国家统一、民族团结大业，同时也为西藏的民主改革和民族区域自治制度的建立、为西藏的社会进步、经济发展奠定了坚实的基础，使西藏民族和西藏人民走上了团结、进步、发展的光明大道。

－ 53 －

飘扬在上甘岭的志愿军某部八连战旗

一条大河波浪宽，
风吹稻花香两岸，
我家就在岸上住，
听惯了艄公的号子，
看惯了船上的白帆，
这是美丽的祖国，
是我生长的地方，
在这片辽阔的土地上，
到处都有明媚的春光，
……
每当听到《我的祖国》这首歌，
人们就会想到上甘岭战役。

1952年10月14日清晨,"联合国军"的300余门大炮、27辆坦克、40余架飞机疯狂地向五圣山南的两个小山头倾泻着弹药。上甘岭之战打响。在这片3.7平方公里的狭小区域内,创造了人类战争史上单位面积火力密度的最高纪录!

"联合国军"发动的此次攻击名为"摊牌"。这次行动瞄准的两个小山头,正是志愿军中部战线战略要点、战线中部地区的最高峰五圣山的前沿阵地。一东一西,相距只有150米,互为犄角,是向南楔入"联合国军"阵地的两颗钉子。

东面的537.7高地,由志愿军和"联合国军""共享":我们占据北山,他们控制高地。西面的597.9高地,由3个小山头组成,"联合国军"称之为"三角形山"。两个高地后面的山洼里有个十几户人家的小村庄,叫上甘岭。当时没人能料到,这个小村庄将因为这场战事而载入史册。

"摊牌"行动的策划者是"联合国军"地面部队指挥官、美第八集团军司令官范佛里特。按照他的设想,上甘岭在金化以北不到3英里

处,双方工事间隔只有200米。如果夺下这些山头,将迫使中朝军队后撤1000多米,改善金化以北的防线态势,从而在即将召开的第七届联合国大会上获得国际外交的主动,并在板门店谈判中取得更多的筹码。

和此前范佛里特被否决的数次进攻计划相比,"摊牌"行动的规模并不算大。范佛里特相当乐观——假如一切按计划行事,5天时间,仅美国第七师和南朝鲜第二师的两个营就可以圆满完成这一使命,付出的代价只是200人的伤亡。

上甘岭战役第一天,范佛里特便把30余万发炮弹和500多枚重磅航弹砸到了上甘岭。十五军苦心构建了四个多月的地表工事到中午时已荡然无存。曾经植被丰茂的山头寸草未剩,山体岩石都被扒了一层皮,碎石和弹片掺杂在一起,堆积了一尺多厚。

仅第一天,在火力规模空前的炮击和敌人的十余次冲锋中,负责上甘岭两处高地防御的十五军第四十五师就牺牲了500余人。

而志愿军反击的炮火,这一天

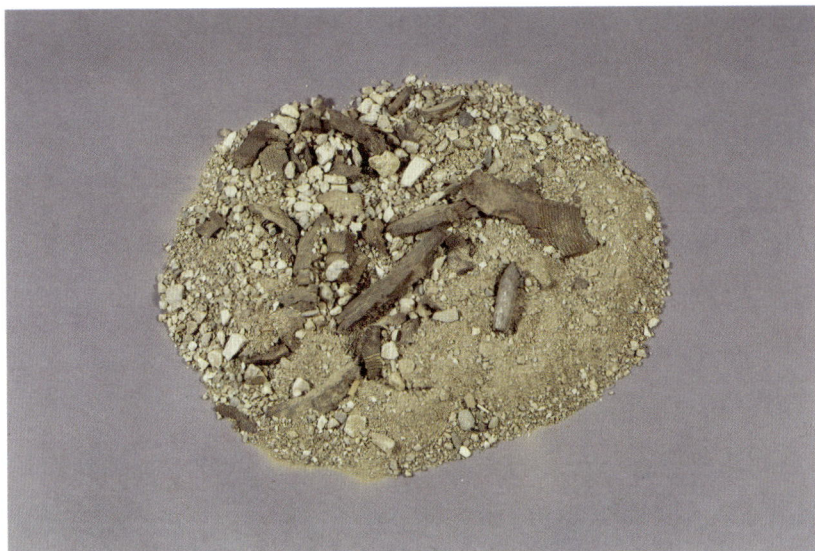

◇ 上甘岭阵地上的一抔土

只打了3000多发炮弹，不及敌人的百分之一。其中原因，一方面是志愿军的火炮数量和弹药储备根本没有条件与"联合国军"公平对轰，即便是整个上甘岭战役期间，志愿军炮火密度最大时，每天的炮弹发射量也不到4万发，只相当于敌人的十分之一。根本原因，则是范佛里特的"摊牌"出乎十五军的意料之外。

1952年10月18日夜，连长李保成率领八连向上甘岭597.9高地运动，由于事先准备较好，仅以伤亡5人的代价，全部进入了1号坑道，为19日大反击奠定胜利基础。

19日，八连相继攻取了第1、9号阵地，最后攻克主峰（3号阵地）。在战斗中，八连涌现出赖发均和龙世昌两位英雄战士，他们在身负重伤的情况下，毅然与敌同归于尽，用血肉之躯为战友扫清通往主峰的道路，战后均被追记为特等功臣，二级战斗英雄。同一天，黄继光在攻克597.9高地6号阵地的战斗中牺牲，战后被追记为特等功臣、特级英雄，是志愿军历史上获得这项荣誉仅有的两人之一，另一人为杨根思。

战至21日夜，八连仅剩16人（含

伤员），但继续坚守在597.9高地上。而八连所在的1号坑道中共挤入了80多人，其中伤员55人，来自于16个不同的连队，坑道内一片混乱。同日，根据八连的报告，第一三四团派遣以二营教导员李安德为首，抽调了百十号人，摸进1号坑道。按照上级指示，以八连为核心组建坑道党支部，形成战斗核心，所有进入1号主坑道的部队，通通编入八连，归李保成指挥。

23日夜，在第一三五团五连协助下，八连对597.9高地东北山梁上的第2、8号阵地发起反击。由于五连攻击失利，八连失去策应，与敌反复争夺9次后，占领1号阵地，在拿下8号阵地后，八连仅剩5人，根本无法固守。当天夜里，李保成无奈放弃反击，带着十几个伤员退守1号坑道。五天内，八连第二次全连打光。

10月30日，八连参加军组织的决定性大反击，攻打东北山梁第1、3号阵地，并参与后期的巩固阵地的战斗。

11月1日，八连受命后撤。战后，

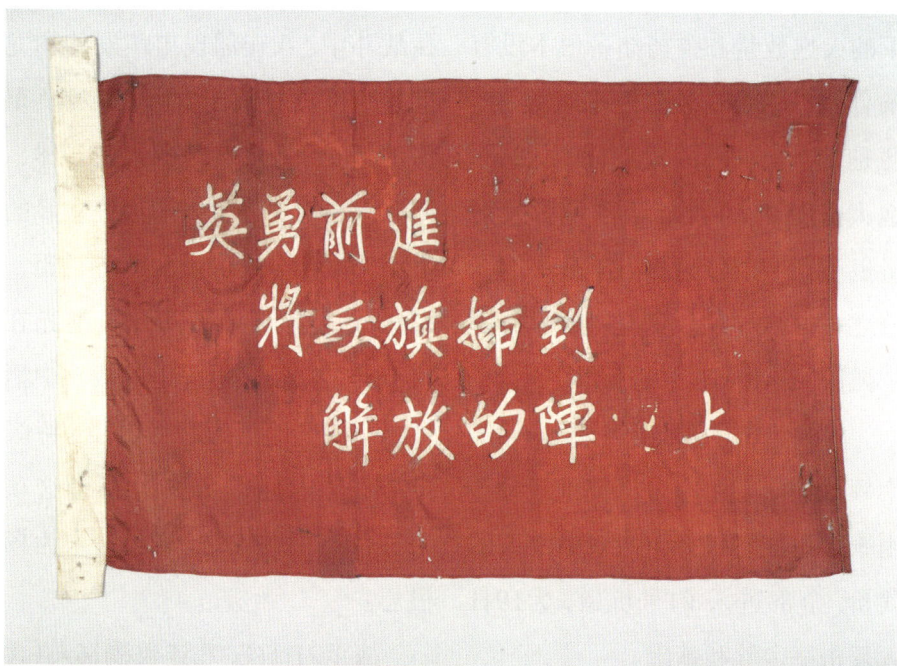

◇ 飘扬在上甘岭的志愿军某部八连战旗

师长崔建功告诉李保成，14天中，他向1号坑道补充的兵员有800余人之多，相当一部分战士都没能冲过敌炮火封锁线，先后有三四百人进入过1号坑道，战后仅有8人幸存（回撤途中，遭遇敌人炮火又牺牲2人）。在幸存的8人中，战前属于八连建制的仅有连长李保成、指导员王土根和一个小通讯员，下撤的战士普遍患有夜盲、风湿等病症。14天前，八连带着一面崭新的军旗上高地，每反击一次，红旗就插上阵地一次，一次次弹头崩、弹片穿，一面不到2平方米的红旗上布满了381个弹洞，这面军旗成为八连参加上甘岭战役的最好见证。

43个昼夜的拉锯战，山头被炮火削低两米，化成一米多厚的齑粉……美国人始终想不通，他们动用了人类历史上最大的炮火密度，付出了上万人伤亡的代价，为何就是没能攻下这两座山头？

那不只是两座山头，更是中国军队的精神地标。每一抔泥土里，都浸透着中国军人的英雄血，饱含着舍生忘死的英雄气。上万名中国军人以血肉之躯，筑起了这个无法撼动的堡垒。

- 54 -

第一汽车制造厂奠基纪念石碑

自从1886年德国人卡尔·本茨造出了世界上第一台汽车之后，汽车很快就传到了我国。解放前，我国的公路上跑着130多种不同牌号的汽车，就像"万国汽车展览"。然而，其中却没有任何一种是我国制造的。建设自己的汽车工业成为数代中国人的梦想，新中国成立后，这一愿望更加强烈。

1949年12月，新中国成立的礼炮余音未消，毛泽东就动身前往苏联访问。在访苏期间，他与斯大林共同筹划了一幅宏伟的工业蓝图，中国将尽快建设一个像莫斯科斯大林汽车制造厂那样的综合性载重汽车厂。

1950年4月，在苏联的大力援助下，中央人民政府重工业部在北京灯市口工程师学会的会址上成立了汽车工业筹备组。筹备组以郭力为主任，苏联专家斯莫林为组长，立即开始了厂址选择、勘探、设计等紧张的筹备工作。

1950年7月，汽车筹备组在北京南池子76号建立了一个汽车实验室，这是新中国第一个汽车研究设计部门。实验室很简陋，大多是车、钻、刨、铣机加工设备，最高级的是三台美制格里申伞齿轮加工机床。尽管条件不好，这里却汇聚了一批懂汽车的知名专家，很多人就是在这里开始了解汽车结构和功能。

当时，曾考虑在北京、沈阳、武汉、包头四个地区建厂，根据周恩来总理的指示，在大量调查研究和反复比较基础上，厂址最终选定在地质、水文、气候、交通等条件都比较适宜的长春孟家屯西北侧的荒原地带。

1952年7月，中央决定正式成立汽车工业工厂，代号为652厂。年底，中央任命饶斌为厂长，郭力、孟少农为副厂长。也正是在这一年，国家批准了一汽年产三万辆四吨卡车的设计书。在长春这块曾是日本侵略者101部队细菌工厂废墟上，一场化灾难为福祉，变荒凉为繁荣的历史事件轰然开始。

1953年6月，毛泽东签发了《中共中央关于力争三年建设长春汽车厂的指示》，建设汽车制造厂还作为我国首批重点工程被列入第一个五年计划。

7月15日，这是第一汽车制造厂开工的日子。那一天，在长春市孟家屯铁路西，举行了隆重的开工典礼。在阳光照耀的黑土地上，一万多名建设者在一匹红绸上签名，向党中央表决心。而后，由毛泽东题写的"第一汽车制造厂奠基纪念"的汉白玉基石，由包括李岚清在内的六名年轻共产党员抬着进入开工典礼会场，中共中央东北局书记林枫和第一机械工业部部长黄敬把基石安放在第一汽车制造厂门前的广场中央。

第一汽车制造厂被列为我国第一个五年计划的国家重点工程，得到全国20多个省、市的大力支持。

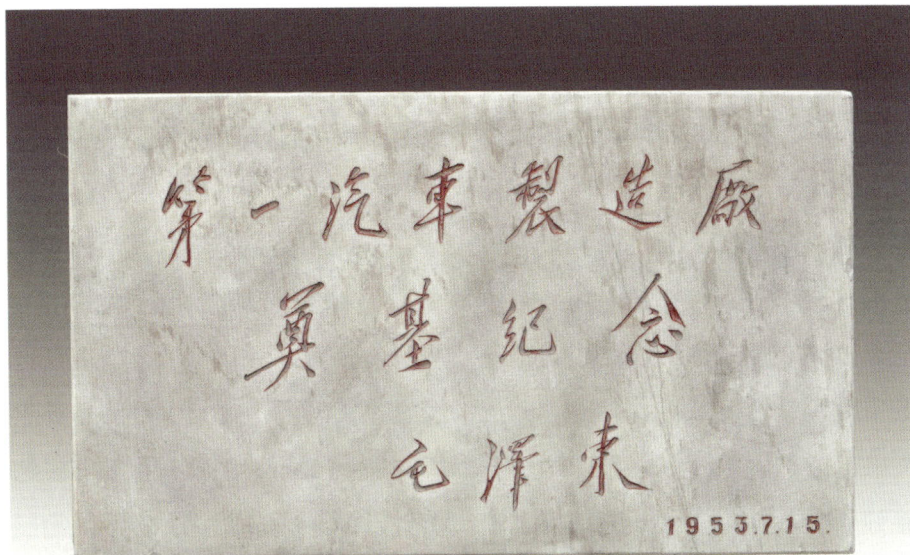

◇ 第一汽车制造厂奠基纪念石碑

在工程整体规划当年，木工厂、辅助工场和热电站相继动工兴建，1954年进入土建高峰。来自祖国各地建设大军，为实现三年建厂忙碌着、奋斗着。满载各类物资的列车和浩浩荡荡的劳动队伍在工地上沸腾，他们坚持寒暑两季施工，在历史的空白处，一座座厂房拔地而起。

1955年，土建工程基本竣工后，安装工程也齐头并进，创业者用汗水浇灌出一串闪光数字：3年完成建筑面积702480平方米，铺设各种管道86290米，安装设备7554台。

长春市党政军民对汽车城的建设给予大力支援。1951年至1956年，连续二年把市政建设投资的94%和84%用于汽车厂服务基础设施上，开辟了贯通厂区的创业大街、锦程大街、东风大街三条平行主干道，修筑了跨越长沈铁路与联接市内和厂区的宽平大桥。施工紧张时，长春有三万多人都曾义务献工，包揽全部临时用工，为长春建设新兴工业城作出巨大贡献。

1956年7月13日，在长春第一汽车制造厂崭新的总装线上，被毛泽东命名为"解放"牌的第一辆汽车试制成功。在欢声笑语和雷鸣般的掌声中，首批12辆解放牌汽车缓缓驶下装配线。这一款CA10型汽车，是以苏联吉斯150为蓝本制造的，自重3900公斤，装有90匹马力、四行程六缸发动机，载重量为4吨，最大时速65公里。经过改进后，它更适合我国的路况以及大规模建设的需要。

这标志着第一汽车制造厂的三年建厂目标如期达到，也结束了中国不能批量制造汽车的历史。中国人终于迎来用不到6年的时间，改写了中国无汽车的历史，缩小了与世界汽车历史相差50年的距离，大长了中国人的志气。从此，解放牌汽车带着一汽人的光荣与骄傲，开往祖国各地，驶入国际外援舞台。

作为中国第一个大型汽车制造厂，长春第一汽车制造厂被誉为中国汽车工业的摇篮，它的建成投产，揭开了中国汽车制造工业的崭新一页。解放牌汽车的问世，改变了中国城乡交通和公路运输的落后面貌，成为城乡交通和公路运输的主力军。50多年来，第一汽车制造厂也经过不断建设发展，由单一品种生产发展到多品种生产，生产规模和质量不断扩大和提高。它不仅为国家生产了大批汽车，而且为中国汽车工业的发展积累了宝贵的经验和培养了大批人才。

今天，第一汽车制造厂的奠基石已被国家博物馆收藏并展出在《复兴之路》展览中，但在观众眼里，它不仅是一块用于纪念的汉白玉，更是一座创业者的历史丰碑。

- 55 -

新中国第一部宪法

新中国真正的第一部宪法是于1954年9月20日诞生的。

1949年新中国成立时，全国范围内的军事行动尚未结束，土地改革尚未完成,人民还没有充分组织起来,当时不具备实行普选、召开全国人民代表大会制定宪法的条件。所以采取过渡措施,以《中国人民政治协商会议共同纲领》作为全国人民共同的政治基础。事实上,《共同纲领》起着临时宪法的作用。

新中国成立后三年,形势有了很大变化,制宪的时机日益成熟。1952年12月24日,周恩来代表中共中央向政协常委会提议:由政协向中央人民政府委员会建议制宪。中央人民政府委员会经过讨论,接受了政协的建议,通过了关于召开人民代表大会的决议,并组成了以毛泽东为主席、由33人组成的宪法起草委员会。1954年1月至3月,毛泽东率领一个由中共中央指定成立的小组,在杭州西湖起草宪法。边起草边组织在京的中央委员讨论。为了搞好讨论,毛泽东还曾亲自开列参考书目。经过一段紧张工作,终于搞出了一个宪法草案初稿,于1954年3月23日向宪法起草委员会第一次会议提出,作为开展工作的基础。从3月23日到9月12日,宪法起草委员会

一共举行了九次全体会议,会议由毛泽东或者刘少奇主持(其中第八次会议由邓小平主持)。历次会议的气氛非常民主,讨论极为深入。

宪法的制定是在党的直接领导下进行的,同时,又特别注重群众智慧的发挥。除宪法起草委员会内部多次认真讨论外,还曾在1954年3月至6月的81天时间内,组织了北京500多位高级干部讨论宪法草案初稿,接着有全国8000多人讨论,提出了5900多条意见。自6月14日到9月10日,还经历了为时3个月的全民讨论,全国人民对宪法草案提出修改或补充意见,经整理归纳后共达180420条。宪法草案经过反复修改,在9月15日提交全国人大第一次会议后,1000多位全国人大代表又进行了认真讨论。我国的宪法是人民的宪法,人民主动、积极地参与工作,保证了1954年宪法的民主性和完善性。

1954年宪法规定了各项具有中国特色的政治制度、经济制度和其他的基本制度,为我国后来的民主建设与制度建设奠定了基础。可以说,后来宪法规定的主要内容,都

◇ 新中国第一部宪法

是1954年宪法的继承和发展。尽管几十年来我国各方面的发展变化十分巨大，但后来的宪法在内容和形式上，都与第一部宪法离得不远。以目前的现行宪法来说，它所规定的一系列最根本的制度，例如人民民主专政制、人民代表大会制、民族区域自治制、生产资料公有制等等，都是从1954年宪法那里延续下来的。

1954年宪法是新中国诞生后的第一部宪法，也是中国历史上第一部社会主义类型的宪法。无论它的内容，还是它产生的过程，都体现了人民在这个国家至高无上的地位。毛泽东说过，这个宪法"使人民有一条清楚的轨道，使全国人民感到有一条清楚的明确的正确的道路可走"。宪法第一次以根本法的形式，记录了全国人民在共产党的领导下，经过长期革命斗争而取得的胜利成果，确认了千百年来受压迫的人民群众成为国家主人翁的事实。这个宪法首先确认了工人阶级的领导地位，确认了工农联盟是国家的阶级基础，也就是说肯定了人民在这个国家中的地位。这个意义非常重大，也就是说宪法制定以后，人民在这个国家中的地位明确化，这个在中国历史上是从来没有过的。

具有开创性意义的新中国第一部宪法，正在《复兴之路》展览中展出，虽然已经过去了半个多世纪，但其不可替代的崇高历史地位和意义，是应该给予高度评价和充分肯定的。

- 56 -

东方红农业生产合作社社员入社土地登记簿

这是《复兴之路》展览中展出的1954年陕西三原县东毛村东方红农业革命合作社社员入社土地登记簿。

开展农业合作化运动，改变农民的个体所有制为集体所有制，是中国共产党的一贯方针，也是解放战争取得胜利后一直在进行的一项重要工作，因为社会主义建设是不可能长期建立在集中的社会主义工业和散漫落后的小农经济这两种不同的经济基础之上的。

新中国成立以后，根据"趁热打铁"的方针，依靠广大贫雇农和土改中的积极分子，在长江以北已经完成土改的老区，广泛地开展农村互助合作运动，兴办临时互助组和常年互助组，以解决农业生产中缺少劳力、农具等问题。在长江以南的新解放区，主要是广泛发动农民完成土地改革任务，并在土改后及时地引导和组织农民搞临时互助组和常年互助组。

在当时的条件下，农业互助组比农民单干要优越，尤其是农忙季节，互助组的作用更为显著。但是，互助组仍是以各家的分散经营为基础的，分散经营和集体劳动之间有着尖锐的矛盾，所以互助组很难巩固下来。

为了解决互助组中存在的问题，1951年全国试办了300多个初级农业生产合作社。农业生产合作社有明显的优越性，它克服了互助组分散经营与集体劳动之间的矛盾，开展了集体经营和集体劳动，年终

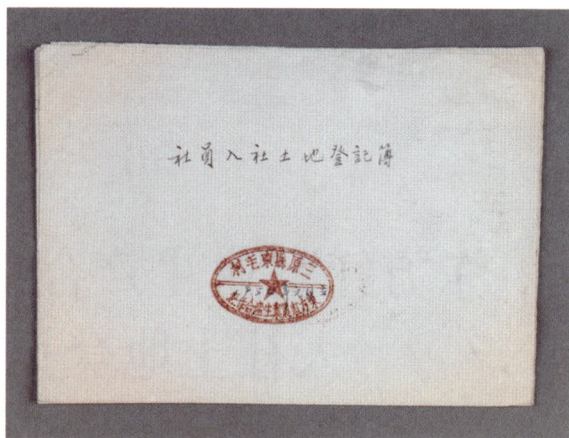

◇ 东方红农业生产
　合作社社员入社
　土地登记簿

以土地入股和劳动力进行分红。实践结果证明，农业生产合作社比互助组好。

　　1951年9月，中共中央召开了第一次农业互助合作会议。会上通过了由毛泽东主持起草的《中共中央关于农业生产互助合作决议（草案）》。根据决议精神，在1951年的基础之上，1952年全国各地试办了3600多个初级农业生产合作社。实践证明，初级农业生产合作社的农业产量明显高于互助组和单干户，初级农业生产合作社成为引导农民走向集体化的一种示范形式，因此，由互助组向初级农业生产合作社发展，成为农民自发的要求。

　　到1952年底土改结束后，全国有三亿多农民分到了梦寐以求的土地，他们带着极大的热情，投入到农业生产中。1953年2月15日，经中共中央修改的《关于农业生产互助合作的决议》正式通过。

针对当时粮食一度出现严重短缺的问题，中央于1953年作出了统购统销的重大决策，这一政策与合作化运动成为对农民社会主义改造的两翼，彻底瓦解了农村的商业网络，隔断资产阶级和农村的经济联系。

为了加强党对农业合作化运动的领导，中共中央经过一段时间筹划以后，于1953年3月成立了中共中央农村工作部，邓子恢任部长，陈伯达、廖鲁言为副部长，杜润生任秘书长。毛泽东给农村工作部的任务是，"要在十年至十五年或者更长一点时间内，在全国范围基本上完成乡村的社会主义改造，把现有的农民私人所有制，改造成为将来的集体所有制，把现在的个体农民改造成为将来的集体农民"。

1953年4月3日，邓子恢主持召开了第一次全国农村工作会议。在这次会上，他传达了毛泽东提出用10年到15年或者更长一点时间引导农民逐步走向集体化的设想，讨论了改造小农经济的长期部署和当前措施。

1954年10月，中共中央召开第四次农业互助合作会议，决定到1955年春，全国初级农业生产合作社由10万个发展到60万个。会后，各级组织加强领导，调动了广大农民的社会主义积极性，合作化运动发展迅速。到1954年底，全国已建立初级社48万个，其中30多万个是秋后建立的。由于有些地方工作粗糙，部分农民的财产归公，因而出现大批出卖耕畜、杀羊、砍树等现象。中共中央在1955年1月及时发出《关于整顿和巩固农业生产合作社的通知》。要求凡是基本上完成原定计划的地区，应停止发展，着重巩固；原订计划过高的地区，可适当收缩；离完成原计划尚远的地区，应在巩固中继续发展。这样就保证了合作化运动的健康发展。

根据毛泽东的指示精神，中共七届六中全会在1955年10月初通过了《关于农业合作化问题的决议》，农业合作化运动在全国范围内掀起了高潮。对于农业合作化问题，毛泽东曾做出过这样的估计，"在全国范围内基本上完成农业方面的技术改革，大概需要四个至五个五年计划，即二十年至二十五年的时间。"对于运动中出现的困难，毛泽东也有着清醒的认识，"进行社会主义改造，一定会有困难的，也一定会有破坏的。有的地方搞合作化，曾死了一些牛，猪也减少了，出现了'三叫'：人叫、猪叫、牛叫。合作化要有步骤有秩序地进行，才能够做到'三不叫'"。

但是，农业合作化运动的步伐大大超过了毛泽东的设想。从1951年冬天他主持制定第一个农业互助合作决议，到1956年底完成合作化，只用了5年的时间。截至1956年1月底，入社的农户已占总农户的80%，3月底，入社农户的比例已达将近90%，4月底，中央批准按照3月底的数字发布新闻，宣布全国基本实现农业合作化。到1956年底，全国有96%的农户入了社，加入高级社的农户高达87%，原先计划18年完成的目标，提前了11年。在中国农业合作化这个阶段，我们的步子走得过快了。

当然，在一场涉及五亿人口的彻底改变个体私有制的伟大群众运动中，不可能没有缺点和错误。但在中国共产党的领导下，五亿农民坚定地选择了社会主义方向，走上了合作化的道路，这是一场翻天覆地的大变化，在中国社会发展的历史上具有重大而深远的意义。

— 57 —

1955年的授予军衔命令和勋章

军衔是国家给予军人的一种荣誉。军衔制以军官的职务、贡献、才能等综合因素作为评定和晋升军衔的标准。1939年和1946年，我军曾两次酝酿实行军衔制，由于历史原因，未能实施。

1950年7月4日，总政治部主任兼总干部管理部部长罗荣桓在军委部长会议的发言中，提起军衔、奖励问题，拟在总干部管理部的编制里增设军衔奖励处，并准备把1951年的首要任务定为给军队评定军衔。

新中国成立初期及抗美援朝战争期间，解放军军兵种发展很快，短短两年多，空军、海军和装甲兵、防化兵等新的军兵种迅速建立并发展起来，初步建成了一支军兵种齐全的诸军兵种合成部队。在抗美援朝战争中，解放军已有多军兵种协同作战的作战形式，尤其是与朝鲜人民军的协同作战。但中国人民志愿军无军衔，朝鲜人民军有军衔，在确定指挥关系和协同作战上带来许多不便。因此，实行军衔制，不仅是解放军从低级向高级阶段发展的重要内容，而且是现代战争对军队协同作战的需要。实行军衔制度，已被提到统帅部议事日程。当然，要在全军正式授军衔，的确不是一件容易的事，经过一系列的细致准备，总政治部对评定军衔的工作有了大致的宏观把握。

1952年初，罗荣桓率总干部管理部副部长赖传珠、徐立清与苏联专家开始酝酿军衔等级设置方案，拟设6等20级，即：元帅3级，大元帅、国家元帅、兵种元帅；将官4级，上将、准上将、中将、少将；校官3级，上校、中校、少校；尉官4级，上尉、一级中尉、二级中尉、少尉；军士4级，准尉、上士、中士、下士；兵2级，上等兵、列兵。但是，这个方案遭到当时的苏联顾问卡苏林的反对，因为苏军中没有准上将和准尉，同时，他还反对中国的准将制度。莫斯科也发来电报支持卡苏林的意见，中方最终妥协。

1952年11月26日，罗荣桓代表总干部管理部经再次调整向毛泽东和中央军委呈送了关于实行军衔制度准备工作的报告，报告中列出了与苏军顾问拟制的初步计划。

1955年1月23日，中央军委发出《关于评定军衔工作的指示》和《关于颁发勋章奖章工作的指示》。28日，总政治部印发《关于实施军官服役条例，实行军衔制度的宣传要点》。2月8日，包括军官军衔制有关内容的《中国人民解放军军官服役条例》，经一届全国人大常委会第六次会议审议通过，由毛泽东颁布实施。军官军衔等级正式设为4等14级，即：中华人民共和国大元帅、中华人民共和国元帅；大将、上将、中将、少将；大校、上校、中校、少校；大尉、上尉、中尉、少尉。1955年8月11日，国防部部长彭德怀、总政治部主任罗荣桓下达了《关于军士和兵评定军衔的指示》，士兵军衔正式设为2等5级，即：上士、中士、下士；上等兵、列兵。这样，军官和士兵军衔等级设置总共为6等19级。经过反复酝酿，全军军官和士兵的授衔工作正式开始。

1955年授衔时，军衔评定的参考标准分为三项：军功、资历、任职。经过一年多繁忙的工作，授予将级军衔人员的名单终于全部经军委审查批准了。十大元帅依次是：朱德、彭德怀、林彪、刘伯承、贺龙、陈毅、罗荣桓、徐向前、聂荣臻、叶剑英；十名大将是：粟裕、徐海东、黄克诚、陈赓、谭政、萧劲光、张云逸、罗瑞卿、王树声、许光达；上将55名，中将175名，少将800名，校级军官3.2万名，尉级军官49.8万名，准尉11.3万名。此外，1955年2月12日，中华人民共和国全国人民代表大会常务委员会作出决议并颁发条例，

决定对中国人民解放军在土地革命战争时期、抗日战争时期和解放战争时期参加革命战争的有功人员，分别授予八一勋章、独立自由勋章和解放勋章。勋章各分为一、二、三级。

这是在《复兴之路》展览中展出的"中华人民共和国主席授予军衔命令"和授予朱德元帅的一级八一勋章、一级独立自由勋章和一级解放勋章。

周恩来、邓小平和刘少奇不在元帅和将军之列，实情是这样的：在一次全国人大会议上，有些常委提出，毛泽东应被授予大元帅军衔，就像斯大林那样，而他比斯大林率领部队打的仗多，时间又长。同样，刘少奇、周恩来、邓小平也都应被授予元帅军衔。不久，彭德怀、罗荣桓、宋任穷、赖传珠等人向毛泽东等中央领导汇报授衔的初步方案。此方案中，毛泽东被评为大元帅，评出的元帅、大将也不止十个。刘少奇、周恩来、邓小平等为元帅，李先念、谭震林、邓子恢、张鼎丞等为大将。听完汇报后，毛泽东说："根据国际国内的经验，这个大元帅我不能要，

◇ 中华人民共和国主席授予军衔命令

◇ 1955 年授予朱德
　　元帅的一级八一勋
　　章、一级独立自由
　　勋章和一级解放
　　勋章

穿上大元帅的制服不舒服啊！"经过讨论，大家认为毛泽东高瞻远瞩、深思熟虑，一致赞同他的意见。接着，毛泽东问在座的刘少奇、周恩来、邓小平："你们的元帅军衔还要不要评啊？"刘、周、邓都摆摆手说："不要评了，不要评了。"毛泽东又问过去长期在军队担任领导工作，后来转到地方工作的谭震林、张鼎丞、邓子恢、李先念等人："你们几个的大将军衔还要不要评啊？"这几位也都说："不要评了，不要评了。"因此才出现开国之初元帅和将军的格局。

- 58 -

全国工商界李烛尘等33人献给
中共中央的报喜信

在一定的历史时期内,资本主义工商业对于我国的国计民生有积极和消极两方面的作用。据此,1949年3月召开的党的七届二中全会提出了对它采取利用和限制的政策,即利用它的有利于国计民生的积极作用,限制它的不利于国计民生的消极作用。

1949年9月,中国人民政治协商会议通过的《共同纲领》规定:"国家资本和私人资本合作的经济为国家资本主义性质的经济。在必要和可能的条件下,应鼓励私人资本向国家资本主义方向发展,例如为国家企业加工,或与国家合营,或用租借的形式经营国家的企业,开发国家的富源等。"

在新中国成立初期,党和人民政府没有采取没收或排挤私人资本的办法,而是尽量利用它的积极性进步性,采取的是"公私兼顾,劳资两利"的方针,以便使资本主义经济在国营经济领导之下,分工合作,各得其所。其结果就是私人资本主义同社会主义性质的国营经济建立了广泛的联系,初级形式的国家资本主义经济大量地发展起来了。

随着七届二中全会和《共同纲领》对私人资本主义经济规定的方针政策的贯彻执行,在实践中创造和积累了对资本主义工商业实行改组和改造的有效方式和丰富经验。到1952年底,资本主义工商业已发生了深刻的变化,它已经不是原来意义的资本主义经济,而是一种新式的特殊的资本主义经济,已开始带有国家资本主义性质了。

在"三反""五反"运动期间，不法资本家的许多犯罪事实被揭露。要不要对私人资本主义进行必要的限制，成为一个关系中国社会发展的方向和道路的问题。

为了解决当时在资产阶级中普遍存在的思想状况问题，例如不愿积极经营，采取消极观望，有的提出向国家"献厂"等，1952年10月25日，周恩来与陈叔通、章乃器和各地来京参加全国工商联筹备委员会第二次常委会的资本家代表谈话。在谈到资产阶级的前途时说："将来用什么方法进入社会主义，现在还不能说得很完整，但总的米说，就是和平转变的道路。"针对资本家的顾虑，周恩来在谈话中没有否定"献厂"这一方式，也没有进行肯定，他只是强调，现在谈这个问题，不仅没有必要，而且有害。

如此明确地把国家资本主义作为改造资本主义工商业的主要形式，是需要一定的政治和理论勇气的。1953年6月15日，中央政治局召开扩大会议，听取李维汉作《关于利用、限制、改组资本主义工商业的若干问题》的报告。毛泽东在审阅时作了不少重要的修改，把题目中的"改组"改为"改造"。

6月19日，中央政治局再次召开扩大会议，再次讨论了李维汉的报告。决定由李维汉、许涤新、胡乔木、陈伯达、李立三等根据讨论意见，加以修改，写成《中共中央关于利用、限制和改造资本主义工商业问题（修改稿）》，毛泽东在为这份修改稿加写的说明指出："一九五三年七月，中共中央政治局提出，先在党刊上登载，交各级党委讨论，俟收集意见，准备提交将来的党的全国代表会议或其他适当的会议上去讨论和决定。其中有许多当前要争取时机迅速解决的问题应予即行解决，要做的工作应即动手去做。"

这是中国共产党关于利用、限制和改造资本主义工商业的第一个比较系统的文件，它把逐步实现对资本主义工商业的改造的基本理论和政策清晰地勾画出来。经过6月份的这两次中央政治局会议讨论，中共中央对于资本主义工商业实行利用、限制和改造的方针，在指导思想上就确定下来了。党对资本主义工商业的政策，可以概括为利用、限制和改造，利用和限制资本主义的过程，其实也就是改造资本主义的过程。

应该说，在1953年底以前，着重发展的是以加工订货为主的初级和中级国家资本主义形式。1954年1月以后，开始转入重点发展公私合营这种高级形式的国家资本主义。当时私营企业大多设备陈旧，经营落后。加上原料、市场等方面的限制，不少私营企业经营渐感困难，主动要求国家支持，实行公私合营。

1954年9月，政务院第223次会议制订并公布了《公私合营工业企业暂行条例》，各大城市有计划地开展了扩展公私合营的工作，采取逐个企业合营的方式扩展公私合营，又称之为"吃苹果"式的合营。

针对资本家在社会主义改造中的动荡和恐惧心理，1955年10月，毛泽东邀请陈叔通、李烛尘、胡子昂、胡厥文、荣毅仁等

座谈，作了两次重要讲话，稳定了资本家的情绪，鼓舞了多数人接受社会主义改造的积极性。1955年11月，中央政治局召集各省、市、自治区党委代表会议，集中讨论对资本主义工商业的社会主义改造问题。讨论并通过了《中央关于资本主义工商业改造问题的决议（草案）》，确定把私营工商业的社会主义改造从个别企业公私合营推进到全行业公私合营的阶段。这是从资本主义私有制过渡到社会主义公有制具有决定意义的重大步骤。在这种形势下，资本主义工商业全行业公私合营的高潮兴起了。

1956年1月，全国出现资本主义工商业社会主义改造的热潮。10日，

◇ 全国工商界李烛尘等33人献给中共中央的报喜信

北京市首先宣布已全部实现全行业公私合营。月底，全国50多个资本主义工商业比较集中的大中城市相继实现了全行业公私合营。30日，在全国政协二届二次会议开幕式上，全国工商界报喜队将这封由李烛尘等33位全国工商界知名人士署名的报喜信献给中共中央。

统计资料表明，到1956年底，占私营工业总产值99.6%的企业已经完成了所有制改造，主要形式是公私合营；占私营商业资本额93.3%的商店已经完成了所有制改造，其中公私合营部分占资本额的71.5%。

与此同时，私营饮食业、服务业和运输业也基本上完成了社会主义改造。对于我国资本主义工商业的社会主义改造，邓小平后来给予了高度评价："我国资本主义工商业社会主义改造的胜利完成，是我国和世界社会主义历史上最光辉的胜利之一。这个胜利的取得，是由于中国共产党领导全体工人阶级执行了毛泽东同志根据我国情况制定的马克思主义政策，同时，资本家阶级中的进步分子和大多数人在接受改造方面也起了有益的配合作用。"

－ 59 －

《关于正确处理人民内部矛盾的问题》的单行本

1956年底社会主义改造的基本完成，使我国社会经济结构发生了根本变化，社会主义经济成分已占绝对优势，社会主义公有制已成为我国社会的经济基础。

在社会主义经济基础建立的同时，我国的政治领域也发生了重大变化。伴随着社会经济制度和社会经济结构的根本变化，我国社会的阶级关系发生了根本的变化，社会的主要矛盾也发生了变化。正如毛泽东指出的，"我们国内革命时期的大规模的急风暴雨式的群众阶级斗争已经基本结束，但是还有阶级斗争，主要是政治战线上和思想战线上的阶级斗争，而且还很尖锐"。

形势的发展，推动了理论的发展。1956年11月，在党的八届二中全会上，毛泽东和其他中央领导同志及时地总结了波兰、匈牙利事件的经验教训。毛泽东指出："以后凡是人民内部的事情，党内的事情，就是用整风的方法，用批评和自我批评的方法来解决，而不是用武力来解决，或者群众运动一轰。"

经过长时间的观察和思考，在总结一年来国际国内发生的重要事件的经验教训的基础上，毛泽东关于正确处理人民内部矛盾的思想逐渐成熟。为了解决当时中国由革命转入建设的新形势下出现的新矛盾，他选择了召开最高国务会议扩大会议的方式，正式发表他的意见，使之成为在新的历史条件下，指导全局工作，解决国内政治的、经济的、思想文化等领域的一切问题的总方针。

1957年2月27日至3月1日，最高国务会议第十一次扩大会议在中南海怀仁堂召开，各方面人士约1800多人出席了会议。毛泽东以"如何处理人民内部的矛盾"为题发表讲话，从理论上进一步阐述了社会主义社会存在矛盾的观点。

在讲话中，毛泽东谈到了社会主义社会的矛盾。他指出："国家的统一，人民的团结，国内各民族的团结，这是我们的事业必定要胜利的基本保证。但是，这并不是说在我们的社会里已经没有任何的矛盾了。没有矛盾的想法是不符合客观实际的天真的想法。许多人不承认社会主义社会还有矛盾，因而使得他们在社会矛盾面前缩手缩脚，处于被动地位；不懂得在不断地正确处理和解决矛盾的过程中，将会使社会主义社会内部的统一和团结日益巩固。这样，就有必要在我国人民中，首先在干部中，进行解释，引导人们认识社会主义社会中的矛盾，并且懂得采取正确的方法处理这种矛盾。"

毛泽东在讲话中不仅肯定生产关系同生产力、上层建筑同经济基础存在矛盾,而且比斯大林更进一步地指出它们仍是社会主义社会的基本矛盾。这说明,在社会主义社会的发展中,生产力同样是决定性的因素,其生产关系必须适应其发展而不断调整,换而言之,它是社会主义国家进行各方面改革的基本理论依据。

在阐述农业合作化、工商业者、知识分子、科学文化工作、少数人闹事等问题时,毛泽东反复用了"改造""学习""教育""争鸣""思想工作""监督"等概念,以作为解决各方面矛盾的具体方法,从某种意义上来说,这也是对"团结——批评——团结"公式的具体化,是这个公式在不同领域不同方面的运用。

不用粗暴的方法而用批评的方法来解决人民内部的矛盾,首先是对斯大林晚年错误的鉴戒,是汲取国际共产主义运动在处理内部矛盾问题上的教训的结果。同时,以批评的方法解决内部的矛盾,也是对中国共产党自身传统的承继,是在国家政治生活中更广泛的运用。

在马克思主义学说的发展史上,毛泽东第一次全面论述了社会主义社会的矛盾问题,初步构筑起关于社会主义社会矛盾的思想体系。差不多一年前,他的《论十大关系》讲话主要是从经济方面分析社会主义社会的矛盾,而这次讲话则着重于从政治方面提出问题。两篇讲话互为补充,所展示的不只是领导者的胸怀和大度,更是执政党的力量与信心。所以,当毛泽东结束他长达四个钟头的讲话时,与会者爆发出长时间的热烈掌声。《关于正确处理人民内部矛盾的问题》是毛

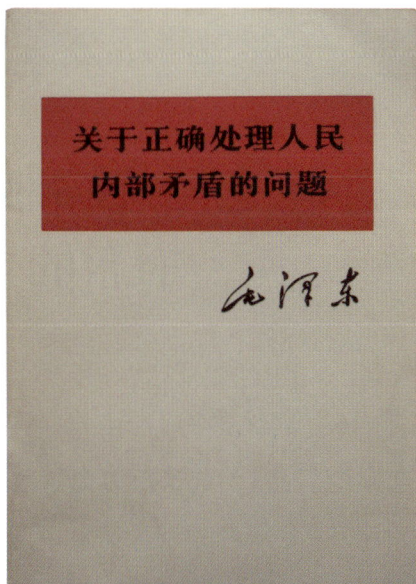

◇ 《关于正确处理人民内部矛盾的问题》的单行本

泽东在社会主义建设时期的一篇十分重要的理论著作，是在我国生产资料私有制的社会主义改造已经基本完成的情况下，明确指出革命时期的大规模的急风暴雨式的群众阶级斗争基本结束，并把正确处理人民内部矛盾作为我国政治生活的主题。它是科学社会主义理论的发展史上，社会主义条件下改革和建设的哲学基础。它具有新形势下认识和解决各种复杂的社会矛盾、探索建设有中国特色的社会主义道路，调动一切积极因素，团结全国各族人民进行社会主义现代化建设的重要意义。

当然，从某种意义来说，毛泽东对社会主义矛盾体系的认识还是初步的，带有初步认识事物时所难以避免的不足与疏漏。人民内部矛盾的表现形式是多方面的，其自身也是一个复杂的体系，涉及党派关系、干群关系、利益集团间的关系、艺术与学术流派间的关系、军民关系等方面。在当时，这个单行本的发行量很大，无疑说明了这部著作的重要性，也是毛泽东探索社会主义建设道路的一个历史见证。

- 60 -

邓稼先领导研制中国第一颗原子弹时用的手摇计算机

《复兴之路》展厅中有一件不起眼的展品，引起了很多参观者的关注，这是邓稼先领导研制中国第一颗原子弹时用的手摇计算机，上海通用牌（第34695号）201型。

曾几何时，中国原子弹的试验成功震撼了世界。然而，我国的原子弹研制之路却不是一帆风顺的。

1949年10月1日，中华人民共和国成立了。1950年，中国科学院近代物理研究所（后改名为原子能研究所）建立，著名物理学家钱三强任所长，王淦昌、彭桓武为副所长。1953年，钱三强向国家提出建议，发展自己的原子能事业。随后，大批有造诣、有理想、有实干精神的原子能科学家，从美、英、法、德等国回国，来到原子能所，在20个学科及其60个分支学科上开展研究，成为中国原子能研究的主力军。

1955年1月15日，在中南海一间会议室里召开了中共中央书记处扩大会议，毛泽东在会上指出，我们国家已经知道有铀矿，科学研究也有了一定的基础，现在到时候了，该抓了。认真抓一下，一定可以搞起来。一年以后，在《论十大关系》中，毛泽东再次提到：中国"不但要有更多的飞机和大炮，而且还要有原子弹。在今天这个世界上，我们要不受人家欺负，就不能没有这个东西"。

中国研制原子弹关键的一步是在1957年夏天迈出的：在当时的二机部下面成立了一个核武器局，对外称九局，后来又改称九院。出任局长的是原西藏军区副司令员兼参谋长李觉少将。他的三位副手分别是：化学专家吴际霖，获得美国密执安大学博士学位的朱光亚，以及在九局负责与各方面组织协调工作的郭英会，他是周恩来总理的科研秘书。

随着九局的组建，大批风华正茂的中青年科学家被调到研制原子弹的第一线。其中就有被称为"两弹元勋"的邓稼先。作为中国第一枚原子弹的主攻手，邓稼先为我国的国防事业默默地工作着，不计名利，堪称典范。

邓稼先，安徽怀宁县人，家庭的熏陶为他以后的人生道路奠定了坚实基础。邓稼先儿童时期由于家与杨振宁家相邻，所以两个年龄相近的孩子经常在一起玩耍，情同手足。他们当时或许并没有想到，他们一生研究的课题都是探索微观物理世界的奥秘，而且都取得了伟大的成就。

新中国诞生的消息传到大洋彼岸之后，邓稼先的心情再也平静不下来了，他决定学成后归国报效祖国。1950年8月29日，也就是在取得了博士学位的第九天，他毅然冲破美国的重重阻挠，登上威尔逊总统号轮船，踏上了归国的路程。回国后，邓稼先参加了正在进行的创建中国近代物理所工作，在祖国的怀抱中迅速地成长。

1957年8月，33岁的邓稼先调到第二机械工业部第九研究院任理论部主任，领导核武器的理论设计。从此，邓稼先的名字便在刊物和对外联络中消失，他的身影只出现在严格警卫的深院和大漠戈壁。根据中央决策"自己动手，从头摸起，准备用八年时间搞出原子弹"，邓稼先选定中子物理、流体力学和高温高压下的物理性质这三个方面作为研制我国第一颗原子弹的主攻方向。选对主攻方向，是邓稼先为我国原子弹理论设计工作作出的最重要贡献。

制造原子弹首先要有理论设计，理论设计就需要大量繁复的数据计算，而邓稼先他们当时所拥有的计算工具只是一台运算速度只有每秒一万次的苏制乌拉尔计算机和一些电动及手摇计算机，甚至还有老祖宗留下的算盘。

从事造原子弹这样大计算量的工作却少有电子计算机，在电子计算机普及的今天想起来或许是件不可能的事情。但在早年从事核事业的老人们记忆中，电子计算机实在是奢侈品。手摇计算机是一个机械装置，把数据输进去以后，用手摇现出结果。用很原始的手摇计算机进行最现代的理论运算，这种景象在很长时间维持着。

1961年初，原子弹研制工作到了计算基本理论和关键技术阶段。在邓稼先、周光召、彭桓武等带领下，用这部手摇计算机和半自动计算机，经过一年多的艰苦努力和九次大规模试验，完成了第一颗原子弹的理论计算。美国进行原子弹、氢弹研制的时候，具有美国氢弹之父之称的泰勒曾经说过，在研制原子弹、氢弹中有一座不可逾越的计算高山，如果不解决计算问题，就无法研制出原子弹和氢弹。当年美国研制原子弹时拥有世界上最先进的计算机，而中国没有先进的设备，但是中国的科学家凭借智慧和艰苦努力，使用简陋的手摇计算机克服了原子弹的计算问题，为原子弹的成功研制奠定了基础。

有一次，为了验证苏联专家在

华期间讲过的一个关键数据，邓稼先进行了九次运算，每算一遍要有几万个网点，每个网点要解五六个方程，计算出的草稿纸和计算机打孔纸带装麻袋堆了一屋子，经冬历夏斗转星移，终于得出了准确的数据，推翻了洋数据。到1961年末，理论计算已经基本完成：中国首颗原子弹将采用铀235和内爆方式，这比美、苏等国的第一颗原子弹有很大的进步。

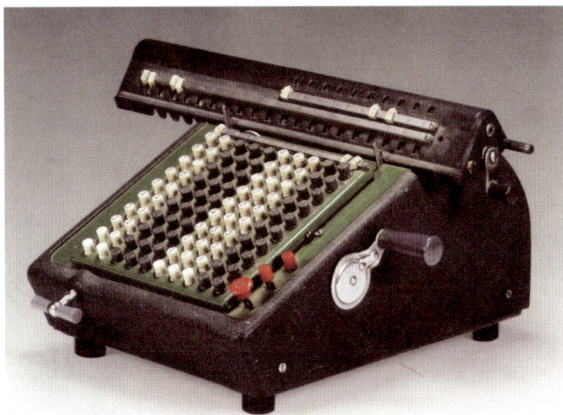

◇ 邓稼先领导研制中国第一颗原子弹时用的手摇计算机

1963年5月中旬，在考虑用什么作第一颗原子弹的研制代号时，二机部常务副部长刘杰等人想到了596这个数字。刘杰说，我考虑，赫鲁晓夫从1959年6月毁约停援，还蔑视我们，说离开了他们的援助，中国20年也研制不出原子弹。我们深感民族自尊心受到了伤害，就以这个日期——596来作为代号，就是要大家奋发图强。

1964年10月16日15时，是中国历史上最辉煌的时刻之一。

茫茫戈壁上空一声巨响，一团巨大的火球腾空而起，天空和大地燃烧起来，太阳都变成灰色了。紧接着冲击波横扫着无边的戈壁，火球在翻滚，在升高，在膨胀。橘红、靛蓝、绒白地变换着，终于，它定格成一朵直竖在空旷的天地之间的蘑菇云。令人恐怖的美丽！这是毁灭，也是新生，是战争的演示，也是最有音响效果的和平宣言。第一颗原子弹爆炸成功了。中国人终于迈进了原子核时代。

- 61 -

人工全合成牛胰岛素研究成果
国家鉴定书

　　人工合成牛胰岛素是用于为糖尿病患者补充体内所缺乏的蛋白质。人和动物胰脏内有一种呈岛形分布的细胞，分泌出一种叫胰岛素的激素，胰岛素是一种蛋白质，蛋白质是生物体的主要功能物质，生命活动主要通过蛋白质来体现具有降低血糖和调节体内糖代谢的功能。牛胰岛素在医学上有抗炎、抗动脉硬化抗血小板集聚，治疗骨质增生、治疗精神疾病等作用。中国是第一个合成人工牛胰岛素的国家。

　　1889年，德国的敏柯夫斯基首次发现了胰脏和糖尿病的关联后，就不断有人研究胰脏的"神秘内分泌物质"。1921年，加拿大的弗雷德里克·班廷等因首次成功提取到了胰岛素，并成功地应用于临床治疗，

获得了1923年诺贝尔医学奖；早在1948年，英国生物化学家桑格就选择了一种分子量小，但具有蛋白质全部结构特征的牛胰岛素作为实验的典型材料进行研究。于1952年搞清了牛胰岛素的G链和P链上所有氨基酸的排列次序以及这两个链的结合方式。1953年，他宣布破译出由17种51个氨基酸组成的两条多肽链牛胰岛素的全部结构。这是人类第一次搞清一种重要蛋白质分子的全部结构。桑格也因此荣获1958年诺贝尔化学奖。

　　1958年12月底，我国人工合成胰岛素课题正式启动。中科院生物化学研究所会同中科院有机化学研究所、北京大学生物系三个单位联合，以纽经义为首，由龚岳廷，邹承

鲁、杜宇苍、徐杰诚等人组成研究小组，在前人对胰岛素结构和多肽合成的研究基础上，开始探索用化学方法合成胰岛素。中科院上海有机化学研究所和北京大学化学系负责合成A链，中科院生物化学研究所负责合成B链，并负责把A链与B链正确组合起来。概括起来，研究过程可以分成三步：第一步，探索把天然胰岛素的A、B两条链，重新组合成为胰岛素的可能性。研究小组在1959年突破了这一关，重新组合的胰岛素结晶和天然胰岛素结晶的活力相同、形状一样。第二步，分别合成胰岛素的两条链，并用人工合成的B链同天然的A链结合生成半合成的牛胰岛素。这一步在1964年获得成功。第三步，经过半合成考验的A链与B链相结合后，通过小鼠惊厥实验证明了纯化结晶的人工合成胰岛素确实具有和天然胰岛素相同的活性。

研究小组经过六年多坚持不懈的努力，终于在1965年9月17日，在世界上首次用人工方法全合成了结晶牛胰岛素。经过严格鉴定，它的结构、生物活力、物理化学性质、结晶形状都和天然的牛胰岛素完全一样。之后原国家科委先后两次组织著名科学家进行科学鉴定，证明人工合成牛胰岛素具有与天然牛胰岛素相同的生物活力和结晶形状。在

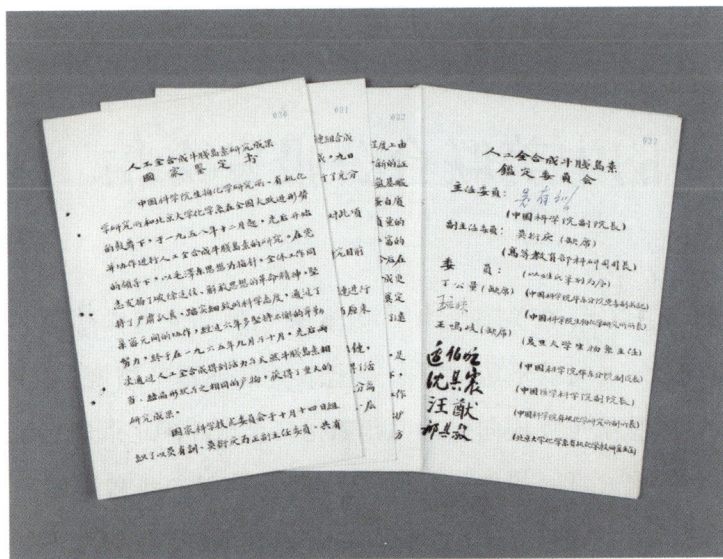

◇ 人工全合成牛胰岛素研究成果国家鉴定书

《复兴之路》展览中展出的这份鉴定证书，是1965年11月，由以中科院副院长吴有训为主任的鉴定委员会做出的。随后，1965年11月，这一重要科学研究成果首先以简报形式发表在《科学通报》杂志上，1966年3月30日，全文发表。在当时人工合成牛胰岛素方面英国和美国也研究的非常好，同样具备参选诺贝尔奖的实力，经过最后的筛选最终由英国科学家获得了此奖，但并不代表我国的这项科学成果不好，这项成果后来获1982年中国自然科学一等奖。

自1966年3月"人工全合成结晶牛胰岛素"的研究工作在《科学通报》杂志上对外发表后，许多国家的电视台和报纸先后作了报道。各国科学家纷纷来信表示祝贺。诺贝尔奖获得者、英国剑桥大学教授托德的来信为这一伟大的工作向研究者致以最热忱的祝贺。

人工牛胰岛素的合成，是世界上第一个人工合成的蛋白质，为人类认识生命、揭开生命奥秘迈出了可喜的一大步，它标志着人类在认识生命、探索生命奥秘的征途中迈出了关键性的一步，促进了生命科学的发展，开辟了人工合成蛋白质的时代，在我国基础研究、尤其是生物化学的发展史上有巨大的意义与影响。

- 62 -

1972年的中美联合公报发文稿

1971年7月15日晚7点半，在美国电视节目的黄金时段，一向以坚定反共立场著称的美国总统尼克松向全世界宣布了一个最出人意料的外交讲话，虽然这段讲话只有三分半钟："周恩来总理和尼克松总统的国家安全事务助理基辛格博士，于1971年7月9日至11日在北京进行了会谈。获悉，尼克松总统曾表示希望访问中华人民共和国，周恩来总理代表中华人民共和国政府邀请尼克松总统于1972年5月以前的适当时间访问中国。尼克松总统愉快地接受了这一邀请。"

大部分美国人都不敢相信自己的耳朵，但这是千真万确的事实。长期处于对抗状态的中美关系出现转折，是许多人没有料想到的。事情得从尼克松就任美国第37任总统说起。

在20世纪60年代，中国面对的是中苏分裂、中美对抗的国际环境。毛泽东确立了反帝反修的两条线战略，这个外交格局实际上是在美苏两个超级大国都与中国为敌的严峻形势下被迫形成的。

自从尼克松入主白宫以后，为集中力量对付苏联的挑战，美国开始调整对外政策。尼克松和国家安全事务助理基辛格两人都是现实主义政治家，基辛格所信奉的那种源于欧洲的"均势"理论以及他的"多极"世界的主张对尼克松的影响很大。因此在尼克松时代，美国外交政策的主要特点之一是更加注重地缘政治方面的考虑。

在1969年初的总统就职演说

中，尼克松流露出缓和中美关系的意愿，因为他认为同中国改善关系，符合美国的全球战略利益。在他看来，应该积极接近已成为"世界五大力量中心"之一的中国，借以对抗苏联，并期望这有助于摆脱美国侵越战争的困境。对于尼克松的试探，中方给予了回应。1969年7月，中国先后释放了几名美国犯人。

此后，尼克松在对华关系、具体的如贸易及旅行等方面，逐步采取了一些放宽措施。美国方面的动向引起了中国领导人的高度关注，通过华沙大使级会谈，中国方面表达了欢迎美国特使来华的信息，中美关系由此开始解冻。

1970年国庆，毛泽东引人注目地在天安门城楼接见美国著名记者埃德加·斯诺，并把接见照片刊登在第二天的人民日报显著位置。12月18日，毛泽东再次接见斯诺，明确指出："如果尼克松愿意来，我愿意和他谈，谈得成也行，谈不成也行，吵架也行，不吵架也行，当做旅行者来谈也行，当做总统来谈也行。总而言之，都行。"

1971年春，中美关系终于出现了

出人意外的突破。

3月下旬至4月上旬在日本名古屋举行了第31届世界乒乓球赛。4月3日，外交部、国家体委就是否邀请美国乒乓球队访华给中央写了一份报告，认为目前时机不是很成熟。然而，经过三天的考虑，毛泽东在世界乒乓球赛闭幕前夕作出了一个重大决定：邀请美国乒乓球队访华。

邀请美国乒乓球队访华的消息一传到名古屋，立刻震动了全世界，也使尼克松兴奋不已，中美高层接触的进程明显加快了。4月21日，中国政府通过巴基斯坦的官方渠道，向美国发出了一个重要口信，表示愿意公开接待美国特使基辛格博士，或者美国国务卿乃至美国总统本人来北京进行直接会晤。

6月11日，经中国方面同意，基辛格为他的中国秘密之行展开了紧张和充分的准备，仿照另一位前往中国旅行而创造了历史的西方旅行家马可波罗的名字，基辛格此次秘密任务的代号是"波罗"。

7月9日12点15分，基辛格乘坐的飞机准时降落在南苑机场。在北京，他与周恩来一共会谈了六次，其

中达成的最大的一个成果，是双方商定了基辛格此次访华和尼克松即将应邀访华的公告。

为了进一步安排尼克松访华的具体事宜，基辛格于10月20日第二次来到中国，他的这次行动名为"波罗二号"计划。尼克松交给他的主要任务是：同中国方面一起讨论尼克松访华日期、新闻报道以及安全保卫等项问题。

1972年2月21日上午9时，尼克松乘坐的专机降落在中国上海，11时30分到达首都北京。尼克松在回忆录里描写他和周恩来见面时说道："当我们的手相握时，一个时代结束了，另一个时代开始了。"

当时的电视镜头一直对着这个历史性场面，并通过卫星将这一实况传到全世界。由于中美尚未建交，所以机场的欢迎仪式非常简单。没有欢迎群众，没有迎接国家元首的红地毯，也没有轰隆作响的礼炮，只有一面美国国旗和一面五星红旗在机场上空并排飘扬。当军乐队奏起《星条旗歌》和《义勇军进行曲》，检阅由350人组成的陆海空三军仪仗队时，尼克松还是感到

特别激动。

在简短而隆重的欢迎仪式结束以后，下午2点，尼克松便接到毛泽东要会见他的通知。在周恩来的陪同下，他们来到中南海丰泽园，步入了毛泽东的书房，这是具有重大历史意义的一幕。会晤持续了一个多小时，毛泽东机敏，富有哲理而又善于驾御全局，台湾问题、日本问题、印度支那问题、反对"霸权"等一些十分严肃的原则性问题在毛泽东的诙谐随意的谈吐之中暗示了出来。

会见结束以后，中美双方于当晚6时至7时在人民大会堂举行会议，商讨会议办法和公报的形式及内容。会后，周恩来在人民大会堂宴会厅设国宴招待美国客人。尼克松夫妇、基辛格等由周恩来陪同坐在主宾席的大圆桌旁，中国人民解放军军乐团为客人们演奏了美国名曲《美国的阿美利加》，这种热烈的场面通过卫星传递在美国早晨的电视节目中实况转播，在美国引起了很大反响。

根据周恩来与尼克松第一次会谈时的安排，双方分别指定乔冠华和基辛格负责公报起草的谈判工作。这是中美双方最有实际意义的一场会谈，问题的焦点就是台湾问题。经过双方的反复协商、谈判，最终就台湾问题达成了协议。

2月28日，中美双方在上海发表了著名的中美联合公报。公报列举了双方对重大国际问题的不同观点，肯定了中美两国的社会制度和对外政策有着本质区别之后，强调指出了双方同意以和平共处五项原则来处理国与国之间的关系。双方同意，将通过不同渠道保持接触，包括不定期派遣美国高级代表前往北京，就促进两国关系正常化进行

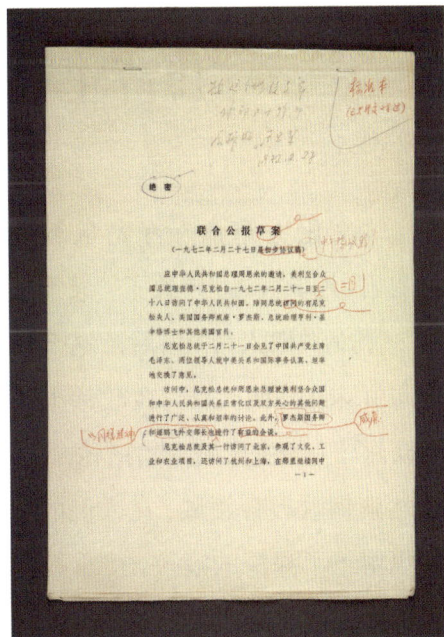

◇ 1972 年的中美联合公报发文稿

具体磋商并继续就共同关心的问题交换意见。这就是在《复兴之路》展览中展出的中美联合公报发文稿。

尼克松访华和中美上海公报的发表，是中美关系发展的一个里程碑，促进了中美关系开始正常化的进程，为中国打开全新的外交格局创造了必要的前提。

在中美上海公报发表以后，尼克松正式提出了希望中国馈赠大熊猫的请求。周恩来总理决定将来自宝兴的大熊猫"玲玲"和"兴兴"赠送给美国人民。这一年，被美国定为"大熊猫年"。

不久，中国同西方国家的关系出现重大变化。两周以后，中英两国关于互换大使的联合公报签字公布，两国之间自1954年起建立的代办级外交关系升格为大使级。接下来，中国又先后同荷兰、希腊、联邦德国等国家正式建立外交关系或者实现外交关系升格。随之而来的，便是中日邦交正常化的实现。

- 63 -

1977年高考准考证

"文化大革命"首先从教育界打开缺口，尔后导致了"天下大乱"。粉碎"四人帮"以后，"左"的思想并未因"四人帮"在政治上的垮台而马上失去影响。"两个估计"依然禁锢着教育领域，在人们的心底里留下了深深的痕迹，严重挫伤了广大教育工作者的积极性，成为教育事业前进和发展的最大障碍。

所谓"两个估计"指1971年由姚文元修改、张春桥定稿的《全国教育工作会议纪要》中的两个政治结论，即"文化大革命"前十七年教育战线是资产阶级专了无产阶级的政，是"黑线专政"；知识分子的大多数世界观基本上是资产阶级的，是资产阶级知识分子。

再度复出后，邓小平自告奋勇

抓科技和教育，并表示愿意当大家的"后勤部长"。他说："我知道科学、教育是难搞的，但是我自告奋勇来抓。不抓科学、教育，四个现代化就没有希望，就成为一句空话。"

1977年6月，教育部在山西省太原市召开了粉碎"四人帮"以后的第一次全国高等学校招生工作座谈会。与会者揭批了"四人帮"对教育的破坏和对知识分子的摧残，但在讨论到会议的主题，即高等学校招生问题时又陷入了困境。问题的症结还是出在招生考试是"两个估计"中所说的"资产阶级专了无产阶级的政"的"十七年"的做法，而"两个估计"是毛主席亲自画过圈的，不能违反。会议决定继续维持"文化大革命"中"自愿报名，群众推荐，领导批准，学校复审"的招生办法。

面对阴云笼罩的"两个估计"，邓小平准备召开一个科学和教育工作座谈会，把科学和教育工作情况全面了解以后再作决策。邓小平告诉大家："这次科学和教育工作座谈会，我不能都参加，我主要是提点设想，鼓干劲。"然而，他的这些"设想"却一鸣惊人，迅速催生了广大知识分子爱党爱国的激情之火！

在全国科学和教育工作座谈会上，在邓小平的鼓励下，大家畅所欲言。当时百废待兴，涉及问题很多，但讨论很快就集中到当时非常敏感、涉及千家万户的恢复高考招生制度的关键问题。

邓小平当即拍板："从明年开始执行新的教育制度。今年做准备，把学制、教材、教师、学生来源、招生制度、考试制度、考核制度等都要确定下来，都要搞好。搞好后就不要经常变动了。"

8月8日，邓小平主持座谈会并总结了几天来讨论的一些重要问题：关于十七年的估计；关于调动积极性；关于体制、机构；关于教育制度和教育质量；关于后勤工作。他认为：教育制度中的许多具体问题，比如学制、放假制度、招生制度、跳级留级制度等都要认真研究，该恢复的恢复，能实行便实行。他反复强调："高等院校今年就要下决心恢复从高中毕业生中直接招考学生。不要再搞群众推荐。从高中直接招生。我看可能是早出人才、早出成果的一个好办法。"

邓小平对包括恢复高等院校招生制度在内的讲话，对当时的教育战线产生了重大而深远的影响。遵照邓小平的指示，1977年8月13日，教育部在北京召开了1977年的第二次高校招生工作座谈会，历时44天。

针对高等学校招生工作会上激烈争论的问题，9月19日，邓小平再次重申从高中毕业生中直接招生的主张，"为什么要直接招生呢？道理很简单，就是不能中断学习的连续性。十八岁到二十岁正是学习的最好时期。过去我和外宾也讲过，中学毕业后劳动两年如何如何好。实践证明，劳动两年以后，原来学的东西丢掉了一半，浪费了时间"。在招生条件问题上，邓小平对教育部负责人提出了严肃批评，他指出："招生主要抓两条：第一是本人表现好，第二是择优录取。"

在邓小平的倡导下，历时44天的第二次全国高等学校招生工作会议终于在9月25日结束。现在回想起来，1977年的一年中召开两次高校招生工作会议，不仅是教育部门前

所未有，而且会期40多天的时间之长也是创纪录的。正是这个"马拉松"会议，使得随后77级大学生的入学比78级仅仅早了半年。

9月30日，教育部呈送恢复高考的报告。10月5日，中央政治局开会讨论。10月12日，国务院批转教育部《关于一九七七年高等学校招生工作的意见》（国发[1977]112号文件）。至此，高考从制度上正式恢复。

过去，高校招生是"从有实践经验的工人、农民中选拔学生"。恢复高考以后改为：（1）上山下乡和回乡知识青年、应届高中毕业生都可以报名；（2）具有高中毕业的文化程度才可以报名，而且必须通过大学入学考试；（3）政治审查主要看本人表现，破除唯"成分论"；（4）德智体全面考核，择优录取。

恢复高考制度是邓小平再次复出后的一项重要决策，也是对"文化大革命"和"两个凡是"进行拨乱反正的一项重要举措。11月6日，中共中央转发《关于工宣队问题的请示报告》，批准工宣队撤出学校，为学校恢复正常教学秩序创造了

条件。

1977年冬天，停止了十年的高校招生考试制度恢复。后来，有人称之为"破冰"之举，它打破的的确是一块历经十年之久的寒冰！

恢复高考，这对那些苦苦等待了十多年的成百上千万的"老三届"及"文化大革命"中被耽误了的整整一代青年来说，无疑是福音、是喜讯，更是机遇。据统计，"一九七七年全国共有五百七十万人报考大学，从中录取了二十七万八千人，超额完成了招生任务。在二十七万八千人中，属于扩大招生的达六万多人，

其中属于老校挖掘潜力扩大招生的有二万三千人"。

恢复高考使整个社会的思想架构重新回到现代社会的轨道上，对高等教育后来的发展产生了重大影响，进而使中国整个社会的风气为之改变。

首先，它是对"文化大革命"拨乱反正的一个重要标志，为我国的教育事业，尤其是高等教育的发展带来了巨大深远的影响。其次，邓小平重申了党的知识分子政策，重视知识，重视人才，特别要重视高层次专门人才的培养。第三，恢复高考，

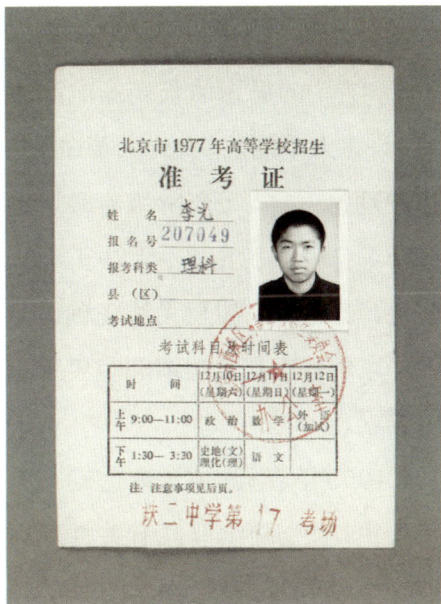

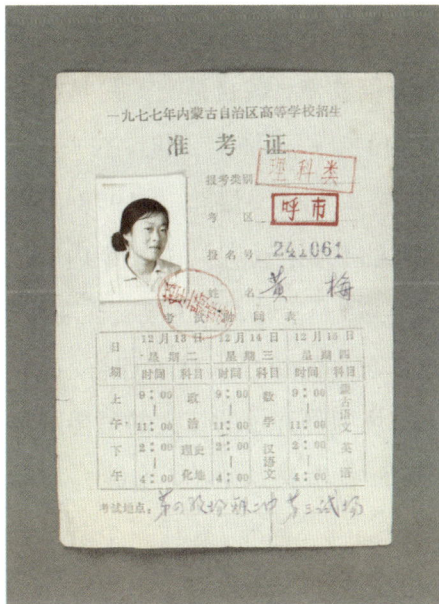

◇ 1977年高考准考证

改变了当时年轻一代人前途迷茫、无所适从的沉闷气氛，使青年面貌为之一振。第四，重新确立了选拔人才的公平、公正和平等竞争的原则。

30年的光阴在历史长河中可谓是白驹过隙，这两张展出在《复兴之路》展览上的1977年的高考准考证无疑就是一个历史见证。一九七七、七八级学生和海外留学生们永远不会忘记当年祖国和人民对他们的挑选，更不会忘记当年扭转了党和国家历史命运、同时也扭转了自己人生方向的世纪伟人——邓小平！

- 64 -

《实践是检验真理的唯一标准》

在《复兴之路》展览中，有一份30多年前的光明日报，虽然已经完全泛黄，却被摆在了显著位置，上面有一篇文章，题目是《实践是检验真理的唯一标准》。同时，在《复兴之路》展览中，还有一份1978年5月10日的《理论动态》，这一期内容也是《实践是检验真理的唯一标准》。也许现在的年轻人很难理解，为什么一场即将开始的伟大的思想解放运动，竟然是从争论"实践是检验真理的唯一标准"这样一个哲学常识开始的。

"文化大革命"结束后，党面临着在思想、政治、组织等各个领域全面拨乱反正的任务，然而这一进程却受到了"左"的思想严重阻碍。由于"左"的思想的长期影响和束缚，许多人不能从"文化大革命"的指导理论——"无产阶级专政下继续革命"中摆脱出来，无法正确理解毛泽东思想，甚至无法正确区分毛泽东的伟大历史功绩和晚年所犯的错误。

1977年春天，在《理论动态》《人民日报》陆续登载有关真理标准文章的同时，南京大学的哲学教师胡福明也开始构思一篇战斗檄

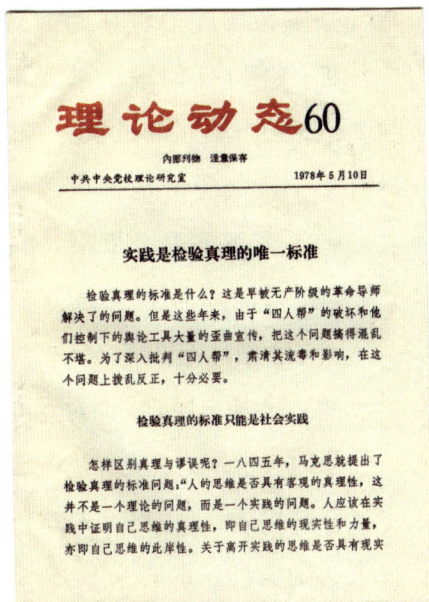

理论动态60

内部刊物 注意保存

中共中央党校理论研究室   1978年5月10日

实践是检验真理的唯一标准

检验真理的标准是什么？这是早被无产阶级的革命导师
解决了的问题。但是这些年来，由于"四人帮"的破坏和他
们控制下的舆论工具大量的歪曲宣传，把这个问题搞得混乱
不堪。为了深入批判"四人帮"，肃清其流毒等影响，在这
个问题上拨乱反正，十分必要。

检验真理的标准只能是社会实践

怎样区别真理与谬误呢？一八四五年，马克思就提出了
检验真理的标准问题："人的思维是否具有客观的真理性，这
并不是一个理论的问题，而是一个实践的问题。人应该在实
践中证明自己思维的真理性，即自己思维的现实性和力量，
亦即自己思维的此岸性。关于离开实践的思维是否具有现实

◇ 1978年5月10日《理论动态》刊登
的《实践是检验真理的唯一标准》

文，以"实践是检验真理的标准"
作为文章的主题，从根本上去批判
"四人帮"。文章写好寄出去的时
候，胡福明没有想到这篇文章会在
中国社会引发一场怎样的地震。

与此同时，中央党校理论研究
室的孙长江也在撰写一篇相同主题
的文章，他回忆说："这篇文章，一
开始就命题为'实践是检验真理的
唯一标准'。大约在3月初完成初稿，
交吴江并理论动态组的有关同志传
阅，征求意见。吴认为讲得还不大
透，要我再加把劲改一改。就在这
个时候，光明日报社杨西光同志派

人送来一份《光明日报·哲学》版的
文章校样，题为'实践是检验一切
真理的标准'。这就是胡福明的稿
子。杨西光让我把胡的稿子和我的
稿子'捏在一起'。我向光明日报的
同志要了几分胡文的校样，借助于
剪刀加浆糊，把它同我的稿子'捏在
一起'了。"

孙长江对稿子作了较大的修改
后，又征求了校内外一些理论工作
者的意见，最后送交胡耀邦两次审
阅才定稿。

文章刊登前，署名问题让《光明
日报》主编杨西光颇费了一番踌躇，
如何才能既避免送审时被枪毙，又
能加重文章的影响力呢？在胡耀邦
的建议下，文章先在中央党校的《理
论动态》发表，第二天再由《光明日
报》以"本报特约评论员"名义发
表，这就避开了《光明日报》越过宣
传部门的领导而直接送胡耀邦审定
的嫌疑，而"特约评论员"无疑又使
文章更具冲击力。

1978年5月11日，《光明日报》以
"本报特约评论员"的署名，在头
版发表了一篇题为《实践是检验真
理的唯一标准》的7000多字文章。

◇ 1978 年 5 月 11 日《光明日报》刊登的特约评论员文章《实践是检验真理的唯一标准》

新华社于当天向全国全文转发。5月12日，《人民日报》和中央、地方的许多报纸都转载了这篇文章。

针对当时十分敏感而又普遍存在的真理标准问题，《实践是检验真理的唯一标准》一文开门见山地提出了检验真理的标准只能是社会实践。文章分为四个部分：（一）检验真理的标准只能是社会实践；（二）理论和实践的统一，是马克思主义的一个最基本的原则；（三）革命导师是坚持实践检验真理的榜样；（四）任何理论都要不断接受实践的检验。

一个理论是否正确反映了客观实际，是不是真理，只能靠社会实践来检验。这是马克思主义认识论的一个基本原理。针对党内当时一些同志担心"坚持实践是检验真理的唯一标准，会削弱理论的意义"，文章特别指出："这种担心是多余的。凡是科学的理论，都不会害怕实践的检验。相反，只有坚持实践是检验真理的唯一标准，才能够使伪科学、伪理论现出原形，从而捍卫真正的科学与理论。这一点，对于澄清被'四人帮'搞得非常混乱的理论问题，具有特别重要的意义。"

从学术角度来说，该文阐述的不过是最基本的哲学道理，并无理论新意，但是，由于它恰好点到我国在真理问题上的教条主义"死穴"，因而具有强烈的现实针对性。历史已经多次证明，有些时候，一个观点、一篇文章出现，并不在于它本身有什么惊人的东西，而在于它提出、发表、发生的环境和时机，在于它对现实生活的冲击。《实践是检验真理的唯一标准》这篇文章的基本内容不过是复述了马克思主义基本原理，但在中国当时的特殊情况下发表，其鲜明的倾向性和强烈的针对性却有着无穷的力量。因此，它立即在党内外激起了一场轩然大波，引发了社会各界的不同反响。一场时代大讨论便由此拉开了大幕。据不完全统计，到1978年年底，中央及省级报刊发表的真理标准讨论的文章有650篇之多。这就形成了以理论界为主力，波及全国，影响各界，人人关注的讨论热潮。

在1978年年底的中央工作会议上，邓小平在《解放思想，实事求是，团结一致向前看》的讲话中，高度评价了这场讨论的伟大意义："只有解放思想，坚持实事求是，一切从实际出发，理论联系实际，我们的社会主义现代化建设才能顺利进行，我们党的马列主义、毛泽东思想的理论也才能顺利发展。从这个意义上说，关于真理标准问题的争论，的确是个思想路线问题，是个政治问题，是个关系到党和国家的前途和命运的问题。"

- 65 -

邓小平《解放思想，实事求是，团结一致向前看》的讲话稿提纲

1978年秋，"四人帮"被粉碎两年了，但我国积累了大量的政治、经济和社会问题。拨乱反正也受到了"左"的思想的严重束缚，许多工作无法开展下去，中国正面临着何去何从的重大历史抉择。

按照惯例，在党的全会召开之前，都会先召开工作会议，因为在前

进的道路上，不同的人会有不同的思想、不同的主张，需要在党的高层开展一次讨论，让各种思想各种主张碰撞较量，才能求得一个合理的解决。

1978年11月10日，中央工作会议在北京京西宾馆举行。参加中央工作会议的代表共219人，分别是中央党政军各部门的主要负责人，各群众团体的主要负责人，各省、市、自治区的主要负责人，各大军区的主要负责人。这是一个高规格的会议，不但当时的政治局委员全部到会，参加这次会议的还有全国人大副委员长、国务院副总理、全国政协副主席、最高人民法院院长、最高人民检察院检察长，即现在所说的"三副两高"中的党员。除此之外，参加会议的还有中央军委常委，各省、市、自治区，各大军区、各中央直属机关、各中央国家机关、各军委直属机关、各军兵种的主要负责人。

1978年11月10日下午，中共中央工作会议在京西宾馆礼堂开幕，华国锋宣布会议的三项议题：（一）讨论如何进一步贯彻执行以农业为基础的方针，尽力把农业搞上去的问题，讨论《关于加快农业发展速度的决定》和《农村人民公社工作条例（试行草案）》两个文件。（二）商定1979、1980两年的国民经济计划的安排。（三）讨论李先念在国务院务虚工作会上的讲话。

这次中央工作会议先用两三天时间讨论了邓小平提出的全党工作重点转移问题，然后就转入预定的其他具体经济问题的讨论。然而，人们没有想到的是，正是邓小平关于讨论全党工作重点转移的提议和中央工作会议对这个问题的热烈讨论，扭转了会议预定的方向，并开启了汹涌的思想解放的闸门。

从中央工作会议的第二天开始，各组开始讨论工作重点转移问题。与会者纷纷发言，表示拥护中央政治局的这一决策，认为当前全国人民迫切要求加速实现社会主义的四个现代化，国际形势也非常有利，中央及时地、果断地结束揭批"四人帮"的群众运动，是适时的、正确的，也是完全必要的。

在当时情况下，许多老一辈革命家冲破阻力，率先就思想路线的拨乱反正发表了自己的意见。11月12日，陈云在东北组作了《坚持有错必纠的方针》的发言。他在发言中不是简单地对工作重点转移表示拥护，而是抓住了实现这一转移的前提条件——安定团结的政治局面，提出了既事关安定团结，又最能引起全党大多数同志共鸣的平反冤假错案问题。在当时的特殊历史条件下，陈云真正发挥了他作为党中央第一代领导集体的重要成员所应起到的关键作用。

按照中央政治局常委对会议的安排，华国锋、叶剑英、邓小平三人代表中央讲话。华国锋作开幕讲话，邓小平讲工作重点转移，叶剑英讲民主法制问题。大约在10月份，三个讲话稿分别开始起草。11月19日，邓小平的讲话稿已经完成，主要阐述了工作重点转移的意义和怎样实现转移问题，其中提出要解放思想，调动一切积极因素，改革不适应生产力需要的生产关系和上层建筑。但在12月初，随着会议进程的发展，邓小平否定了11月的定稿，要求重新起草新的讲话稿，并且交给起草者他亲自书写的提纲，改变了原来着重讲重点工作转移的设想。

邓小平非常重视这份讲话稿，不仅亲笔拟写讲话提纲，还选定时任中央组织部部长的胡耀邦和国务院研究室的于光远来起草讲话稿。在讲话稿起草过程中多次召集起草人谈话，直接指导文稿的修改，连题目都是由他提出来的。由于时间紧迫，后来国务院研究室的林涧青等同志也加入了进来。

手稿是邓小平用铅笔写在16开的白纸上的，一共3页，近500字。提纲列了7个方面的问题：一、解放思想，开动机器；二、发扬民主，加强法制；三、向后看是为的向前看；四、克服官僚主义、人浮于事；五、允许一部分先好起来；六、加强责任制，搞几定；七、新的问题。毫无疑问，这几个问题都很重要，但其中最关键、最根本的一环，还是重新确立党的解放思想、实事求是的思想路线，只有思想解放了，才能解决过去遗留的问题，也才能找到解决中国社会发展中一系列重大问题的新思路。

之所以在手稿的最前面加上"对会议评价"这句话，是因为经过这些天的讨论，邓小平充分认识到这次会议的重要性，以及对今后中国的发展所起的作用和影响，所以他在正式的讲话中也说"这次会议开得很好，很成功，在党的历史上具有重要意义"。

这份讲稿不仅是对当时长达36天的中央工作会议最全面、最深刻的总结，而且是邓小平自己对新中国成立以来历史经验深思熟虑的结果。可以看出，从思想观点、逻辑结构到主要观念的文字表述，讲话稿都是根据提纲写成的。"解放思想，开动脑筋、实事求是，团结一致向前看"的口号，成为十一届三中全会及其以后党的各项工作的根本指导方针。

当时改革开放在中央工作会议上还没有被正式列入议程，但是邓小平在提纲中已经提出了关于改革的一系列富有创造性的观点和主张。比如，"允许一部分先好起来"，对"干得好的要有物质鼓励"；他还清醒地预见到了"国内市场的重要"性。这些观点在当时的历史条件下都是具有开创性的，显示出他超前的意识、过人的智慧和巨大的政治勇气。

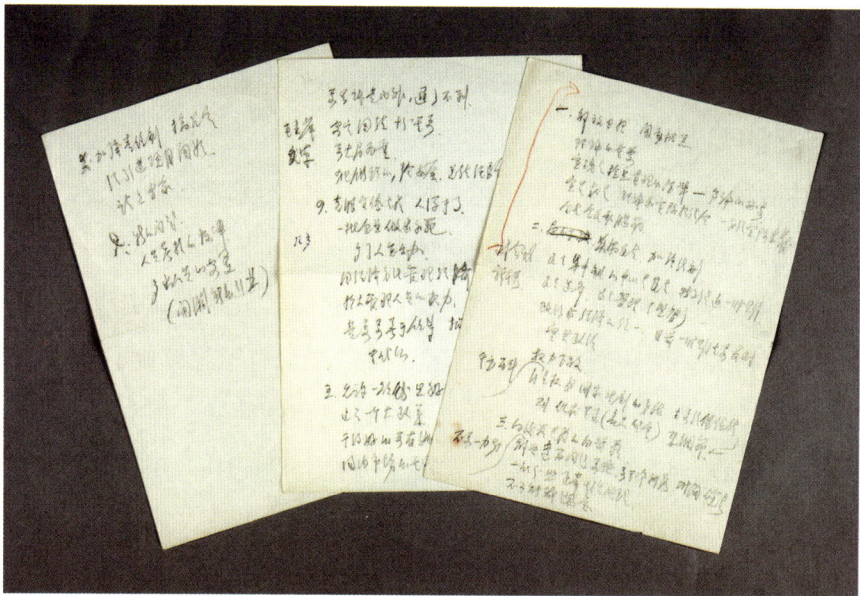

◇ 邓小平《解放思想，实事求是，团结一致向前看》的讲话稿提纲

展出在《复兴之路》展览中的这份提纲手稿本身和讲话稿起草经过都表明，讲话稿是在邓小平精心设计、直接指导下完成的。毫无疑问，这份提纲手稿为研究邓小平的理论思想，研究新中国成立以来党和国家历史的伟大转折，提供了一份十分重要的第一手文献资料。

– 66 –

宝钢开工纪念钢牛

1979年9月，中国改革开放的总设计师邓小平高瞻远瞩地预言："历史将证明，建设宝钢是正确的。"近40年后的今天，宝钢人已经用辉煌的业绩，证明了这一正确论断。宝钢的成长历程，所折射的正是一个东方大国日渐崛起的身影。而展出在《复兴之路》展览上的宝钢开工纪念钢牛，无疑见证了这一成长历程。

早在1977年1月，为改变上海地区钢铁工业长期缺铁的局面，上海市和冶金部就提出了在上海新建一座现代化大型炼铁厂的建议。

◇ 宝钢开工纪念钢牛

在国务院有关部委会同上海市进行调查研究、酝酿规划建设新厂的同时，中国冶金考察团东渡扶桑，对日本钢铁工业的发展经验和先进技术状况进行了考察和研究。借鉴日本发展钢铁工业的成功经验，考察团回国后向中央提出了引进国外先进技术，进口高品位铁矿石，在沿海建厂的建议。

1977年底、1978年初，中共中央政治局和国务院领导进行了两次讨论，作出了在上海建设宝钢的决定。于是，中国历史上第一个规模浩大的现代化工程建设项目拉开了序幕。

筹建工作在上海市率先启动。1977年12月5日，上海市委决定成立"上海新建钢厂工程指挥部"。全市各有关部门闻风而动，迅即组成领导班子，着手进行征地动迁、调集人员和"三通一平"（通电、通水、通路和平整厂区土地）等工程前期准备工作。

与此同时，山东、山西、安徽、江西、浙江、江苏等地的宝钢配套工程，也立项兴建或扩建。

老一辈无产阶级革命家十分关注宝钢的建设，一次次赶赴工地视察，一行行亲笔批示，一篇篇专题讲话，表达了对这项巨大工程的高度重视和殷切期望。宝钢建设初期，各方面意见较多，在众说纷纭的时候，邓小平来到上海。1979年7月21日，他在接见中共上海市委常委时明确表示："宝钢国内外议论多，我们不后悔，问题是要搞好。第一要干，第二要保证干好。"

老一辈无产阶级革命家对宝钢的亲切关怀，使宝钢职工深受鼓舞，成为他们在困难和曲折中顽强拼搏，创造奇迹的强大精神动力。

从1978年宝钢打下第一桩到1985年一期建成投产，整整用了七年时间。高峰时，宝山地区曾集聚了约十万建设大军。而其间，围绕着要不要建宝钢，能不能建成宝钢的争论一直在延续。尤其是1977年、1978年全国基本建设摊子铺得太大，在党的十一届三中全会重新确定的实事求是思想指导下，1979年中央提出了"调整、改革、整顿、提高"的八字方针，决定对国民经济进行三年调整。

在全国大幅度压缩基本建设规

模的大背景下，国家投入了数以百亿计的巨资建设宝钢，这个大工程理所当然地引起了世人的关注。

1985年9月，经过长达7年多时间的筹建，宝钢终于胜利建成投产，一号高炉于9月15日上午10时25分点火，比国家原来批准的在9月30日点火出铁的计划提前了15天。一号高炉点火，标志着宝钢一期工程开始进入试生产阶段，它是我国第一座4063立方米大容积的现代化高炉，宝钢开始跻身于世界大型高炉之林，我国钢铁工业在现代化的道路上跨出了重要的一步！

宝钢之所以能取得显著成绩，是与党中央的正确决策和党中央、国务院历任领导的高度重视分不开的。

1984年2月15日，中共中央政治局常委、中央顾问委员会主任邓小平和中共中央政治局委员王震视察了宝钢。接着，80岁高龄的邓小平又兴致勃勃地视察了建设中的宝钢原料码头和一号高炉。在高炉脚下，他动情地说："上宝钢我是支持的，又是中央集体讨论决定的。究竟上得怎样？我要看看才能放心呀。"

视察后，邓小平欣然命笔，为宝钢职工题词："掌握新技术，要善于学习，更要善于创新。"这个临别赠言，成了宝钢建设者的座右铭，勉励着宝钢职工为赶上和超过世界先进国家钢铁工业，去学习、探索和创新。

－ 67 －

小岗生产队实行"大包干"的合同书

小岗生产队是小岗村的一个生产大队，小岗村隶属于安徽省凤阳县。1978年，村里18户农民冒着极大的风险以"托孤"的形式，立下生死状，在土地承包责任书上按下了红手印，拉开了中国农村土地改革的序幕。

新中国成立后，小岗村没有经过人民公社的初级社阶段，在1956年三大改造完成之后直接进入了高级社，从此，粮食生产连年下降，人民靠吃救济粮过日子。十年动乱期间，家家户户都外出讨过饭。在这样情况下，队里严国昌等几个老人找到生产队长严俊昌商量："再这样下去不行了，得想想办法。"办法就是不吃"大锅饭"！副队长严宏昌再也

不想出去要饭了。"我豁出去了，要是我被抓起来，队里人会养活你们娘儿几个的。"严宏昌很悲壮地对自己的爱人说。凤阳县小岗生产队暗中搞起了"大包干到户"。

1978年农历十一月二十四日，该队全体社员秘密开会，一致同意将全队517亩耕地按人口分包到户，10头耕牛评好价，2户1头，大农具也作价到户。这种做法不符合上面规定，为防止这件事传出去受处分，于是大家签订了"秘密协议"，严宏昌等18户户主都按上手印。协议内

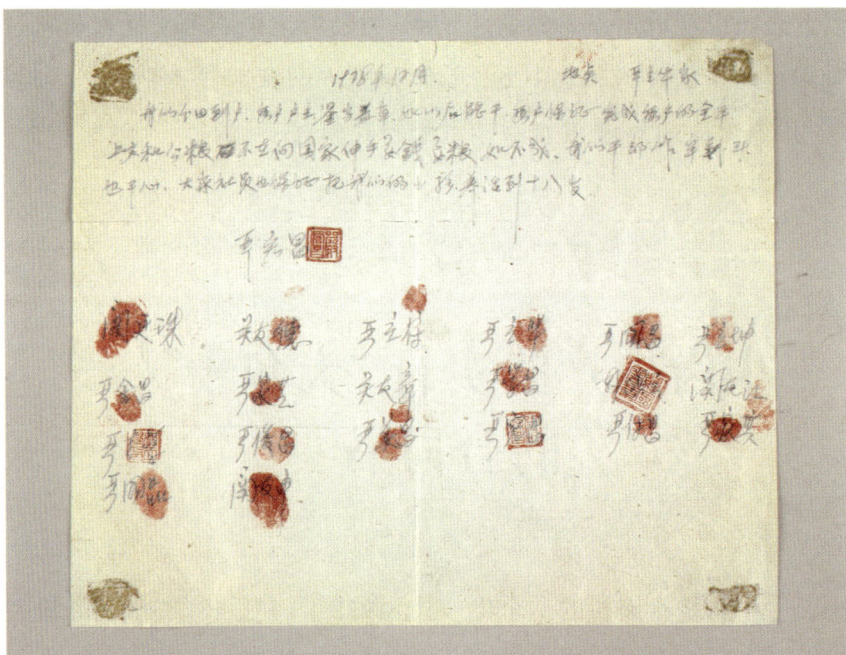

◇ 小岗生产队实行"大包干"的合同书

容为："我们分田到户，每户户主签字盖章。如此后能干，不再向国家伸手要钱要粮。如不成，我们这些人坐牢也甘心。大家社员也保证把我们的小孩养到十八岁。"对他们来说，这份"包干合同"可是押上身家性命的"生死文书"。18位社员在那张大纸上按上了自己的手印。"按手印"，对老百姓来说，那意思再明白不过：生死由命，义无反顾。冒着身家性命危险带头实行"大包干"的人们说：这是逼出来的，不改革只有死路一条。这份秘密协议就是后来的"大包干"的合同书。

"大包干到户"是中国大地上前所未有的新鲜事儿，是农民的伟大创造。"包产到户"和"大包干到户"的主要区别在于：包产到户强调"五统一"，要实行"统一分配"，农民承包土地后，实行"承包产量，以产计工，增产奖励，减产赔偿"的办法，农户生产的粮食等，最后要全部交给生产队，由生产队上缴国家征购任务，留下集体提留，再按各户上缴的产品计算出工分，然后按工分实行统一分配。这种办法不仅手续繁琐，而且由于分配过程中往往

出现"一平二调"和干部存在某些不正之风等现象，群众很不放心，实际上农民对产品没有支配权。而大包干承包制则不同，农户承包集体的土地后，由生产队同农户签订合同，农户按合同上缴国家的征购任务，交足集体的提留，剩下都是自己的，奖赔就在其中。用农民的话来说："大包干、大包干，直来直去不拐弯，完成国家的，交足集体的，剩多剩少全都是自己的。"农民取得了对农产品的实际支配权。所以说这种办法"责任明确，利益直接，方法简单，群众放心"，农民特别拥护。后来，在国家农委领导人杜润生的支持下，经有关理论工作者研究论证，认为大包干承包制实现农村土地所有权与使用权（即经营权）的分离，有利于调动农民的生产积极性，促进生产力的发展。

1979年实践的结果，小岗生产队粮食产量达到13万多斤，相当于1966—1970年5年粮食产量的总和，油料产量超过合作化以来20年的总和，社员人均收入增长6倍。从1957年起23年来，第一次向国家交售粮食和油料任务，分别超过6倍

和80倍。小岗村首创的农业"大包干"，很快在凤阳县、滁县地区、安徽省和全国推开，拉开了中国农村改革序幕。

1980年5月31日，邓小平对"大包干"作了充分肯定。他说："凤阳花鼓中唱的那个凤阳县，绝大多数生产队搞了大包干，也是一年翻身，改变面貌。有的同志担心这样搞会不会影响集体经济，我看这种担心是不必要的。""不改革只有死路一条"，这正是邓小平反复告诫人们的话。1982年开始，中共中央连续五年每年都发一个有关农业和农村问题的中央一号文件，明确双包到户"是社会主义集体经济的生产责任制"，"是社会主义农业经济的组成部分"。中国的改革终于率先在农村突破。它像一股浩荡的春风，迅猛地吹遍祖国大地，到1983年全国大包干到户的生产队达到了95%以上。党的十二届八中全会，强调把家庭承包制"作为我国农村集体经济组织一项基本制度长期稳定下来，并不断充实完善"。1993年3月，全国人大正式通过决议，把家庭承包制正式载入我国宪法。

这份红手印包干书后来成为中国农村改革的一份重要文件，被认为是全国第一份包干合同书。这张包干合同书现藏于中国国家博物馆，并展出于《复兴之路》展览中，成了热门展品，参观者络绎不绝。

— 68 —

邓小平1979年访美时戴的牛仔帽

中美的建交过程可谓一波三折。

1972年中美关系解冻，毛泽东、周恩来在会见美国总统尼克松时，都提出过中美关系正常化的问题。尼克松访华和《中美上海联合公报》的发表，为中美关系的进一步改善和发展奠定了基础。然而，由于考虑到共和党内右翼成员的想法和他们对台湾的偏爱,当时的美国总统福特并没有与中国立刻建立邦交。

1977年初,美国总统卡特执政后,曾于1977年8月和1978年5月分别派国务卿万斯和国家安全事务助理布热津斯基访华,就中美关系正常化进行磋商。中国方面对布热津斯基带来的信息作出了积极的反应。经过近半年的谈判,双方于1978年12月16日晚发表了《中华人民共和国和美利坚合众国关于建立外交关系的联合公报》(即中美建交公报),宣布两国自1979年1月1日起互相承认并建立外交关系。中美建交在世界上引起了极大的反响,许多国家纷纷发表贺电、贺信,祝贺中美关系正常化,这反映了全世界热爱和平的人民的心声。

在国际社会对中美建交的一片赞扬声中,中美两国关系进入了一个全新的发展时期。1979年元旦,邓小平致电美国总统卡特,热烈祝贺中美两国建立外交关系,并指出:"中美两国在上海公报的基础上实现关系正常化,两国人民都感到高兴。我期待着本月底访美期间同阁下会晤,并把中国人民的友好情谊带给美国人民。"

为什么邓小平在这个时候下决心实现中美关系正常化并访问美国呢? 除了共同对付苏联扩张的考虑,一个更重要的原因是出于中国改革开放和现代化建设的需要,中国的现代化建设和改革开放需要一个稳定、良好的国际环境。

对于邓小平的友好姿态,美国总统卡特予以了积极的回应,(美国时间)12月15日晚上21点,通过美国三大电视公司的电视网,他宣读了中美两国关于建立外交关系的联合公报,并进一步指出:"为了加强和促进中华人民共和国和美国之间的这种新关系的好处,我高兴地宣布,邓小平副总理已接受我的邀请,于(明年)一月底访问华盛顿。他的访问将使我们两国政府有机会就全球性的问题进行磋商,并为加强世界和平事业开始一起工作。"

1979年1月29日上午10点整,白宫迎来了它来自东方的最尊贵的客人,这也是中华人民共和国建国30年来中国领导人的第一次访美。陪同邓小平出访的有: 夫人卓琳, 国务院副总理方毅与夫人殷森, 外交部长黄华和夫人何理良, 外交部副部长章文晋, 特别助理凌云、浦寿昌, 邓办主任王瑞林, 新闻助理彭迪, 外交部礼宾司司长卫永青, 国家科委局长吴明瑜等28人。美国总统卡特和夫人陪同邓小平登上了铺有红地毯的宾礼台。军乐队奏响了中美两国国歌, 鸣礼炮19响。接着, 邓小平和卡特并肩走过长长的红地毯, 一起检阅美军仪仗队。这显然是政府首脑才能享受的礼遇, 在世界外交史上极为罕见。

邓小平到达美国后的第一顿晚宴, 是美国总统国家安全事务特别助理布热津斯基招待的。他请邓小平到自己家中作客, 这种特殊安排过去是没有的。布热津斯基一方面是摸摸底, 想知道这次访问中国方面有什么考虑; 另一方面也是想谈点工作, 希望邓小平能"帮助他们做点事情"。他对邓小平说, 你这次来, 除了同总统会谈外, 还请你到众议院、参议院分别同议员们座谈, 说服他们接受建交公报, 同时也希望你同记者举行一次座谈会, 把中国的国内国外政策详细地向他们介绍, 使他们了解中国, 通过他们来向美国人民宣传中国。这当然是件好事, 邓小平欣然同意。

1979年2月1日, 中美发表了联合新闻公报:

"中华人民共和国和美利坚合众国重申上海公报中双方一致同意的各项原则, 并再次强调:

——双方都希望减少国际军事冲突的危险。

——任何一方都不应该在亚洲—太平洋地区以及世界上任何地区谋求霸权, 每一方都反对任何其他国家或国家集团建立这种霸权的努力。

——任何一方都不准备代表任何第三方进行谈判, 也不准备同对方达成针对其他国家的协议或谅解。

——美利坚合众国政府承认中国的立场, 即只有一个中国, 台湾是中国的一部分。

——双方认为, 中美关系正常化不仅符合中国人民和美国人民的利益, 而且有助于亚洲和世界的和平事业。"

就在这天早上，邓小平出席了美国政府举行的简短欢送仪式——鸣礼炮19响，检阅仪仗队。之后，他乘专机前往著名的工业汽车城亚特兰大以及休斯敦和西雅图等有"美国阳光地带"之称的南部城市参观访问。先后参观了福特汽车公司、休斯敦国家宇航中心、波音公司，并在休斯敦结识了著名的世界石油大亨亚蒙·哈默。邓小平每到一处，都引起人们的关注，受到了热烈欢迎，在美国引起了全国性的"中国热"。

邓小平对美国的访问，进一步开创了中美关系的新局面，具有划时代的历史意义。一是正式开始了中美两国首脑的互访，加深了两国的相互了解和友谊，从而推动两国关系的健康发展。二是与美国政界、新闻界的会晤和广泛接触，有利于增进两国的相互了解，并在此基础上推动两国关系的向前发展。三是中美两国签署了科技合作协定和文化协定，为中美两国在其他领域的合作奠定了基础。

值得一提的是，1979年2月2日晚，在休斯敦的骑术表演场，两位女骑手策马来到邓小平副总理和方毅副总理面前，把两顶乳白色的牛仔帽献给了他们。邓小平和方毅接受了这一礼物，立即戴在头上，并同大家一起鼓掌。随后他们又频频挥动骑士帽，向人群致意。这位中国一代伟人面带微笑、向美国人挥手致意的一幕，成了中美关系一个永久的象征。这顶帽子已被国家博物馆收藏，并在《复兴之路》展览中展出，受到了中外观众们的喜欢。正如当时的外电报道说："邓小平戴上那顶宽沿帽显得非常有趣。他的举动使美国人了解到中国人不是僵硬死板、不可接近的，而是很有人情味。"

◇ 邓小平访美时戴的牛仔帽

- 69 -

李先念、陈云就经济调整问题
联名致中央的信

十一届三中全会以后，陈云重新进入中共中央领导核心，他上任以后最关注的一项工作，就是如何使中国的国民经济走向正常发展的轨道。面对计划指标和投资能力、建设规模和综合国力不相适应的尖锐矛盾，他忧心如焚。要想把急躁冒进的惯性真正扭转过来，把在热切期待下制订的高指标降下来，并不是一件简单和容易的事。

经过十年"文化大革命"的严重破坏，我国的国民经济已经远远跟不上国际经济科技迅猛发展的态势。在这种情况下，党内各级干部自然产生了一种急于改变国内经济落后状况、迅速发展国民经济、加快建设步伐的想法。

对于党内外想尽快把国民经济搞上去的急迫心理，陈云表示理解，但他担忧这种急于求成的心理，已经转化为实际工作中的步伐，超越了客观实际提供的可能性。在他看来，要解决愿望与现实的接轨问题，必须拉近经济计划和客观实际的距离。在实现了全党工作重点转移以后，做出调整国民经济的决策，已是刻不容缓的大事。

陈云的想法与李先念的不谋而合。两人一经沟通，很快达成共识。1979年3月14日，陈云与李先念联名，给中共中央写了一封言辞恳切的长信：

中央：

我们建议，在国务院下设财政经济委员会，作为研究制订财经工作的方针政策和决定财经工作中的大事的决策机关。财政经济委员会由下列12位同志组成：陈云、李先念、姚依林、余秋里、王震、谷牧、薄一波、王任重、陈国栋、康世恩、张劲夫、金明。以陈云为主任，李先念为副主任，姚依林为秘书长。

我们对目前和今后的财经工作，有以下几点意见：

（一）前进的步子要稳。不要再折腾，必须避免反复和出现大的马鞍形。

（二）从长期来看，国民经济能做到按比例发展就是最快的速度。

（三）现在的国民经济是没有综合平衡的。比例失调的情况是相当严重的。

（四）要有两三年的调整时期，才能把各方面的比例失调情况大体上调整过来。

（五）钢的指标必须可靠，钢的发展方向，不仅要重数量，而且更要重质量。要着重调整我国所需要的各种钢材之间的比例关系。钢的发展速度，要照顾到各行各业（包括农业、轻工业、其他重工业、交通运输业、文教、卫生、城市住宅建设、环境保护等）发展的比例关系。由于钢的基建周期长，不仅要制订五至七年的计划，而且要制订直到2000年的计划。

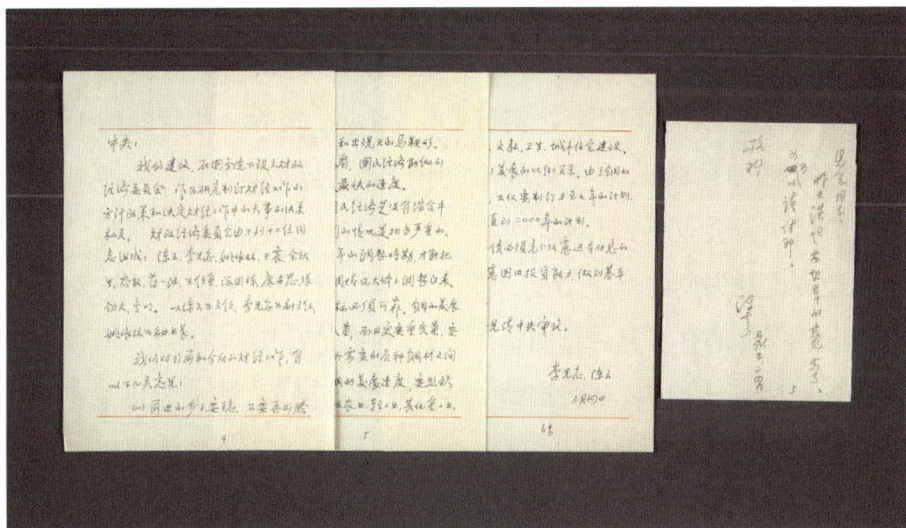

◇ 李先念、陈云就经济调整问题联名致中央的信

（六）借外债必须充分考虑还本付息的支付能力，考虑国内投资能力。做到基本上循序进行。

以上意见，请中央审议。

李先念　陈云

三月十四日

这封信现在《复兴之路》展览中展出，它表达了两方面的含意，一是成立财经委员会这一最高的经济决策机构，统一领导财经工作，信中提到组成财政经济委员会的12人，大都是新中国成立以后长期领导经济工作的同志；另一方面提出了当前和今后一个时期内中国经济工作的总体方针和运作原则，并立即引起了中央领导层的高度重视。

3月21日至23日，中共中央政治局连续召开会议，专门讨论陈云、李先念提出的意见和对国民经济实行调整的问题。3月23日，在中央政治局的最后一天会议上，针对近两年国民经济比例失调的严重情况，邓小平指出："中心任务是三年调整，这是个大方针、大政策。经过调整，会更快地形成新的生产能力。这次调整，首先要有决心，东照顾西照顾不行，决心很大才干得成。"

政治局委员们一致同意陈云和李先念在联名信中提出的意见。会议决定，由陈云担任国务院财政经济委员会主任，李先念担任副主任，姚依林担任秘书长。对于陈云在领导财经工作方面的能力，党内外是公认的，此次再度让陈云"挂帅"，的确是众望所归。

3月25日，陈云主持国务院财政经济委员会第一次会议。这次会议继续统一思想，并为4月召开的中央工作会议准备材料。陈云在讲话中提出了五点意见：

第一，协力同心，加强合作。

第二，通过调整，搞好四个现代化。

第三，为参加四月五日召开的中央工作会议做准备。

第四，培养一些年轻的干部到财经委员会工作。

第五，要注意粮食问题。

陈云认为，不仅在财经委会议上，在即将召开的中央工作会议上，也要发扬民主，让大家讲意见。经过讨论，中央政治局决定用三年左右的时间调整国民经济。

这说明经过十一届三中全会以

后三个月的反复酝酿，中央领导层已经对我国的基本国情、经济比例失调的现状、历史的经验教训，有了比较清醒一致的认识，从而为正确方针政策的制定和实施奠定了基础。

－ 70 －

"北京大碗茶青年茶社"牌匾

1978年起，大量知青开始返城。据统计，1979年有近1700万上山下乡的知识青年返回城市，其中北京的待业知青就多达40万。知青的就业问题一下子变得异常严峻。于是，国家开始鼓励和支持待业人员组织起来就业和自谋职业，并为他们提供便利条件。1979年9月29日，在庆祝新中国成立30周年大会上，叶剑英同志明确指出："目前在有限范围内继续存在的城乡劳动者的个体经济，是社会主义公有制经济的附属和补充。"就是在这样的背景下，"北京大碗茶青年茶社"应运而生。

1979年5月，北京前门大栅栏街道办事处干部尹盛喜接到任务，要解决20名返城知青和待业青年的就业问题。作为传统的商业地区，前门地区聚集着"瑞蚨祥""同仁堂""内联升""月盛斋"等众多老

◇ 北京大碗茶青年茶社的牌匾

字号，车水马龙，游人如织。尹盛喜看到了这里隐藏的无限商机，他起了卖大碗茶的念头。很快地，尹盛喜和几个待业知识青年开始在前门搭棚子，卖起了两分钱一碗的大碗茶。参与此事的主要是返城知青，所以，茶摊被命名为"青年茶社"。

茶社初创之时十分简陋。当时，他们把茶摊的地址选在前门箭楼西侧公共厕所旁的一块空地旁，"背靠一堵墙，能省下一些原材料，另外关键是有了水源"。茶社的经营不是一帆风顺的。"影响市容、妨碍交通、扰乱治安"等帽子相继而至。当时人们的思想观念也没有放开。尹盛喜的家人对他叫卖茶水的做法难以接受。在一些员工的内心里，也觉得卖茶水是一件丢人的事情，他们梦寐以求的是"铁饭碗"。但他们坚持了下来。茶社的生意越来越红火，到年底便有了比较可观的盈利。这时，尹盛喜毅然辞去了街道办事处的工作，专门卖起了茶水。茶社的经营规模逐步扩大，"大栅栏青年综合服务社""大栅栏工艺美术服务

合作社""大栅栏贸易货栈""大栅栏贸易公司"……

1987年，公司最终定名为"北京大碗茶商贸集团公司"，并在北京、深圳和海南都建起了分公司。多种经营带来了巨额利润，尹盛喜却没有舍弃二分钱一碗的大碗茶，他想借大碗茶，将中国的茶文化发扬光大。1988年，公司将原来卖大碗茶的地方改建为一幢古色古香的茶楼，并定名为"老舍茶馆"，并将传统戏曲曲艺、北京小吃、各种名优茶汇集一起，运用茶馆舞台空间，传承和展示中国灿烂悠久的民族艺术。

现如今，历经30多年的沧桑，前门大碗茶已形成以"老舍茶馆"为标志，集京味文化、茶文化、戏曲文

◇ 北京大碗茶青年茶社的茶碗

◇ 北京大碗茶青年茶社的铜壶

化、食文化于一身,内设书茶馆、餐茶馆、茶艺馆的综合性的京城第一家京味大茶楼,成为声名远扬的"京城名片"。

在老舍先生诞辰90周年的时候,北京老舍茶馆举行隆重的纪念活动,老舍先生夫人胡絜青激动地说:"老舍先生的在天之灵也会感谢的。"尹盛喜也很激动,他恳切地说:"我创办老舍茶馆的宗旨,除给老艺人提供演出场所、弘扬优秀民族文化,同时也为发扬老舍先生贴近北京平民生活的创作精神,使京味文学后继有人,代代相传,青出于蓝胜于蓝!"

目前,老舍茶馆是很受群众欢迎的文化场所。这里古香古色、京味十足,每天都有一台汇聚京剧、曲艺、杂技、魔术、变脸等优秀民族艺术的精彩演出,同时还供以各类名茶、宫廷细点、北京传统风味小吃和京味佳肴茶宴。自开业以来,老舍茶馆接待了47位外国元首、众多社会名流和200多万中外游客,成为展示民族文化精品的特色"窗口"和连接国内外友谊的"桥梁"。从大碗茶摊到老舍茶馆,北京大碗茶青年茶社的发展,始终与改革开放休戚相关。2005年,老舍茶馆将"北京大碗茶青年茶社"牌匾、喝大碗茶所用的瓷碗、烧水用的铜壶等捐赠给国家博物馆,如今在《复兴之路》展览中展出,作为改革开放历史的重要见证实物。

- 71 -

陈景润在全国科学大会上获得
的先进工作者奖状

1978年3月，全国科学大会在北京召开。

"日出江花红似火，春来江水绿如蓝。这是科学的春天！让我们张开双臂，热烈地拥抱这个春天吧！"会上郭沫若《科学的春天》成为中国知识分子解放的宣言，象征了一个科技新时代的开始。

中共中央副主席、国务院副总理邓小平在会上发表重要讲话。他提出的"科学技术是生产力"的著名论断，对国家长远发展具有十分重要的意义，成为改革开放以来我们党一以贯之的基本思想。科学技术，这一关系到我们民族命运和生存的严肃命题，从来没有得到如此完整、系统的阐述，从来没有如此庄严地列入党和国家的重要议程。

有四位代表在大会发言，中科院数学研究所研究员陈景润作了题为《科学有险阻苦战能过关》的发言。然而，最让他家喻户晓的还是那篇《哥德巴赫猜想》。

1978年1月，《人民文学》杂志发表了作家徐迟的报告文学《哥德巴赫猜想》，之后《人民日报》《光明日报》同时转载了这篇文章。《人民日报》用三大版的篇幅转载一篇文学作品，是建国以来从所未有的。一时间，陈景润，这个已过不惑之年，瘦弱多病的数学家，成为全国青年男女的偶像。

陈景润（1933—1996）是中国著名数学家。1953年毕业于厦门大学数学系。他在厦门大学求学期间，发表了第一篇论文，聪明才智崭露头角。1956年的全国数学论文报告会，陈景润提出了一篇关于它利问题的论文，改进了华罗庚先生的研究成果。华罗庚先生慧眼识英才，将陈景润调到中国科学院，使得陈景润站在更高的平台上。之后的陈景润先任实习研究员、助理研究员，再越级提升为研究员，并当选为中国科学院数学物理学部委员。陈景润是世界著名解析数论学家之一，他在50年代即对高斯圆内格点问题、球内格点问题、塔里问题与华林问题的以往结果，作出了重要改进。60年代后，他又对筛法及其有关重要问题，进行广泛深入的研究。

1966年，屈居于六平方米小屋的陈景润，借一盏昏暗的煤油灯，伏在床板上，用一支笔，耗去了几麻袋的草稿纸，居然攻克了世界著名数学难题"哥德巴赫猜想"中的（1+2），创造了距摘取这颗数论皇冠上的明珠（1+1）只是一步之遥的辉煌。他证明了"每个大偶数都是一个素数及一个不超过两个素数的乘积之和"，使他在哥德巴赫猜想的研究上居世界领先地位。

1973年，论文在《中国科学》发表，国内外数学界为之震动。陈景润的际遇引起了邓小平的高度重视，这位科技界最大的"后勤部长"

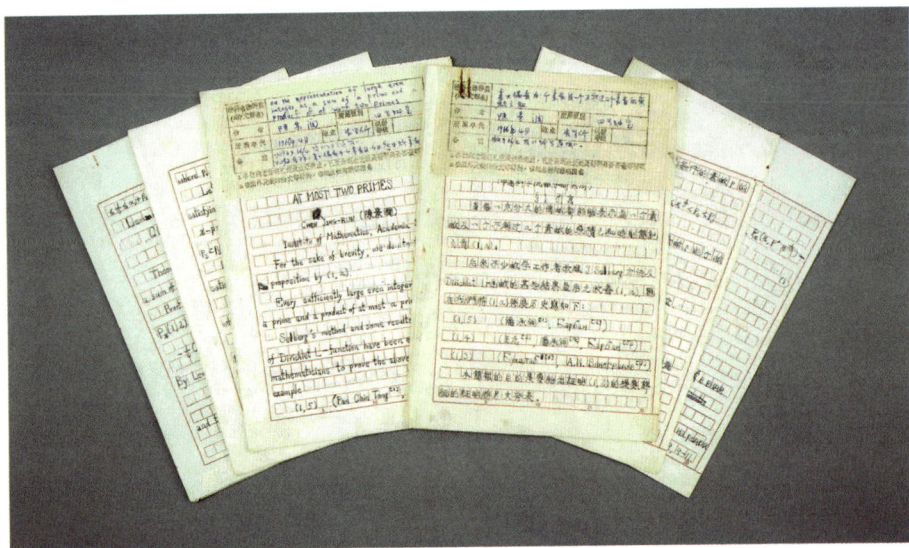

◇ 陈景润关于哥德巴赫猜想的手稿

发话了："少数人秘密搞，像犯罪一样。陈景润是秘密搞的，这些人还有点成绩。陈景润究竟算红专还是白专？中国有一千人就了不得。"

邓小平曾多次过问陈景润的身体状况，并指示有关部门解决了他生活的实际问题，改善其科研环境。1977年，中央决定将陈景润从助理研究员提升为研究员，杨乐和张广厚从实习研究员提升为副研究员。这意味着恢复职称评定制度，是当时中国进入"科学的春天"的举措之一。

1991年北京电视台"祝你成功"栏目记者曾问过陈景润，"人生的目的是什么？"陈景润说："是奉献，不是索取。"

陈景润在国内外都享有很高的声誉，然而他毫不自满，他曾经说："在科学的道路上我只是翻过了一个小山包，真正高峰还没有攀上去，还要继续努力。"1996年3月19日，在患帕金森氏综合征12年之后，由于突发性肺炎并发症造成病情加重，经抢救无效，陈景润终因呼吸循环衰竭逝世，终年62岁。1999年，中国发行纪念陈景润的邮票。同年10月，紫金山天文台将一颗行星命名为"陈景润星"。2009年9月14日，他被评为100位新中国成立以来感动中国人物之一。

陈景润的故事和精神激励了整整一代人。在那个科学与科学家受到不公正的年代，陈景润艰难地在

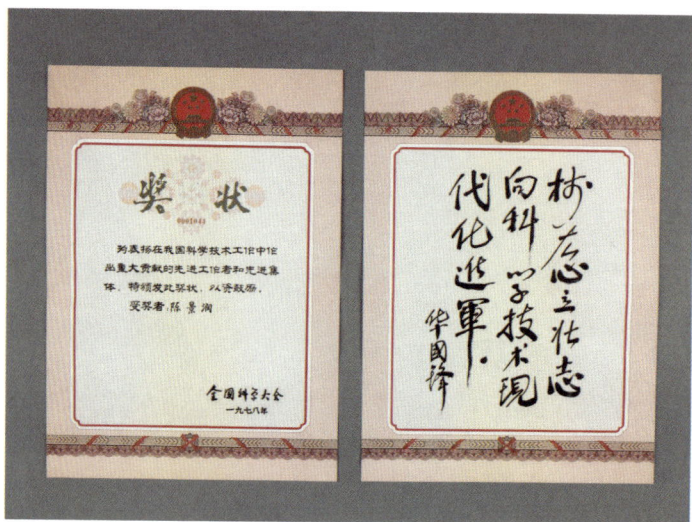

◇ 陈景润在全国科学大会上获得的先进工作者奖状

科学的路上攀登，为后人留下珍贵遗产。尽管陈景润求学研究道路布满荆棘，遇到很多挫折，但他始终把目标放在数学上，坚持不懈。他对科学研究的专注值得我们学习。

斯人已逝，风范永存。陈景润在全国科学大会上获得的先进工作者奖状已被国家博物馆收藏，并在《复兴之路》展览中展出，他的精神已经渗透到我们的文化之中，伴随着我们，告诉我们，珍惜今天的时光，清楚自己的职责，忘记前进路上的干扰，做好自己的工作。今天，中华民族正为实现伟大的中国梦而努力奋斗，我们更加需要学习陈景润的伟大风范，不计名利，忘我工作，潜心研究；更加需要弘扬陈景润的科学精神，志向远大，勇攀高峰，为国争光。

- 72 -

我国首批公开发行的上海飞乐音响股票

1984年11月18日，经人民银行上海分行批准，由上海飞乐电声总厂、飞乐电声总厂三分厂、上海电子元件工业公司、工商银行上海市分行信托公司静安分部发起设立上海飞乐音响股份有限公司，向社会公众及职工发行股票。总股本1万股，每股面值50元，共筹集50万元股金，其中35%由法人认购，65%向社会公众公开发行。

上海飞乐音响股份有限公司，成为新时期上海市第一家股份制企业，而且飞乐音响公司这次发行的股票，没有期限限制，不能退股，但可以流通转让，这是我国改革开放后第一张真正意义上的股票。人们亲切地昵称其为"小飞乐"，股票代码：600651。

秦其斌，1940年出生。1958年，顺利考入复旦大学电子专业，毕业后，被分派到上海无线电九厂技术科工作。20世纪80年代初，秦其斌被抽调到上海仪表电讯工业局下属的元件工业公司担任办公室副主任。1984年，被任命为上海飞乐电声总厂厂长，在当时，"音乐茶座"十分红火，秦其斌大胆设想，提出本厂生产的扬声器除了给电视机做配套，还可以做成音响。于是，就有了电声总厂下设上海飞乐音响公司，也有了以后"小飞乐"发行股票的故事。

"小飞乐"开始公开向社会发售股票时，媒体加以报道，引起强烈反响。很多人对出钱购买股票一点认识没有，厂里电话响个不停，上门来访的也很多。发行股票的当天，许多人早早来排队，人头攒动，盛况空前。就这样，"小飞乐"实现了新中国成立以来证券市场从无到有——零的突破。这支由法人和社会公众共同参与的股份制股票，成为当时一件既新鲜又引发争议的事。

"小飞乐"召开成立大会之前，还必须走一道必不可少的关键程序——去工商部门注册登记，而当时股份制复杂的隶属关系，让"小飞乐"遇到了意想不到的麻烦。工商局工作人员用疑惑的口气问道："你们是什么所有制的？""小飞乐"负责人回答说："我们是股份制。"工

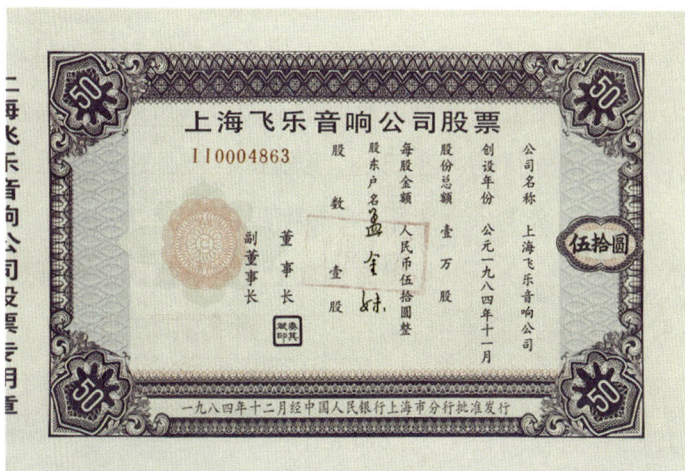

◇ 我国首批公开发行的上海飞乐音响股票

商局工作人员很奇怪也很惊讶："股份制？所有制中没有股份制！"当时工商部门登记的表格上只有三种选择：国营、集体和私营。"小飞乐"负责人知道，他们不是国营的，不是私营的，是由集体组成的股份制。最后，他们自己向工商部门提出，选择了"集体"这一隶属关系，工商部门为集体股份制这个名称还专门开会进行了研究。

谁也没想到的是，集体所有制后来引发了"小飞乐"第一次分红是否是私分国有财产的争论。1986年初，"小飞乐"进行第一次分红。经股东大会一致同意，每股分红35元，股东自己出15元，配售一股，分红和扩股结合起来操作。当税务局稽查大队对"小飞乐"进行查账审核后，税务局稽查大队毫不客气地说："你们这是私分国有财产！"公司据理力争："我们不是国营的。""集体的也是国家的！"稽查大队认为公积金、公益金是不能私分到个人的。经过讨论，上级部门最终批准公司负责人可以购买一股股票。公司一些负责人后来回忆时笑着调侃道："我们当时要是买了'小飞乐'的

原始股，早就是'杨百万了！'"

"小飞乐"股票上市交易的消息传到国外，国外媒体兴趣盎然，日本、美国的记者都纷纷采访。他们问得最多的问题有两个：一是股票是资本主义的东西，你们中国为什么要搞？二是你们的经验能在中国推广吗？

当年，美国人凡尔霖赠送给邓小平精美证章，凭着它可以在华尔街股票市场中通行无阻；邓小平回赠的则是新中国首批公开发行的股票——"小飞乐"股票。凡尔霖获得"新中国的第一张股票"后非常兴奋，并亲自到中国工商银行信托投资公司上海静安证券业务部办理了过户手续。那时的中国股市还处在起步阶段，上海开设的新中国第一股票营业柜台上交易的只有飞乐音响和延中实业两只股票。没有电脑，没有行情显示屏，成交价由客户口头协商，然后写在黑板上。交割、登记卡号、盖章、过户，所有的程序都是手工完成，每天的平均交易量只有数十笔。所以，邓小平回赠凡尔霖"小飞乐"股票这一举动无疑给了正在蹒跚学步的新中国股市以莫大的

肯定和鼓励。

很多证券界资深人士，至今对邓小平1992年初的南方谈话记忆犹新。邓小平讲："证券、股市，这些东西究竟好不好，有没有危险，是不是资本主义独有的东西，社会主义能不能用？允许看，但要坚决地试。看对了，搞一两年，对了，放开；错了，纠正，关了就是了……总之，社会主义要赢得与资本主义相比较的优势，就必须大胆吸收和借鉴人类社会创造的一切文明成果。"

今天，作为世界第二大经济体，中国对世界的影响从来没有像现在这么大。展出在《复兴之路》展览中的这张上海百乐音响股票是这一发展的见证。

- 73 -

许海峰获得的中国第一块奥运会金牌

1984年7月29日，在美国洛杉矶举办的第23届奥运会场，第一次奏响了中华人民共和国国歌。这一天，在洛杉矶郊外的普拉多射击赛场上，27岁的许海峰特意穿了一件红色运动服走进靶场。

前面五组比赛里，在40号靶位上，许海峰和瑞典的斯坎纳克尔、中国另一位选手王义夫的成绩相近，三个人的成绩相差只在一环之间。决战来临了，第六组十发子弹。此时，不少运动员都结束了比赛，各国记者们逐渐聚集在许海峰身后，并架起了很多相机。稍一走神，许海峰的射击感觉便在瞬间消失得无影无踪，他的第四、五枪都只打了八环。还剩下最后三发子弹，许海峰静静地站在靶位上，一动不动。十几分钟过去了，只见许海峰慢慢抬起头，深呼吸，左手插兜，右手举起了

◇ 许海峰获得的中国第一块奥运会金牌

手里的枪。三发子弹呼啸而出，"10环！""10环！""9环！"

随着最后一声枪响，许海峰成为一个响亮的名字——洛杉矶奥运会首枚金牌得主。他同时也成为中国历史上的首位奥运会冠军，另一名中国选手王义夫获得铜牌。然而，1984年洛杉矶奥运会第一场比赛颁的奖仪式，却推迟了整整一小时才举行。

推迟发奖原因是，射击比赛组委会预计中国运动员只能夺取一块奖牌，因此事先只准备了一面中国国旗，但比赛结果却出乎预料，于

是只能临时派人去寻找另一面五星红旗。

在发奖仪式上，洛杉矶奥组委主席尤伯罗斯激动说："请允许我说几句话，我想告诉大家的是，你们正在亲历一个具有重大历史意义的事件。因为金牌和铜牌将被授予同一个国家。这个国家在奥运会历史上，还从来没有赢得过奖牌。"

而许海峰就是光荣地创造了这个历史的中国人。

1957年8月，许海峰出生于安徽巢湖和县，父亲是一名军人，许海峰是在军营里长大的，他从小就对枪弹有着浓厚的兴趣。童年时，打弹弓是他的拿手好戏，可说是百发百中。在后来回忆自己的成长历程时，许海峰说："弹弓和奥运冠军没有必然的联系，成功不是因为把弹弓换成手枪，而是选择和成功之间经历的重要过程。"

在当时的特定历史条件下，许海峰从学校毕业后别无选择地下乡插队四年，然后到供销合作社工作了三年。下乡插队和在供销合作社工作的七年时间，被许海峰视为非常重要的一段人生经历。他说，在

农村和供销合作社的工作经历让他收获很多，增加了知识和阅历，学会了辩证地认识和处理问题。

在供销合作社的工作时间应该从1979年的10月算起。那一年，22岁的许海峰结束了4年的插队生活，被招工到安徽和县新桥区供销合作社工作。除了在调料柜台工作过，他还在供销合作社卖过化肥。对许海峰来说，化肥库在某种程度上来说，就是练就他火眼金睛的炼丹炉，那种忘我投入且宁静专一的功夫，正是奥运冠军必备的潜质。

1982年6月，许海峰的中学体育老师在地区组建射击队，准备参加第五届安徽省运动会。于是许海峰找到老师报名，并于当年6月5日开始集训。8月25日许海峰就在安徽省全运会男子气手枪比赛中获得个人冠军。拿到这个冠军之后，许海峰顺利进入安徽省射击队。就是这一年，他进入了国家射击队教练的视野。备战洛杉矶奥运会的集训开始，他奉召进入了国家队。

孔子曰，知之者不如好之者，好之者不如乐之者。从一个喜欢弹弓的孩子，到射击运动员，不是所有的人都可以像许海峰一样，把兴趣做成了职业，又把职业做成了事业的。对他来说，正是因为乐在其中，才有了一路的辉煌。从1984年第一次站上奥运会的领奖台，许海峰的人生便和体育紧紧结合在了一起。那一枚金牌让他的名字成为了中国体育事业发展历史上的一座里程碑。

回国后，许海峰把金牌捐给中国革命博物馆（今国家博物馆）。他说："我是国家培养的，荣誉也是党和国家给的，这第一块金牌，本身还是机遇。"值得注意的是，从1984年到现在，七届奥运会过去了，这是国家博物馆收到的唯一一块中国运动员所获得的奥运金牌。

此后，一直奋斗在体育工作一线的许海峰，凭借着自己对体育事业的热爱和中国体育人百折不挠的拼搏精神，不断创造新的成绩。在1984和1986年，许海峰曾两次被评为"全国十佳运动员"，还获得过"全国新长征突击手""全国劳模"等荣誉。

- 74 -

中英签署关于香港问题联合声明时用的国产台式英雄金笔

1982年9月22日，北京首都机场的五星红旗和英国米字旗并列迎风招展，英国首相撒切尔夫人开始对中国进行国事访问，揭开了中英关于香港问题谈判的序幕。

撒切尔夫人是英国继丘吉尔之后的铁腕人物，在处理国际事务中以强硬著称，人称"铁娘子"。早在访华前，她就声明：有关香港的三个条约仍然有效。她所说的三个条约是：1840年英国发动鸦片战争迫使清政府于1842年签订《南京条约》，割让香港岛；1856年英法联军发动第二次鸦片战争，迫使清政府于1860年签订《北京条约》，割让九龙半岛南端即今界限街以南的地区；中日甲午战争之后，英国又逼迫清政府于1898年签订《展拓香港界

址专条》，强租界限街以北、深圳河以南的九龙半岛北部大片土地以及附近230多个大小岛屿（后统称"新界"），租期99年。"三个条约有效论"是英方在整个香港问题谈判中的理论基础，其核心是主权问题，即英国对香港、九龙拥有主权。

中国政府是以1997年一定要收回香港这一前提进入谈判的。中方认为，英国当年以武力迫使清政府签订有关香港的三个条约是不平等的，从一开始就是无效的，因此收回香港是中国的内政。只是为了保持香港的繁荣稳定，中国才与英国进行谈判，这也就决定了谈判的内容只能是中英之间如何开展合作以确保香港的继续繁荣稳定。

中英双方在香港问题上的观点

分歧很大，双方的谈判立场针锋相对。对此，邓小平严正地指出：主权问题不是一个可以讨论的问题。现在时机已经成熟了，应该明确肯定：1997年中国将收回香港。这就是说，中国要收回的不仅是新界，而且包括香港岛、九龙。

邓小平还严肃地指出：如果中国在1997年，也就是中华人民共和国成立48年还不把香港收回，任何一个中国领导人和政府都不能向中国人民交代，甚至也不能向世界人民交代。如果不收回，就意味着中国政府是晚清政府，中国领导人是李鸿章！

经过反复协商，英方同意由中英两国政府官员通过外交途径磋商解决香港问题。然而，英方并不接受邓小平提出的中英谈判应在1997年中国收回香港这一前提下进行，撒切尔夫人在会见后的记者招待会上以及接受英国广播公司记者采访时一再宣扬"三个条约有效论"。英方的这种态度引起中国政府的强烈反应，也在香港社会引起了强烈的反应。

英国政府和港英当局采取的种种活动，导致香港人心惶惶，资金人才外流。鉴于这种局势，中国全国人大常委会副委员长廖承志于1982年11月宣布：如果香港出现动乱，不排除提前收回香港的可能。此时，英方还获得另一个重要信息，即中国政府已拟就有关香港问题的基本方针政策，即将提交1983年6月召开的全国人大通过。

面对着中国政府毫不动摇的立场和谈判陷入停滞的局面，英方感到自己将陷入被动局面，于是不得不就会议程序问题向中方提出了一个"妥协性"的提议。表示英国不反对中国以其对香港主权的立场进入谈判。尽管这只不过是一种外交姿态，但中方对此仍然作出了善意的回应。

从谈判一开始，英方就坚持"主权和治权分离"的立场，中方则坚持主权和治权不可分割，双方针锋相对，因此谈判没有任何进展。

随后，根据英国政府的旨意，港英当局在香港掀起了一场经济风暴，被称为"九月风暴"，使得香港汇率下跌，股市下滑，市民抢购。这场人为的经济危机给香港经济造成了重大损失,也给中国的外汇收益造成重大影响。然而,中国政府不为之所动,坚持原有的立场。在这种情况下,英国政府只好自己出来收拾局面,随即采取了干预汇市、稳定港元的措施,一场人为制造的金融危机终告结束。

既然"经济牌"没有打成功,撒切尔夫人又把目光转移到谈判桌上来。此时,中国外交部长吴学谦告知英方:中国已决定1997年收回香港后,香港现行的社会、经济制度将保持50年不变,那时英资财团在香港仍有所作为。英方看到自己的利益将受到保护,不愿意实行对抗而使中英关系破裂的风险,于是就势下台阶,于同年10月14日向中方表示,双方可在中国建议的基础上探讨香港的持久性安排。

经过协商和互让,中英双方同意协议采用"联合声明"的形式,各自声明自己的立场,达到英国在1997年6月30日结束对香港的统治,中国自1997年7月1日起恢复对香港行使主权这一目标。用这种形式进行处理,既避免了双方有分歧的三个条约问题,也没有提及中国对香港的政策是否要英国同意的问题。

到1984年9月18日为止,中英双方就关于香港的问题达成协议,双方进行的22轮谈判终于以圆满而告终。

12月19日,中英《联合声明》正式签字仪式在人民大会堂举行,邓小平出席了签字仪式。中国政府总理和英国首相分别代表本国政府在《中华人民共和国与大不列颠及北爱尔兰联合王国关于香港问题的联合声明》上签了字,然后互相交换了文本。这时,大厅里响起了热烈的掌声,这标志着香港历史的新纪元即将诞生。

这次签署的协议包括《联合声明》正文和三个附件:(一)《中华人民共和国政府对香港的基本方针政策的具体说明》;(二)《关于中英联合联络小组》;(三)《关于土地契约》。此外,中英双方还就香港居民的国籍问题交换了备忘录。

值得注意的是,中英两国在《中英关于香港问题联合声明》签字仪式上,双方领导人使用英雄191型台式金笔,由上海英雄金笔厂特制。"英雄"金笔自诞生之日起伴随着

◇ 中英签署关于香港问题联合声明时用的国产台式英雄金笔

一代又一代人书写着人生，不断留下生活中不可磨灭的印记。如今，这对"英雄"金笔静静地伫立在签字台上，在《复兴之路》展览中展出，它见证了民族发展、国家繁荣的关键时刻。

- 75 -

南极上空飘扬的第一面五星红旗

南极洲位于地球最南端，与其他大陆隔海相望，是地球上最偏远、最寒冷的大陆，也是地球上最后一个被发现且唯一一个无常驻居民、没有主权国家的大陆。这块位于地球最南端的冰雪大陆，自被发现后就和地球最北端的北极一起，吸引了全世界的关注目光。

20世纪80年代，国内对于极地考察总有一种质疑的声音，那就是：我们为什么要去南极？到一个离北京将近1.8万公里的地方去考察，意义何在？为什么不把这些钱放到国内的经济建设上来？

其实，对于极地考察的这些争议和当时人们对极地的认识不足有很大的关系。南极的资源相当丰富，它是地球上最后一块蕴藏丰富资源，并且没有被开发的净土。目前，在南极发现的矿产资源有200多种之多，其淡水量占全球的70%以上，那里还有世界上最大的铁山、煤田以及富饶的海洋生物资源。

南极虽然资源丰富，但根据《世界南极矿物资源管理条约》的规定，各国在南极可开发时能够享受资源的份额将由其对南极科考事业的贡献程度来决定。随着科学技术的进步，南极资源的开发利用将是各国极地考察的重点。因此，在南极建立科考基地，对我国国民经济、科研事业、资源开发都有着十分重大的意义。

南极蕴藏着无数的科学之谜和信息，因此那里具有重大的科研意义。地球的南北两极，是全球变化的源头和驱动器，在全球气候变化的研究中，具有不可替代的作用。比如，南极大气层中臭气空洞、南极冰下大湖的发现与研究所带来的科研成果，对预防全球生态破坏，保护自然环境都有着重要的意义。

此外，极地科学考察也是一个国家综全国力和科技水平的具体体现。

20世纪80年代，在当时国家综合实力还比较薄弱的境况下，为争取我国在南极科学研究领域和国际南极事务中应有的权益，党和国家领导人审时度势、决策长远，决定由"向阳红10号"远洋科学考察船和"J121"打捞救生船组成"中国首次南极考察船编队"，实施远征南极考察建站之旅。

1984年11月20日，上海港内彩旗飘扬，锣鼓喧天，人们欢送我国南极考察船队第一次赴南极考察。来自全国60多个单位、共591人组成了首次南极考察队，他们历时4个多月，总航程2.6万余海里，特别是在往返太平洋和南大洋的科学考察中，考察船和考察队员们勇闯西风带,多次出生入死和爬冰卧雪、苦战乔治岛。

南极洲是不毛之地,要进行科学考察,必须首先建立考察站,为考察人员提供包括衣食住行在内的各种后勤保障。因此,南极考察的一切需要,在国内都要精心准备,稍有忽视,就会带来极大的困难。

在进行准备过程中,对于中国南极站站址的初选,是当时的南极考察委员会首先考虑的问题,因为它涉及其他工作的进行。在对南极自然地理有了较全面了解的基础上,南极委认为,东南极洲尽管离中国较近(相对于西南极洲而言),但在当时没有破冰船或抗冰船的情况下,要登上东南极大陆显然要冒极大的风险,因此,暂把视线转向了西南极洲的南极半岛和南设得兰群岛。

站址的具体位置还要通过实地勘察,看是否具备较大的露岩地域、船只易接近、卸货方便、有充足的淡水资源和站区可开展综合科学考察等条件再定。之后,预选出11个站址,其中以菲尔德斯半岛南部地区最为理想,这是一块台阶式鹅卵石地带,地域开阔,有3个宜饮用的淡水湖;海岸线长、滩涂平坦,便于小艇抢滩登陆;距智利马尔什基地机场仅2.3公里,交通方便;夏季露岩多,地衣、苔藓等植物发育也比其他地点好,企鹅和其他鸟类在此栖息繁殖,适宜开展多学科考察。最后,南极委选定南设得兰群岛作为中国第一个南极站的站址。

1985年2月20日,经过两个多月的拼搏,南极科考队终于在冰雪覆盖、气候变化无常的乔治岛上胜利建成了我国第一个南极科学考察基地,以闻名世界的万里长城命名——中国南极长城站。国家主席江泽民于1997年12月30日题写了站名。

长城站主楼坐西朝东,背山面海,大门正上方悬挂着金光闪闪的铜质站牌。在落成典礼上,队员们敲响了欢乐的锣鼓,点燃了节日的礼炮,把一面鲜艳的五星红旗升起在南极大陆!

国旗是象征国家的旗帜。五星红旗是中华人民共和国的象征,她代表着我们伟大祖国不可侵犯的尊严,鼓舞着我国人民为保卫祖国、

◇ 南极上空飘扬的第一面五星红旗

建设祖国、实现社会主义现代化而奋斗。这是南极上空飘扬的第一面五星红旗，虽然久历风雨，旗面有些残破，但我们依稀可以看出南极气候的恶劣以及南极科考队员为国奉献的牺牲精神。

长城站建成后，以此为基地，科考队陆续进入了南极大陆腹地，并胜利地到达了南极点。在南极，科考队进行了气象、电离层、高空大气物理、地磁、冰川、低湿生物、无线电短波通讯、海洋环境等多项考察，取得了宝贵的第一手资料。

长城站自建站以来，经过三、五、十三次队扩建，现已初具规模，有各种建筑25座，建筑总面积达4200平方米。其中包括办公栋、宿舍栋、医务文体栋、气象栋、通讯栋和科研栋等7座主体房屋，还有若干栋科学用房，如固体潮观测室、地震观测室、地磁绝对值观测室、高空大气物理观测室、卫星多普勒观测室、地磁探测室等，以及其他用房，如车库、工具库、木工间，冷藏室和蔬菜库等。

中国南极考察队员在长城站全年开展气象学、电离层、高层大气物理学、地磁和地震等项目的常规观测。在每年的南极夏季期间，除常规观测外，还进行包括地质学、地貌学、地球物理学、冰川学、生物学、环境科学、人体医学和海洋科

学的现场科学考察工作。

长城站在南极的顺利建立，标志着我国极地考察事业已发展到新阶段。

- 76 -

联合国知识产权组织颁发给
袁隆平的奖章

1985年10月15日，袁隆平首次获得国际大奖：联合国产权组织"发明和创造"金质奖章。

袁隆平，其貌不扬，平头小脸，甚至有些土里土气。而正是这个显得有些平凡和土气的老头，以自己不懈的努力和才华，在古老的土地上创造了非凡的奇迹——目前在我国，有一半的稻田里播种着他培育的杂交水稻，每年收获

◇ 联合国知识产权组织颁发给袁隆平的奖章（正面）

◇ 联合国知识产权组织颁发给袁隆平的奖章（背面）

的稻谷60%源自他培育的杂交水稻种子。

现为中国工程院院士的袁隆平，从20世纪60年代开始致力于杂交水稻的研究，经过12年的努力，成功培育出了"三系杂交稻"。1976至1987年间，他培育的杂交水稻种植面积累计达到11亿亩，增产稻谷1000亿公斤。1979年，杂交水稻作为我国第一个农业技术专利转让美国。以后，他又研制出一批比现有三系杂交水稻增产5%到10%的两系品种间杂交组合。究竟是一种怎样的力量促使袁隆平执着于杂交水稻的研究而最终走向成功的呢？

关于超级杂交水稻，不善言辞的袁隆平有着讲不完的故事。当别人问他成功的秘诀时，他以"知识＋汗水＋灵感＋机遇"作了精辟的回答，并且还讲了一个故事。"从1953年到1966年，我在农校一边教课，一边做育种研究，每年都去农田选种。从野外选出表现优异的植株，找回种子播种，看它第二年的表现，这样来筛选具有稳定遗传优异性状的品种，这称为系统选育法，是常用的一种方法。1962年，我在一块田里发现一株稻鹤立鸡群，穗特别大，而且结实饱满、整齐一致，我是有心人，没有放过它。第二年我把它种下去，辛苦培育，满怀希望有好的收获，不料大失所望，再长出来的稻子高的高，矮的矮，穗子大小不一。这时候一般人感到失败就放弃了，我坐在田埂上想，为什么失败了呢？我想到第一年选出的是一棵天然杂交种，不是纯种，因此第二年遗传性状出现分离，而如果按照那棵原始株杂交种的产量来计算，亩产能达到1200斤，这在60年代是非常了不起的——我突发灵感，既然水稻有杂交优势，我为什么非要选育纯种呢？从此我致力于杂交水稻育种。"谁能够想象到，一个关系着十几亿中国人吃饭问题的伟大的探索与成功，就这样由袁隆平的一个意念而开始并最终诞生了。为了杂交水稻，袁隆平几乎奉献了自己的一切，知识、汗水、灵感、心血，没有什么不是为了那梦寐以求的杂交水稻。

身体的劳累还在其次，学术界权威的质疑与反对，使袁隆平承受着巨大的舆论压力。当时学术界流行的经典遗传学观点认为,水稻是自花授粉作物,经过长期的自然选择和人工选择,许多不良的因子已经被淘汰,积累下来的多是优良的因子,所以自交不会退化,杂交也不会产生优势,由此断言,搞杂交水稻是没有前途的,甚至说研究杂交水稻是"对遗传学的无知"。然而无论是科学道路上的挫折、失败,还是人为的干扰、破坏,所有的磨难都无法动摇袁隆平执着的梦想。他坚信实践才是真正的权威,火热的生命加上知识的力量能够改变一切。

1966年,经过两个春秋的艰苦试验,对水稻雄性不育株有了较多的感性认识后,袁隆平把获得的科学数据进行理性的分析整理,撰写出首篇重要论文——《水稻的雄性不孕性》在中国科学院出版的权威杂志《科学通讯》第4期发表。这篇论文的发表,标志着在国内开了杂交水稻研究的先河。这不仅是一个普通意义上的水稻育种课题的启动,而且开创了一个划时代的崭新的研究领域。在随后的30多年间,他在杂交水稻这个领域始终保持着世界领先地位,他的研究成果一个

接一个,他创造的杂交水稻神话一个接一个。从1976年至1999年,我国累计推广种植杂交水稻35亿亩,增产稻谷3500亿公斤,相当于解决了3500万人口的吃饭问题,确保了我国以仅占世界7%的耕地,养活了占世界22%的人口。

如今,我国大江南北的农田普遍种上了袁隆平研制的杂交水稻。杂交水稻的大面积推广应用,为我国粮食增产发挥了重要作用。袁隆平的杂交水稻引起了世界的关注,许多国家的专家到中国来取经,印度、越南等20多个国家和地区还引种了杂交水稻。袁隆平的努力,也为解决世界粮食短缺问题作出了贡献。为此,我国政府授予袁隆平"全国先进科技工作者""全国劳动模范"和"全国先进工作者"等光荣称号,联合国世界知识产权组织授他金质奖章和"杰出的发明家"荣誉称号,国际同行称他为"杂交水稻之父"。

"知识+汗水+灵感+机遇=成功"是袁隆平一生的写照。作为"杂交水稻之父",他是中国的英雄,也是有着世界性贡献的杰出科学家。若回答"下个世纪谁来养活

中国人"，没有哪位科学家比袁隆平更有资格回答了。他用知识在中国古老的土地上，圆了华夏民族几千年来期盼的梦想，大写了一个震惊世界的东方神话。

如今，袁隆平获得的荣誉和奖章越来越多，但在《复兴之路》展览中展出的这枚"发明和创造"金质奖章，是他首次获得的国际大奖，也是他的科学事业走向辉煌的历史见证。

- 77 -

中葡关于澳门问题的联合声明

香港问题的最终解决，为中国和葡萄牙两国之间解决澳门问题奠定了基础。

澳门位于香港西部、珠江三角洲南端，毗邻广东珠海。它由澳门岛、凼仔岛和路环岛三部分组成，总面积约16.9平方公里。澳门有人口40万，其中97%以上是华人，在澳门长期居住的葡萄牙后裔只有一万人左右。

自古以来，澳门就是中国的领土。16世纪初，澳门还是一个小渔村，随着明末对外贸易的发展，南洋各国的商船陆续到这里开展贸易活动。1517年，一些葡萄牙人以进贡为名来到广东，因无文书证明，中国皇帝不予接见，而他们又拒绝回去，便留下来从事商贸和贩卖人口。在这之后，葡萄牙人在澳门停靠船舶。从16世纪50年代开始，一部分葡萄牙人通过贿赂广东地方官员得以在澳门定居。不过，这些人要向中国地方当局纳税和交纳地租。

1840年鸦片战争以后，中国社会开始沦为半殖民地半封建社会。葡萄牙人趁火打劫，继英国强行占领香港后，他们于1845年单方面宣布澳门为"自由港"，并任命葡萄牙"兵头"为总督。从此，葡萄牙人拒绝向中国地方当局交纳租税。1849

年，葡萄牙人赶走了清朝驻澳官员，先后侵占了澳门岛南端的凼仔岛和路环岛。

为了使侵占澳门的事实合法化，1887年3月，葡萄牙政府利用清政府派拱北税务司官员前往里斯本交涉鸦片走私的机会，迫使清政府在里斯本签订了《中葡会议草约》。后来又于1887年12月1日在北京迫使清政府签订《中葡北京条约》（又称《和好通商条约》），该条约规定中国允许葡萄牙人永驻和管理澳门以及属澳之地，葡萄牙人可享受中国已给或将给其他国家的通商特权，在通商口岸有居住、租买土地、建造房屋、设立教堂等权力。就这样，清政府把澳门的主权正式让给了葡萄牙。从此，葡萄牙一直占领和管理澳门，行使对澳门的主权，并把澳门确认为自己的领土。

中华人民共和国成立后，中国政府对澳门采取了同香港一样的方针，即暂时没有恢复对澳门行使主权，但中国政府十分关注澳门问题的发展态势。

在中国政府的努力下，联合国非殖民化特别委员会于1972年6月15日通过决议，向联合国大会建议从殖民地名单中删去香港和澳门两个地区。11月8日，联合国大会通过决议，批准了该特委会的建议报告，这为中国政府对澳门恢复行使主权创造了良好的国际环境。

与此同时，邓小平创造性地提出"一国两制"的科学构想，为圆满解决澳门问题提供可能。1984年，中英关于香港问题联合公报的签署，标志香港问题的圆满解决，这对于澳门问题的解决无疑是一个巨大的推动。

其实在澳门问题上，葡萄牙政府早有松动。1976年，葡萄牙新政府宣布澳门是葡管理下的一个"特别地区"，并撤走了驻澳门的5000名守备部队。而在1951年，当时的葡萄牙政府曾宣布澳门是它的一个"海外省"。从"海外省"到"特别地区"，人们似乎可以从中感觉到某些微妙的变化。

1979年，中葡建立正式外交关系。从这时起，中葡两国关系进入了一个新的历史时期。在关于建交问题谈判过程中，中葡双方就澳门问题达成了原则的谅解。在与我国政府签订的一项协议中,葡萄牙政府承认澳门是它管治下的中国领土,归还的时间和细节将在适当的时候由两国政府进行谈判。

"适当的时候"终于在20世纪80年代到来。之所以选择这个时间,首先是因为这个时期的中国人民正在全力以赴进行现代化建设,我国社会生产力和综合国力有了明显提高;其次是全国人民已经把实现祖国的统一提到了议事日程,邓小平以其超人的政治智慧、政治胆识和丰富的治国经验提出了"一国两制"的科学构想,为圆满解决澳门问题创造了条件;第三是中英关于香港问题通过谈判得到圆满解决,为解决澳门问题提供了可以借鉴的经验。

正是在这个背景下,国家主席李先念应邀于1984年12月访问葡萄牙,两国领导人就澳门问题交换了意见。1985年,我国领导人与前来访问的葡萄牙总统拉马略·埃亚内斯就解决澳门问题进行了友好磋商。双方认为条件、时机已经成熟,同意于1986年上半年在北京正式举行外交谈判。

由于两国政府采取务实合作的态度,中葡两国政府关于澳门问题的谈判在北京如期举行。1986年7月,中葡两国代表团举行了第一轮谈判,一致希望澳门问题迅速、圆满地解决。在谈判中,我国政府坚持维护国家主权和民族尊严的立

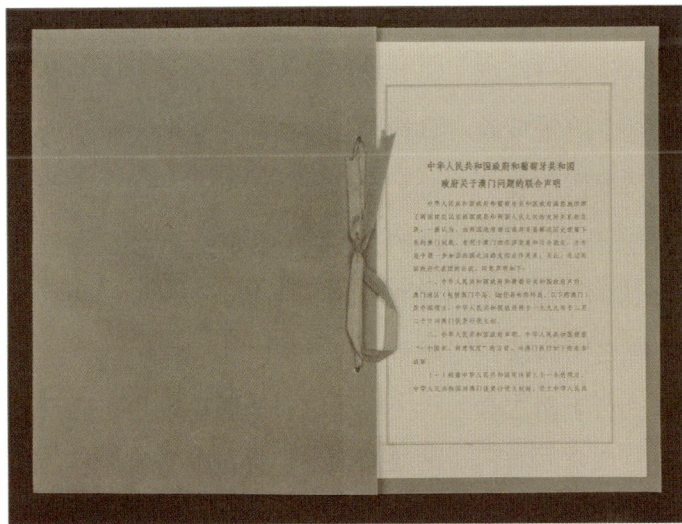

◇ 中葡关于澳门问题的联合声明

◇ 中葡关于澳门问题谈判时使用的中葡两国国旗

场，考虑到澳门被葡萄牙占领的历史较长，澳门人民的思想状况以及当局向未来特别行政区政府过渡的具体情况，需要有一个过程才能解决。因此，收回澳门的时间，可放在本世纪最后一年的最后一个月，即1999年12月20日前。这个决策反映中国政府领导人在坚持原则前提下的充分体谅和现实主义态度，体现了平等互利、互谅互让的精神。正是如此，中葡两国政府之间的谈判进行得比较顺利，只进行了四次会谈，便于1987年3月26日草签，4月13日正式签署了《中华人民共和国政府和葡萄牙政府关于澳门问题的联合声明》。

中葡关于澳门问题的协议，包括联合声明和两个附件，即《中华人民共和国政府对澳门的基本政策的具体说明》和《关于过渡时期的安排》。双方还互换了备忘录，这些文件的基本内容是1999年澳门主权的移交和1999年后中国对澳门的基本政策。

中葡联合声明是一份在融洽和诚挚的气氛中进行的富有成果的谈

判后签订的外交文件，得到了国际社会的好评。

在完成了自己的历史使命后，中

葡联合声明现在《复兴之路》展览中展出，成为中华民族复兴之路上的一个历史见证。

- 78 -

台湾老兵何文德的"想家"夹克衫

从1949年到1979年，海峡两岸基本处于一种人为的隔绝状态。为了打破这种人为的隔绝，大陆方面进行了不懈的努力。

1978年底，中国共产党召开了具有重大历史意义的十一届三中全会，开启了改革开放历史新时期。在对台工作方面，邓小平亲自确立了和平统一的方针，并发展为一国两制的重要思想。

1979年元旦，全国人大常委会发表了《告台湾同胞书》，明确宣布了和平统一祖国的大政方针，同时也提出海峡两岸应尽快实现通航通游，以便两岸同胞能够互通信息，探亲访友，进行学术、文化、体育、工艺观摩，以及经济交流。这是海峡两岸交流历史的新起点，两岸关系

发展由此揭开了新的历史篇章。在两岸同胞的共同努力下，海峡两岸交流的春潮开始涌动。

1981年8月26日，在会见港台知名人士傅朝枢时，邓小平阐述了对台政策，要求通过和平方式解决台湾问题，实现祖国统一，台湾可以保持原有的社会制度和生活方式。海峡两岸可以先实现"三通"：通航、通邮、通商，增强彼此了解，增加人民间的了解。

1983年6月26日，在会见美国新泽西州西东大学教授杨力宇时，邓小平提出了解决台湾问题的六条方针，表示两岸统一后台湾可以有自己的独立性，党政军等方面由台湾自己管。

大陆改革开放后发生的巨大变

化和"和平统一、一国两制"的对台方针，对台湾社会的影响很大。不顾台湾当局禁令，来大陆探亲、旅游、投资、开展贸易的民众越来越多，台湾岛内要求两岸交流的呼声日渐高涨。

在中国共产党新时期对台方针政策的影响和推动下，在两岸同胞的共同努力，特别是在台湾同胞的强烈要求下，台湾当局于1987年10月决定开放台湾同胞回大陆探亲。至此，两岸交流由暗转明，由小到大，由浅入深，不断发展。

首先从台湾回到大陆的是老兵，这些老兵是1949年之后，随国民党退据台湾的。海峡两岸处于长期的隔绝状态，随着时间的推移，这些老兵的思乡之情越来越烈，然而

台湾当局当时提出的"不接触、不谈判、不妥协"的"三不"政策却打破了他们回家的希望。这些老兵透过街头示威抗议、媒体喊话等途径，向当时的台湾领导人蒋经国强烈要求准许他们回大陆老家，与亲人团聚，落叶归根。

年近80的湖北房县人何文德，就是当年走上街头抗议的台湾老兵中的一员。1987年5月的母亲节，他穿着自己做的宣传衣服，胸前写着"想家"两个大字，在台北中山纪念馆前展现要回家的强烈愿望。

"想家"，不仅仅是何文德，这也是无数去台大陆老兵几十年来的共同牵挂。1938年，何文德离开了故乡，这一走就是40多年。离家时老祖母的声声叮咛，直到今天还清清楚

◇ 台湾老兵的"想家"夹克衫

楚地回荡在耳边。他回忆说："走的时候，很惨。我走的时候奶奶叫我的小名，我是第六个孙子，她就叫我，我们那个地方都是喊'娃子，娃子'的，她说：'六娃子，你早点回来，送我上山安葬'。我奶奶将近80岁了。"

去台老兵发起的返乡运动，得到台湾社会各界广泛的同情和支持。1987年10月14日，台湾当局决定开放台湾同胞回大陆探亲。消息传出之后，全台湾近40万老兵，心中无不欢欣鼓舞。据台湾媒体报道，1987年11月2日，台湾红十字会开始受理探亲登记及信函转投，预定当天上午9时开始登记，从凌晨开始就人山人海，几乎挤破了大门。

1987年11月2日早上8点半，在台北红十字组织前等了整整一夜的江西南昌籍去台老兵熊光远，拿到了第0001号返乡探亲证，成为打破海峡两岸长期隔绝、赴大陆探亲的第一人。

1949年，年仅21岁的熊光远跟随着国民党军队退到台湾，多年的军旅生涯之后，他居住在宜兰，因为大陆家乡有老婆和孩子，熊光远没有再娶，独自在台湾生活38年，一心盼着回家乡与家人团圆。在谈起自己当初得知开放探亲时的心情时，熊光远说："哎呀，我听到这个信息，我就是没有长翅膀，长翅膀我就飞回来了，因为老要归根嘛。已经几十岁了，我家里还有父母，我还有七兄弟，还有家，一定要回来。所以，有这个机会还不回去? 我一定要回来! 我第一个就去排队! 排到第一，高兴得不得了。"

从11月3日以后，一批批台胞，乘坐飞机、火车、轮船进入大陆。机场、车站、码头、街巷、村庄，每一次亲人重逢，都是一次悲喜交集的感伤场面。

老兵回乡的路，架成了连接海峡两岸的桥。38年的隔绝打破了，海峡两岸从对峙转向交流，掀开了新的一页!

展出在《复兴之路》展览中的这件"想家"夹克衫，不仅陪伴着老兵何文德走完了回乡的路，更见证了在此之后，海峡两岸的交流迅速扩大，交流的领域也不断地拓宽，交流的内容和形式也愈来愈丰富多彩。

- **79** -

邓小平1992年视察南方时穿过的夹克衫

20世纪90年代，一首曾经火遍大江南北的歌曲这样唱道："1992年，又是一个春天，有一位老人，在中国的南海边写下诗篇……"歌中这位老人，就是中国改革开放的总设计师邓小平，他为什么要去南海边，在那里又写下了怎样的诗篇呢？这要从当时的国际国内形势说起。

20世纪80年代末90年代初，东欧剧变、苏联解体，导致世界社会主义运动跌入低谷。与此同时，国内在经历了1989年的政治风波后，很多人产生了疑问：改革，还能继续下去吗？改革，会不会走到社会主义的反面？

1992年春天，就在我国社会主义建设的关键时刻，中国改革开放的总设计师、创建经济特区的倡导者——邓小平南下视察了南方的深圳、珠海等特区城市。当亲眼目睹到特区高速发展、生机勃勃

◇ 邓小平1992年视察南方时穿过的夹克衫

的景象后，已经88岁的邓小平十分高兴。

视察南方途中，邓小平在武昌、深圳、珠海、上海等地，先后就建设有中国特色社会主义等一系列问题发表了重要谈话。邓小平的南方谈话，简单来说就是要进一步解放思想，大胆实践，排除干扰，抓住有利时机，加快改革开放步伐，集中精力把经济建设搞上去。他说："社会主义的本质，是解放生产力，发展生产力，消灭剥削，消除两极分化，最终到达共同富裕"。他指出，计划和市场都是经济手段，不是社会主义与资本主义的本质区别。这些新的语言、新的观念，打破了阻碍人们前进的精神枷锁，解答了长期束缚人们思想的一些理论和实践问题。

中国老百姓都很熟悉邓小平的名字，而这一次，许多人幸运地在深圳看到了他本人。1月20日上午9点半，在当地领导的陪同下，邓小平乘电梯登上了50层高的深圳国际贸易中心大厦旋转餐厅，面窗而坐。深圳市委书记李灏介绍完基本市容，又打开一张市总体规划图，简明扼要地汇报了深圳改革开放和经济建设的情况。很快，"邓小平在深圳国贸大厦视察"的消息不胫而走，大家对于邓小平的到来充满了期待。

深圳人民永远忘不了那历史性的一幕：1月23日上午9时40分，临别之际的邓小平突然转过身来，用浓重的乡音对深圳市的负责同志说："你们要搞快一点！"这意味深长的七个字，蕴涵着邓小平对深圳这个自己亲手创办的经济特区的殷切期望。

在南方谈话中，邓小平的声音再一次震动了全中国："改革开放迈不开步子，不敢闯，说来说去就是怕资本主义的东西多了，走了资本主义道路。要害是姓'资'还是姓'社'的问题。判断的标准，应该主要看是否有利于发展社会主义社会的生产力，是否有利于增强社会主义国家的综合国力，是否有利于提高人民的生活水平。"

邓小平的南方谈话不仅中止了姓"社"还是姓"资"的争论，把人们的注意力转到经济建设上来，更重要的是进一步推动了思想解放。经过几番姓"社"姓"资"的争论，在对恪守传统苏联模式的"左"的理论观点进行了深刻批判的基础上,市场经济在中国终于真正成了主角。如果说,在此之前都是酝酿和热身的话,南方谈话可以说是画龙点睛,一锤定音。邓小平说:"计划多一点还是市场多一点,不是社会主义与资本主义的本质区别。计划经济不等于社会主义,资本主义也有计划;市场经济不等于资本主义,社会主义也有市场。计划和市场都是经济手段。"

市场经济这个迟到的名词,终于告别了"犹抱琵琶半遮面"的暧昧,在众人复杂的打量目光中,昂首出现在中国经济发展的大舞台上。

1992年2月28日,邓小平南方谈话的要点以中央的名义印发全党。南方谈话犹如和煦的春风,迅速吹遍全国,神州大地再次掀起加快改革开放步伐的大潮。从某种意义上来说,南方谈话开启的是经济体制上脱胎换骨的一个新时代,它比80年代的改革更加深刻更加全面地改变了中国的面貌,因为它是在经济体制上再造了中国。

如今,邓小平视察南方时所穿的夹克衫已经被国家博物馆收藏并展出在《复兴之路》展览中。它也成为了中华民族复兴之路上的重要见证。

－ 80 －

蒋纬国赠给老师谈家桢的收音机

1992年6月4日,应中国科学院邀请,著名物理学家、85岁的吴大猷先生带领新竹清华大学教授阎爱德等五位物理学者在李政道夫妇陪同下,首赴大陆访问。

虽然晚年身居台湾,但吴大猷

教授依然保持着科学家的正直和社会良心,坚守着一个中国人的情操。他晚年最可称道的有两件事:一是力陈反对台湾发展核武器。二是积极推进海峡两岸文化学术交流,促成了张存浩、谈家桢、吴阶平、邹承鲁等大陆学者访问台湾，其当时的影响及后续的意义是不可低估的。

经过艰苦努力和工作，应吴大猷的邀请，以中国科学院院士张存浩为团长的大陆杰出科学家一行12人于1992年6月8日至16日访问了台湾。代表团团员有：生物学家谈家桢院士，医学家吴阶平院士，生物化学家邹承鲁院士，农业学家卢良恕教授，物理学家华中一教授，邹承鲁院士的夫人物理学家李林院士，以及其他5位夫人。

大陆科学家在台湾受到了热烈的欢迎，引起台湾各界的重视和中外舆论的强烈反响。他们访问了台湾"中研院"及有关研究所，工业研究院、台湾大学、台湾清华大学、交通大学、东吴大学等高等院校，并赴花莲、台南、新竹等地参观了农村、医院及中小企业。他们不仅受到学术界友好而热情的接待，还受到不少高层人士、新闻界的欢迎，在台湾掀起大陆热。台湾各大报纸、新闻单位竞相报道，科学家们所到之处都有记者紧随采访。

除了学术交流以外，大陆杰出科学家访台代表团还广泛地接触了台湾各界人士。大陆代表团成员中最年长的83岁，最年轻的56岁，尽管访问活动异常紧张和劳累，但他们热情饱满，参加各种校友会、同乡会，与亲朋好友共叙久别之情，畅谈重逢之感。学术交流突破了两岸科技交流的瓶颈，台湾当局的很多高层人士如：蒋彦士、陈履安、毛高文、郭南宏、赵耀东、李焕等都以民间的身份参加了会见和宴请活动。这其中值得一提的是，谈家桢与蒋纬国的师生相见。

6月11日晚上，台湾东吴大学代校长章孝慈设宴欢迎来访的大陆科学家。当谈家桢和夫人行至饭店之时，台湾的"国安会"秘书长蒋纬国立刻迎上前来，用宁波方言喊着"老师"，并紧紧地握着谈家桢的手不放，深情地说："五十年没见了！"

原来1928年秋，蒋纬国曾在苏州桃坞中学（即东吴大学附中）读书，谈家桢作为代理教师，教授过蒋纬国生物课。当时在东吴还有个宁波同乡会，谈家桢是同乡会会长，而蒋纬国在同乡会里也是一个活跃分子，所以二人对彼此都有着深刻的印象。蒋纬国回忆当年情况时说："谈老师是常带笑容的老师，我们大家都很喜欢你。今天看到老师的样子一点都没有改变，就像又回到中学时代。"谈家桢也一再称赞蒋纬国当年读书时是一个成绩优秀的学生。

蒋纬国扶着谈家桢走进宴会厅坐下，拍照留念后，又捧出了一袋礼物送给谈家桢夫妇。他先拿出自己设计的且印有蒋纬国英文名字的丝巾、领带赠给谈师母，随后又赠给谈家桢一只小型精巧的收音机，背面刻着"我们只要一个中国"字样。他指出："我们的基本立场是，海峡两边都说自己是中国人，所以我们的愿望是每一个中国人都有过好日子的机会，追求一个新的中国。这个中国，是要受全世界的尊敬。"

有记者当场提问："是否要回大陆？"蒋纬国回答说："为何不要回去？不过现在碍于规定不能走就是了。"此后，他还把自己的著作和一盒录音磁带送给谈家桢老师，磁带中有他自己用苏州话唱的《上海滩》录音，谈家桢将自己最新出版的《谈家桢文选》回赠给蒋纬国。

◇ 蒋纬国赠给老师谈家桢的收音机

在海峡两岸学术

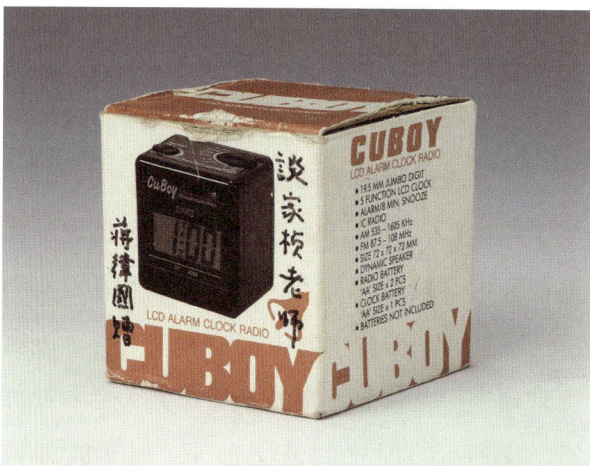

界隔绝40余年后，这次访问搭起了双向交流的桥梁。至此，大陆各界人士访问台湾的大门被打开了。在此之后的两年中，第二批和第三批大陆杰出科学家相继访问台湾。各个学科领域的科学家访问台湾的人数也逐年增多，两岸科技交流与合作日益频繁。

1993年4月27日至29日，在海协会的倡议和积极推动下，经过海峡两岸的共同努力，备受注目的第一次"汪辜会谈"在新加坡正式举行。其本身所具有的意义及对两岸关系的影响已引起台湾岛内的高度重视

和国际社会的普遍关注。"汪辜会谈"是在两岸两会于1992年达成的"九二共识"的基础上举行的。在海峡两岸都坚持一个中国原则的基础上，"汪辜会谈"就加强两岸经济合作和科技、文化、青年、新闻等领域的交流进行了协商，签署了四项协议，受到了海峡两岸和国际社会的普遍好评。

如今，蒋纬国赠送的这台收音机已经在《复兴之路》展览中展出，应该说，收音机上的那句话代表了两岸绝大多数人的心声，那就是："我们只要一个中国"。

– 81 –

王选申请欧洲专利的中文激光照排技术手稿

1988年9月5日，邓小平在会见捷克斯洛伐克总统胡萨克时，提出了"科学技术是第一生产力"的著名论断。"科学技术是生产力"一向是马克思主义者历来坚持的观点，

近代中国走过的百年坎坷道路，更是让中国人切身感受到了这句话的深刻内涵。

中华人民共和国成立后，由于多方面的原因，科学技术对经济发

展的巨大推动作用远远没有发挥出来。十一届三中全会后，邓小平在进行经济体制改革的同时，开始着手解决科技体制问题。在他的推动下，1985年3月13日，中共中央作出了《关于科学技术体制改革的决定》，要求全党必须高度重视并充分发挥科技的巨大作用，从而揭开了新时期科技体制全面改革的序幕。

此后，与发展高科技、应用新技术相关的一系列政策措施相继出台，一大批国家项目、重点工程先后上马，国家工业化、信息化获得了长足进步。这其中值得一提的就是北京大学教师王选和他的汉字激光照排系统。王选从1975年开始研究计算机汉字照排，跳过了日本、欧美的第二代、第三代机，直接研制第四代激光扫描输出照排机。他在重病缠身、收入微薄的困难条件下，解决了汉字字数多、字形信息量大、不便于存储的难题，他发明的高分辨率汉字字形信息压缩和汉字字模储存技术，远远领先于西方，带来了汉字印刷的革命。

1987年5月22日，是中国印刷史和新闻出版史都值得记载的日子，在经济日报社，诞生了世界上第一张用汉字计算机激光照排系统实现的屏幕组版、整版输出的中文报纸。10月底，《经济日报》排印数万字的党的十三大政治报告时，以往需要熟练工人干三四个小时的工作量，只用20分钟便完成了。夜班排字工人从35人减少到1人排字、1人拼版，两个版只需4人。此后，王选和他开创的北大方正集团，昂首挺胸，始终站立在全球相关领域前沿位置。同年，王选获得了我国首次设立的印刷业个人最高荣誉奖——毕昇奖。

激光照排技术，就是将文字通过计算机分解为点阵，然后控制激光在感光底片上扫描，用曝光点的点阵组成文字和图像。通俗一点来讲，实际上就是电子排版系统的简称。电子排版系统的诞生，给出版印刷行业带来了一次革命性的变革。使用激光照排系统不但可以避免铅字排版的低效益和对工人的健康伤害，其好处还在于它的易改动、成本低和效率极高等特点。我国绝大多数的报纸、杂志和书籍都在使用着这套系统，它比古老的铅字排版工效至少提高五倍。

1992年，王选又成功开发出世界首套中文彩色照排系统，先后获日内瓦国际发明展览金牌，中国专利发明金奖，联合国教科文组织科学奖，国家重大技术装备研制特等奖等众多奖项。从此，昏暗的铅字长廊、熏人的熔铅炉、沉重的铅版和乌黑的工作服一去不复返。

王选先后获得一项欧洲专利和八项中国专利，这就是他申请欧洲专利的中文激光照排技术手稿。他生前十分推崇这样一句话："献身科学就没有权利再像普通人那样生活，必然会失掉常人所能享受的不少乐趣，但也会得到常人所享受不到的很多乐趣。"这话也正是他科研人生的真实写照。

王选领导了我国计算机汉字激光照排系统和后来的电子出版系统的研制工作，坚持了一个又一个的高起点技术创新，掀起了我国印刷行业"告别铅与火""彩色桌面印刷"和"告别纸与笔"三次技术革命浪潮，彻底改变了我国印刷出版业的落后局面，用世界领先水平的汉字激光照排系统和后来的电子出版系统，将国外系统挤出了中国市场，并出口到海外华人出版界，进军到日

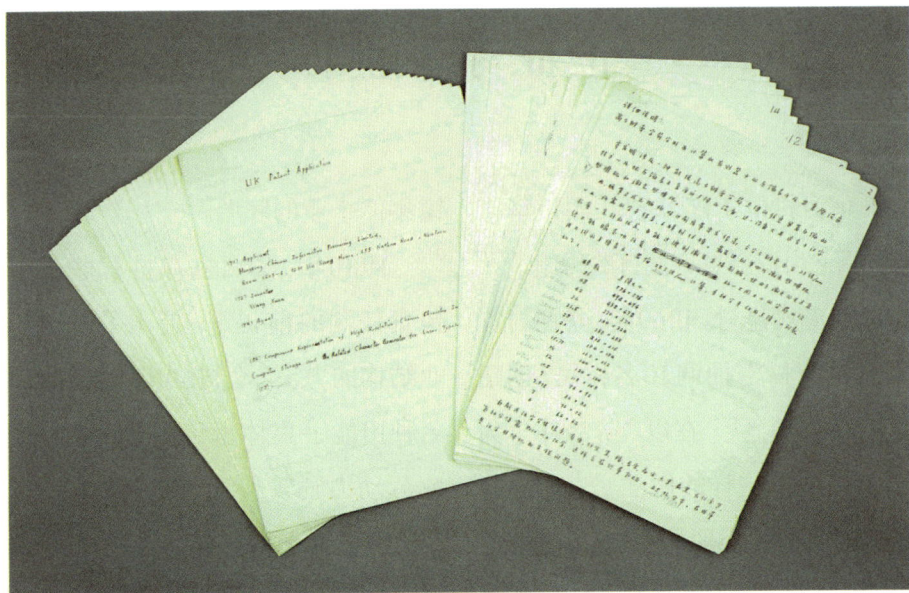

◇　王选申请欧洲专利的中文激光照排技术手稿

本市场，创造了巨大的经济效益与社会效益。在印刷出版领域内，王选用高起点的技术创新实践，实现了技术跨越和赶超策略。对此，他曾反复指出："需求"和已有技术的"不足"是创造的源泉，"我很欣赏索尼公司名誉董事长井深大的一句话：'独创，决不模仿他人，是我的人生哲学。'当然'独创'和'不模仿他人'绝不意味着闭门造车，而应该针对市场需要，大量吸收前人的好成果和分析已有系统的缺点，'需要'和已有技术的'不足'是创造的源泉。18年来北京大学在开创华光和方正激光照排系统过程中深深体会到这一道理，因而一直坚持高起点和创新。"

王选申请欧洲专利的手稿已在《复兴之路》展览中展出，它见证了汉字激光照排技术的飞速发展，同时，也是对"科学技术是第一生产力"这个著名论断的具体诠释。

- 82 -

吴仁宝的"全国优秀乡镇企业家"证书

华西村位于江苏省江阴市华士镇，原来由12个贫穷的自然村组成，1961年正式建村。1969年，华西村支书吴仁宝秘密抽调20名村民，创建了一家小五金厂。在以"阶级斗争为纲"的年月，这样的做法是非常冒险的。这个小五金厂不仅是当时村里的最高机密，也是日后燎原中国的乡镇集体企业的胚胎。

1980年，华西村在推行联产承包责任制的前提下，提出了调整产业结构的方案，全村600亩良田由30名种田能手集体承包，其余绝大多数劳动力则转移到了工业领域，华西村从此踏上市场经济之路。

1992年，吴仁宝被工业部授予

◇ 吴仁宝的
"全国优秀
乡镇企业家"
证书

"全国优秀乡镇企业家"荣誉称号，这就是他获得的证书。

1993年3月3日下午，50辆红色捷达牌轿车驶进华西村，轰动了全国。这一年，华西村共订购了250辆这一型号的轿车。

在华西村，人们所到之处——华西金塔、农家别墅、园林山庄、龙西湖等，到处都能看到农民的小汽车。为方便村民学车，村里还专门设立了驾训中心、加油站、洗车场、汽配中心、维修中心等也一应俱全。

"做梦也想不到，在华西圆了轿车梦"，20多岁的外来妹计丽静笑得合不拢嘴。她是江阴峭岐人，3年前来华西村打工。由于业绩突出，以

"投资移民"的身份成了华西村新村民，立即享受到村里分配轿车的高福利待遇。与计丽静一起在华西圆了轿车梦的，总共有6名外来工。华西村老书记吴仁宝感慨地说："过去华西人只懂镰刀、锄头，只知稻和麦。如今可以开汽车，用电脑了。"

1994年2月15日，国务委员宋健、李铁映等中央领导视察华西村后，称"华西是全国第一村"。从此，华西以"中国第一村"闻名全国。华西村可供参观的景点很多，最主要的地方是地标建筑——金塔。这幢于1996年落成，由老支书吴仁宝亲自设计的塔楼，比普通的塔高

大，比普通的楼尖削，顶端还竖立着一个镀金的大葫芦。塔顶悬挂着"中国华西"四个大字，这是江泽民总书记在当年4月20日参观华西村时亲笔所题。

口袋富了，脑袋也要富。华西人说得好："学在手头，不吃苦头。"在华西"当家人"的倡导下，村民们正积极向知识型新村民转变。华西先后投入了大量资金，与国内高等院校合办了工业大专班、纺织大专班、英语大专班、电脑班和普通话培训班等。同时，还把一些优秀青年村民送到美国、日本等发达国家留学深造。华西村村民不仅可以拿文凭，还可以评职称。目前，村里有很多农民都拥有高工、助工、技师等专业技术职称。

"在我有生之年，一定要把乌托邦变成现实，一定要把什么叫做共产主义，做给全国人民看看。"吴仁宝说。在他的带领下，华西村自1961年建村以来，这个面积不足1平方公里、1600多村民连吃饱饭都困难的村庄，蜕变为2010年销售收入512亿元、人均纯收入8.5万元的超级企业集团，村民都变身为股份持有者。

2005年，吴仁宝登上美国《时代周刊》封面。作为一位中国独树一帜的农民企业家，他在备受关注的同时，也备受争议。有关华西村，有关吴仁宝，这样的争议一直不曾平息过。作为一个农民企业家的样板，透过吴仁宝的身影，是否能够揭开有中国特色的发展之路的谜题，是我们所最为关切的。

2013年3月18日，吴仁宝因病逝世，享年85岁。他的逝世，让我们想起美国麦克阿瑟将军在自己母校西点军校的一句经典演讲词：Old soldiers never die, they just fade away。（老兵不死，只是凋零）。

在中国的经济高速发展中，效率与公平的话题一直如影随形。这不是中国特色，而是整个世界的难题。可以说，华西村的成功有众多因素，其中也有偶然因素，但是几十年风雨，华西人从来没有放弃过"共同富裕"的信念。这个信念是吴仁宝给华西村最大的烙印。老书记虽然走了，但他把这个遗产留给了华西村的下一代，也留给了所有思考"中国梦"的人。

如今，在华西村村头，有一块红底白字的大招牌引人注目："家有黄金万吨，一天也只能吃三顿；豪华房子独占鳌头，一人也只能占一个床位。"这是老书记吴仁宝的名言。多年来，在村领导的带领下，华西村努力发扬"艰苦奋斗，团结归口，服务分配，实绩到位"的华西精神，成长为全国农村走共同富裕道路的典型。

- 83 -

五花八门的商品票证

粮票、布票等票证，是改革开放以前中国城镇家庭的共同记忆。

今天，当"90后"的年轻人在超市选购琳琅满目的商品时，他们也许不知道20世纪90年代以前的中国曾经存在过一个"票证时代"。对于经历者来说，那是一个回忆起来有点苦涩的时代。

票证的产生与新中国成立之初的物资匮乏紧密相关。面对一穷二白、物资匮乏的现实国情，1953年10月，中共中央决定开始在全国范围内实行粮食和食油统购统销政策。两年后，国务院颁布《市镇粮食定量供应暂行办法》。从此，粮票正式走入中国城镇家庭，与每一个城镇居民息息相关。

尽管在各类商品销售供应点上，随处可见"发展经济，保障供给"的字样，但人们的日常生活很多都离不开票证，如粮票、布票、棉花票、肉票、糖票、烟票、自行车票，等等，名目繁多，种类各异。

当时的粮票按每人每月定量发放。以北京为例，不同年龄、不同职业的市民每个月的口粮数，被分成了100多个等级。最低的是刚出生的儿童，每月6斤半，最高的是首钢的炉前工，每月60斤。一般成年人的定量在30斤左右。此后很长一段时间内，粮票一直是城镇居民购买食品必不可少的凭证。它不是钞票，可在当年, 如果仅有钞票而没有粮票, 也买不到食物。

1954年, 棉纱、棉布也在全国范围内实行统购统销政策, 人们需要凭"布票"限量购买棉布。当时, 根据南北各地的气候差异, 制订了不同的布票定量标准。例如: 北京每人每次发放17尺3寸布票, 刚好够成年人做一套棉布衣服。在北方的哈尔滨, 每人每次发放24尺布票, 可以做一套棉衣; 而气候温暖的南方亚热带地区的城镇, 每人每次只发放7尺4寸布票。

除了最主要的粮票和布票之外, 各地还有种类繁多的其他商品的票证, 总的来说不外"吃、穿、用"三大类。食品类除各种粮油票外, 还有猪牛羊肉票、鸡鸭鱼肉票、蛋票、糖票、豆制品票及蔬菜票等。服装和日用品类的票证更为繁多,

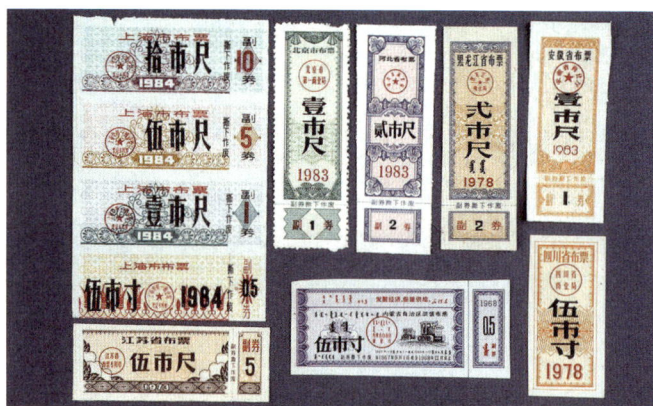

◇ 五花八门的商品票证

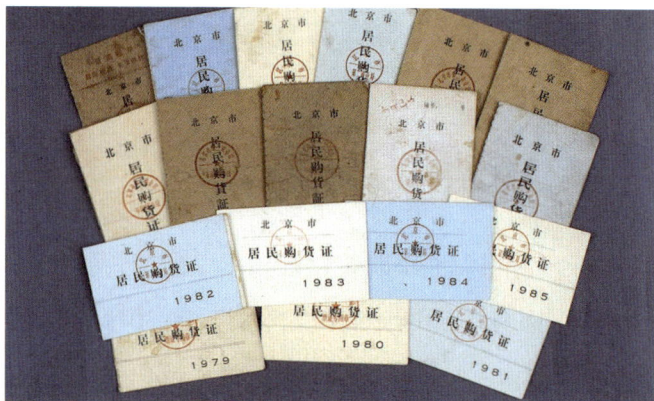

从汗衫票、背心票、布鞋票到手帕票、肥皂票、手纸票、洗衣粉票、火柴票等，应有尽有。一些贵重、紧俏物品，如电器、自行车、手表，更是一票难求。

20世纪70年代以前出生的人都还记得，手表、缝纫机、自行车这"三大件"是那个物质严重匮乏年代"富人家"的标志。

由于票证的制约，人们的生活中不时出现这样的场景：在有客人或特别的日子时人们才使用某些票证或者多用些票证比如肉票，人们轻易不使用而是积累起来以备非常之用。另一种情景是人们相互之间票证的借用，当然，这种个人行为对总量供给没有什么影响，因为票证不仅有量的规定性，而且有时间性，即提前不能使用而过期又要作废的。

不可否认，当时国内市场各种商品十分稀缺，统购统销的票证制度对保障供应、稳定人心起到了重要作用，但它同时也给广大人民的生活造成了严重不便。当年人们想买各种生活用品时，不仅需要攒钱，而且还需要凑够相应的票证，堪称难上加难。

随着改革开放的深入发展，各类商品开始充足供应，人们手中的票证逐渐名存实亡，并最终退出了历史舞台。就北京而言，1984年，北京市开始停用牛奶供应证。1987年，北京市又开始停用侨汇券。1991年，北京市停用糖票，并于第二年开始停用肉票、蛋票、肥皂票、居民购货证，等等。从1993年4月1日起，根据国务院颁行的《关于加快粮食流通体制改革的通知》，全国范围内取消了粮票和油票，实行粮油商品敞开供应。从此，伴随城镇居民近40年的各种票证退出了历史舞台。

这些看似平淡无奇的方寸纸片，蕴藏了政治、经济、文化的丰厚内涵，浓缩了共和国那段坎坷历史，记载了中国从"计划"走向"市场"的艰难轨迹。票证在我们国家的消失意义深远，表明我们国家的经济发展和人民的生活迈上了新台阶，从此告别了商品匮乏时代，这是改革开放带给百姓最大的成果之一。

- 84 -

共产党员在长江大堤上
竖起的"生死牌"

1998年，入汛以后，由于气候异常，全国大部分地区降雨明显偏多，致使一些地方遭受严重的洪涝灾害。长江发生了继1954年以来又一次全流域性大洪水，先后出现了8次洪峰，宜昌以下360千米江段和洞庭湖、鄱阳湖的水位，长时间超过历史最高记录。

九江告急！荆州告急！武汉告急！大庆告急！哈尔滨告急！灾情一次次传向北京，传向中南海。一时间，洪水成了大江南北的共同话题，抗洪抢险成了长城内外的一致行动，一幕幕催人泪下、感人至深的动人画面就在洪水中上演，一幅幅战天斗地、可歌可泣的雄壮乐曲在洪魔面前不断奏响。

在洪水面前，以江泽民为核心的党中央运筹帷幄，作出了一系列重大决策，为整个抗洪斗争指明了方向，为广大军民出色完成任务，为夺取抗洪抢险的全面胜利提供了坚强的政治保证。通过抗洪斗争，中国人民的心重新凝聚在一起。人们记住了江泽民亲临抗洪前线指导工作的画面，记住了朱镕基在九江大堤上声色俱厉地怒斥官员搞的"豆腐渣工程"的场景。

洪水面前，值得记住的还有温家宝挺过危机，没有下荆江分洪命令后流下的眼泪——这一挺，就是150亿元，33万人的身家财产！

洪水浩荡，泥沙俱下，挡不住大江南北的真情奔涌，挡不住无数抗洪英雄义无反顾的脚步。千里长堤，军旗招展。点点迷彩，汇成绿色的海洋。当洪水带来的灭顶之灾袭向灾区人民时,身穿迷彩的解放军战士们用血肉之躯筑起了钢铁长城。洪水无情人有情,点点迷彩为洪水中的人民群众带来了生的希望。

1998年8月10日,第四次特大洪峰逼近武汉,地处长江与汉江交汇处的龙王庙闸口是武汉14个险段中的险中之险,一旦大水冲了龙王庙,拥有700多万人口的武汉三镇就将遭遇灭顶之灾。32名守闸人员在这里日夜坚守了40多天,大家的精神和体力消耗都已接近极限,水位还在一天天上涨。如何才能让大家继续坚持下去?成了必须面对的问题。没有犹豫,没有退缩,16名党员在大堤上成立了临时党支部,决定立一块生死牌,签上自己的名字,用"人在堤在"的信念激励自己。

"生死牌"由一块木牌做成,竖在大堤上,牌上赫然写着"誓与大堤共存亡",下面是党员的名字。正是这种看似简单的生死牌,让老百姓再一次看到了党的伟大,看到了党的坚强,看到了希望所在!它使党的"全心全意为人民服务"的宗旨得到了最好的体现。在这种生与死的关键时刻,在这血与火的紧要关头,共产党员立下生死牌,不单单是一个决心的表明、责任的承诺,它的最为可贵之处还在于鲜明地亮出了共产党员的身份,树立了一面旗帜。参加抗洪前线采访任务的北京青年报记者戴菁菁至今记得第一眼看到

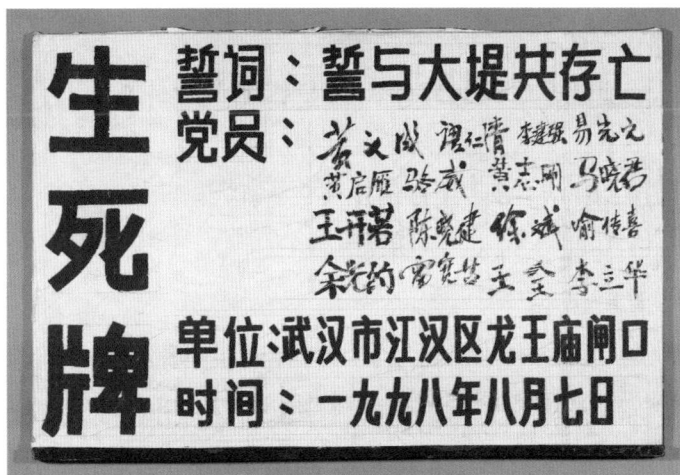

◇ 共产党员在长江大堤上竖起的"生死牌"

"生死牌"的感觉："我心里真的一颤。那时我大学毕业参加工作只有一年，刚刚转为中共正式党员。一直是在和平时期，总觉得生生死死是离自己很遥远的事情。但是当我看到'生死牌'的时候，尽管上面没有我的签名，也感觉到我手里的笔有多重。"

经过两个多月的顽强拼搏，150年一遇的长江特大洪水终于屈服在全民族团结一心所迸发出的移山伟力面前。"沧海横流，方显英雄本色"，在这次抗洪抢险斗争中，在长江、嫩江、松花江的千里大堤上，我们看到，最早打出"生死牌"的是共产党员；最早用身体阻挡洪水的是共产党员；最先倒在生死牌下付出鲜血和生命的，还是共产党员。在这里，一个党员就是一面旗帜，一个支部就是一个冲不垮的钢铁大堤。正是党员这种舍生忘死的英雄气概，激励着人民群众勇往直前，鼓舞着百万抗洪大军顽强拼搏，焕发了人民群众无穷无尽的智慧和自强不息、甘于奉献的精神，从而形成党群一心、干群一心、军民一心的伟大合力，战胜了一次又一次凶恶的洪魔。

展出在《复兴之路》展览中的这块"生死牌"，是共产党员在特殊时期的一大壮举，是共产党员与自然抗争的真实记录。"生死牌"是一种精神，这种精神是"万众一心、众志成城、不怕困难、顽强拼搏、坚韧不拔、敢于胜利"的伟大抗洪精神的生动体现。

- 85 -

"两弹一星功勋奖章"

"两弹一星功勋奖章"是中华人民共和国国家级奖章，是中共中央、国务院和中央军委为表彰那些为我国"两弹一星"事业作出卓越贡献的科学家而设计并授予的。新中国成立50周年前夕的1999年9月

18日，国家授予了23位科学家"两弹一星功勋奖章"。他们分别是：王大珩、王希季、朱光亚、孙家栋、任新民、吴自良、陈芳允、陈能宽、杨嘉墀、周光召、钱学森、屠守锷、黄纬禄、程开甲、彭桓武、王淦昌、邓稼先、赵九章、姚桐斌、钱骥、钱三强、郭永怀。

"两弹一星功勋奖章"直径8厘米，用99.8%纯金铸造，重量515克，配有绶带，可悬挂佩带于胸前。奖章主体图案由五星、长城、橄榄枝和光芒线组成，奖章中心的五星代表中华人民共和国；长城既象征着中华民族坚强不屈的精神，又象征着共和国坚不可摧的国防；橄榄枝则表明我国研制"两弹一星"的目的是为了维护世界和平。奖章配有江泽民同志亲笔签章的证书，并用红木盒包装，其规格、材质、图案和证书等方面，突出了这是共和国最高等级奖章的特征。奖章设计端庄、章型宏伟、制作精良、包装华丽，堪称我国历史上最为精美绝伦的勋章，更由于数量仅有23枚，

极为珍贵。

20世纪五六十年代是极不寻常的时期，面对当时严峻的国际形势，为抵制帝国主义的武力威胁和核讹诈，以毛泽东为核心的第一代党中央领导集体，为了捍卫国家安全、维护世界和平，高瞻远瞩，果断地做出了独立自主研制"两弹一星"的重大战略决策。"两弹"中的一弹是指原子弹，后来演变为原子弹和氢弹的合称；另一弹是指导弹。"一星"则是人造地球卫星。这对于新中国

◇ 两弹一星功勋奖章

是一项具有巨大挑战性的事业。大批优秀的科技工作者，包括许多在国外已经有杰出成就的科学家，满怀赤子情怀，响应党和国家的召唤，毅然回国，义无反顾地投身到这一神圣而伟大的事业中来。他们和参与"两弹一星"研制工作的广大干部、工人、解放军指战员一起，在当时国家经济、技术基础薄弱，工作条件极其艰苦的情况下，自力更生，发愤图强，完全依靠自己的力量，用较少的投入和较短的时间，突破了原子弹、导弹和人造地球卫星等尖端技术，1964年10月16日我国第一颗原子弹爆炸成功，1967年6月17日我国第一颗氢弹空爆试验成功，1970年4月24日我国第一颗人造卫星发射成功。这是中国人民在攀登现代科学高峰征途中创造的人间奇迹，是20世纪下半叶中华民族创建的辉煌伟业。

"两弹一星功勋奖章"的获得者们，是一支特别能吃苦、特别能战斗的队伍。他们在茫茫无际的戈壁荒原，在人烟稀少的深山峡谷，风餐露宿，不辞辛劳，克服了各种难以想象的艰难险阻，经受住了生命极限的考验。他们运用有限的科研和试验手段，依靠科学，顽强拼搏，发愤图强，锐意创新，突破了一个个技术难关。他们所具有的惊人毅力和勇气，显示了中华民族在自力更生的基础上自立于世界民族之林的坚强决心和能力。

"两弹一星功勋奖章"代表着民族的史诗，昭示着我国国防实力发生了质的飞跃，而且广泛带动了我国科技事业的发展，促进了我国社会主义建设事业的发展。它所蕴含的特别能吃苦、能攻关、能创新、能协作的科研精神，极大地增强了全国人民开拓前进、奋发图强的信心和力量。"两弹一星功勋奖章"是新中国建设成就的重要象征，是中华民族的荣耀与骄傲，也是人类文明史上的一个勇攀科技高峰的标志。

- 86 -

多哈会议宣布中国加入世贸组织时使用的木槌

在《复兴之路》展览中，一个紫檀色的小木槌吸引了众多参观者的目光。这就是在2001年多哈会议上宣布中国加入世界贸易组织（WTO）的入世槌。

世界贸易组织简称世贸，英文缩写为WTO，其前身是成立于1947年的世界关税与贸易总协定，该协定是一个政府间缔结的有关关税和贸易规则的多边协定，1995年重组以后改为现名——世界贸易组织。它是独立于联合国之外的一个永久性国际组织，具有重要的经济职能，有"经济领域的联合国"之称。世贸组织现有成员国160多个，总部设在瑞士日内瓦。它成立的宗旨是：通过实施市场开放、非歧视和公平贸易等原则，实现推动世界贸易自由化的目标。

中国曾是关贸总协定23个创始缔约国之一。1948年4月21日，当时的中国政府签署了《临时适用议定书》，同年5月21日，中国成为关贸总协定缔约方。然而，台湾当局擅自于1950年3月通知联合国秘书长，决定退出关贸总协定。受当时国内外政治、经济环境的制约，我国未能及时提出恢复关贸总协定缔约国地位的申请。

随着我国实行改革开放政策取得巨大经济成就，我国经济与世界经济联系日益紧密。显然，在世界贸易体系中，如果没有中国这样一个最大的发展中国家参加，世界贸易组织是不完整的；没有中国参与制定规则，世界贸易组织的规则适用范围是很受限制的；没有中国这个巨大市场加入，国际市场难以实现真正意义上的统一。从加快实行改革开放政策、进一步发展国民经济的需要出发，中央于1986年作出了申请恢复我关贸总协定缔约国地位的决定。

第一阶段，必须完成对中国贸易体制的审查，因为搞市场经济是执行关贸总协定和世贸组织一整套规则和协议的前提。为了"市场经济"这几个字，在1986年7月10日提出恢复关贸总协定缔约方地位的申请之后，我国与世贸组织整整谈了六年的时间。

20世纪70年代，从理论到实践，我国都是讲社会主义计划经济有无比优越性。后来又说中国是有计划的商品经济，一直在回避"市场经济"这几个字。

邓小平南巡讲话，使人们思想获得巨大的解放，使复关谈判取得了巨大突破。在日内瓦举行的中国组第12次会议上，中国代表团团长宣布：我们中国也是搞市场经济的，我们搞的是社会主义条件下的市场经济。这个宣布在当时的关贸总协定总部引起了极大的轰动，从而结束了对中国贸易体制的审议。

1993年11月，江泽民在西雅图与美国总统克林顿举行了自1989年2月以来两国元首间的首次正式会晤。江泽民明确阐明了我国处理"复关"问题的三条原则：第一，关贸总协定是一个国际性组织，如果没有中国这个最大的发展中国家参加是不完整的；第二，中国要参加，毫无疑问是作为一个发展中国家参加；第三，中国的参加是以权利和义务的平衡为原则的。这三条原则的实质，就是面对经济全球化潮流，把握主动、趋利避害，敢于迎接挑战，善于抓住机遇，维护国家利益，争取发展空间。

1994年，在世界贸易组织取代关贸总协定的前一年，中国已经非常接近"复关"的目标，由于美国等发达国家成员漫天要价，不断提高关贸的门槛，最终让中国人止步。

第二阶段，从1995年开始，中国的"复关"（恢复关贸易总协定缔约国地位）谈判，不得不转为"入世"（加入世界贸易组织）谈判。

世贸组织136个成员中,有37个成员提出要与中国举行双边市场准入谈判。谈判的焦点是对外开放市场。中国实行对外开放政策,愿意对外开放市场,但中国是个发展中国家,必须根据自己的实际情况、国情、实力和发展阶段来决定开放的速度、范围和条件。

从1997年5月23日中国与匈牙利签署的第一个双边市场准入协议,到1999年11月15日中美签署双边协议,中国入世的双边市场准入谈判才算真正有了突破。在所有双边协议中,与美国的双边协议最为重要,也最为艰难。1999年11月,在江泽民和克林顿的直接推动下,经过六天六夜的艰苦谈判,达成了一个中美"双赢"的协议。

中美达成协议后,中国在入世道路上最大的障碍已经清除。随后,中国与欧盟于2000年5月达成协议,与其他进行双边市场准入谈判的成员国也纷纷达成协议。2001年9月13日,中国与第37个成员国——墨西哥达成协议,从而结束了中国入世的双边市场准入谈判。

2000年下半年,中国加入世贸组织多边程序开始启动。然而,美国和欧盟在多边谈判中又提出了新的要求,美国总统布什上台后,中美关系又经历了一段困难时期,使得中国入世时间再次变得难以捉摸。直到2001年6月在上海举行APEC贸易部长会议期间,中美双方才就中国入世的多边遗留问题达成了全面共识。随后,中国和欧盟也就多边谈判的遗留问题达成共识。

2001年11月,中国驻日内瓦代表团接世贸组织总干事穆尔通知:11月9日至13日,世界贸易组织的部长级会议在卡塔尔首都多哈举行,讨论启动新一轮多边贸易谈判问题。在这次会议上,与会代表将审议通过中国加入世贸组织最后的法律文件。

11月10日晚,喜来登饭店萨尔瓦会议大厅金碧辉煌,座无虚席,连场内的通道都站满了各种肤色的人。多哈当地时间18时15分,中国代表团成员全部到场,这也是中国人第一次在WTO会议中坐到了第一排的位置。

18时39分,世界贸易组织第四

届部长级会议的大会主席、卡塔尔财政经济贸易部长约瑟夫·侯赛因·卡迈尔宣布本次WTO部长级会议通过中国加入世贸组织的决定，并敲响了木槌。这时，全场起立，热烈鼓掌祝贺。中国代表团每位成员都笑逐颜开，兴奋不已。

当时参会的北京晚报记者郭强回忆，卡塔尔人对中国人特别好，非常友好热情，会后当他提出想将中国入世时大会主席敲响的木槌带回国时，工作人员很痛快地答应并帮他找出来、包好，他们说，木槌见证了一个重要时刻的到来，对中国来说意义当然非同一般。

从会议开始审议中国入世议题到一锤定音，仅仅用了8分钟的时间，而这8分钟却凝聚了中国15年的艰苦努力。朱镕基总理曾感慨道："我们已经谈了15年，黑发人谈成

◇ 多哈会议宣布中国加入世贸组织时使用的文具

◇ 多哈会议宣布中国加入世贸组织时使用的木槌

了白发人。"中国为加入世界贸易组织做出的长期不懈的努力,充分表明了中国深化改革和扩大开放的决心和信心,而成功加入世贸组织则是中国对外开放的重要里程碑。

加入世贸,可以大大推动中国改革开放的进程,也有利于所有世贸组织成员国及全球经济健康发展。这不是畅想未来,而是眼下活生生的事实。

- 87-

首航上海包机往返台北上海的机票

进入新世纪以来,随着两岸交往交流的深入,"三通"已经成为岛内民众的普遍呼声。尤其近年,岛内经济持续衰退,景气低迷,两岸直接"三通"被视为改善台湾经济的"良药"。面对各方面的压力,台湾当局虽然表示"三通"是"一定要走的路",但仍以种种借口拖延。

2003年春节将至,数十万在祖国大陆的台商又将重演往年返台"一票难求"的一幕。2002年10月底,国民党籍"立委"章孝严建议台湾当局在农历年时段,专案许可岛内航空器,以定点、定时、定对象的方式,往返上海、台北接运台商返乡过年,即"包机直航"。"包机直航"案一经

提出,立即在岛内引起反响。在台湾"立法院"获得各党派超过140人的连署。台湾企业界、民航业者对"包机直航"更表达高度意愿。

章孝严接受本报记者专访时表示,在大陆的台商都有尽快实现"三通"的迫切要求,但直接"三通"目前障碍重重,"包机直航"是可以在现有条件下为台商服务的一个好办法。

据统计,每年春节约有30万台商自大陆返台。上海台商必须先从上海飞到香港或澳门,再转机回台湾,但港、澳到台北的机位只有14万个,约一半台商因订不到机位无法返乡过年。包机直航不但能解决机位不足的问题,而且由上海直飞台

湾，会比现在从港、澳转机节省3个多小时。

11月12日，台湾"陆委会"公布新闻稿，认为"包机直航"也是直航的一种，与整体直航所遭遇问题并无太大差异，"需对诸多公权力事项进行协商"，"绝不能因为是不定期的'包机直航'而降低协商标准"。

民进党当局在春节包机问题上节外生枝，使事情变得复杂化。相反，祖国大陆以务实、灵活的态度处理春节包机问题，展现了极大的诚意。大陆方面表示，只要是真正对台湾工商界有利、对台湾同胞有利的事情，大陆方面都愿意务实推动，积极促成。我们的希望和合理要求是双向直航，如果台湾方面认为目前实行有一定困难，我们也愿意听取和考虑台湾方面的要求。

11月15日，台湾"陆委会"敲定春节包机大体轮廓；12月5日，台湾"行政院"核定春节包机案：包机通航期间为2003年1月26日至2月10日；包机来回都需在香港、澳门停降；开放包机的航点只限于岛内台北、高雄和大陆的上海。而且，按照航权互利互惠的标准，大陆应有对等的机会发送飞机。但台当局把它经常挂在嘴上的"对等"放在脑后，坚持春节包机排除大陆航空公司参与。祖国大陆方面以极大的宽容，允许台湾单方面飞行。

至1月7日，大陆中国民航总局陆续批准台湾"远航""华航"等六家航空公司的春节包机申请案。

2003年1月26日，历史会记住这一天。

上午8时52分，执行台商春节包机首航任务的台湾"华航"顺利降落在上海浦东机场，成为自1949年后首架依正常途径飞临祖国大陆的台湾民航班机。备受关注的台商春节包机自此正式拉开帷幕。

凌晨3时55分，担负"台商春节包机"历史性飞行任务的台湾最大航空公司"中华航空公司"CI585客机从台北桃园机场起飞。经绕道香港，5个小时之后，这架波音747—400班机降落在上海浦东机场。浦东机场一派热烈、亲切的气氛。现场鼓乐齐鸣，龙狮舞动，欢迎致意的条幅在风中飘动。接载243名返乡过年的台商及眷属后，班机于上午11时自上海起飞，再经停香港后在下午3时41分返抵台北桃园机场。

与往常台商返乡不同的是，这次他们可以乘坐台湾的民航客机，一机到底，虽然飞机仍然要经由香港、澳门转停，但台商不用下机，也不用在港澳办手续，这样将可节省大约一个半小时的路途时间。虽然这不是真正意义上的直航，但毕竟是接近直航的一小步，它仍然带给台湾民众些许希望，也因此引起海内外舆论的高度关注。

为了让台商有回家的感觉，华航班机在机舱内挂上了喜气的春联和倒着的"福"字，癸未年令人喜洋洋的"羊"也跃上了机舱的墙上。华航早早就准备了有台湾地道口味和富有年节味道的餐点。经停香港的50分钟里，机组还特别为乘客们准备了文娱节目。

此外，华航还将发给所有搭上首航包机旅客首航纪念封与一架华航纪念飞机模型。

在精美的波音747—400模型底座上，是一幅中国东南部的区域地图，上面醒目地标示着"上海"与"台北"，使人不禁产生对两岸直航的期许。首航纪念封是烫金红色字样：上海台商春节包机首航CI586。纪念封内一张淡黄色卡片套红加金黄色字样：

您正站在历史的见证点上
2003·01·26,

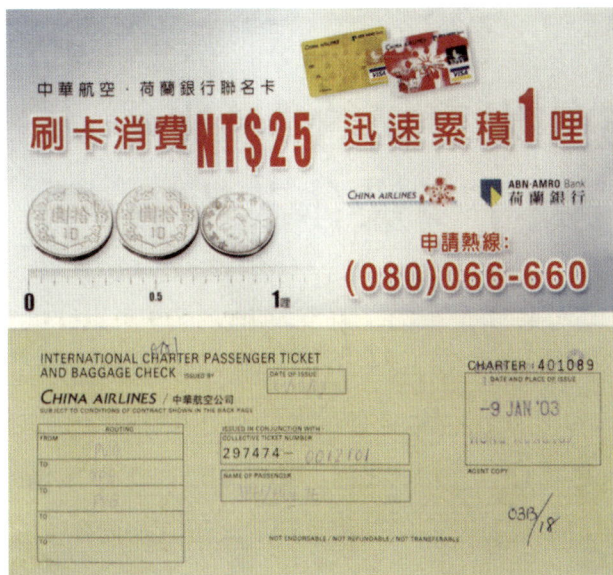

◇ 台湾中华航空公司首航上海包机往返台北、上海的机票

这一天，全球华人引颈期盼，

上海——台北

两岸首航包机成行，

恭喜您成为历史见证的贵宾。

经过了4个多小时的旅程，许多台商走出机桥时都面带倦色，但他们仍热情地向记者谈起此行的感受。上海台湾同胞投资企业协会会长叶惠德在上海做冷藏食品生意已12年了，他说，这次包机是一个良好的开始，但毕竟还要4个多小时的时间，比较只有80分钟的直航还有相当大的差距。他说，我每年往返10次到12次，如果直航我受益最大，期望直航越早越好。首航包机之旅

结束后不久，叶惠德便把机票捐给了国家博物馆，才使我们今天有机会在《复兴之路》展览中一睹这张机票的"芳容"。

此次台湾六家航空公司从事春节包机，其实并没有多少利润可赚，甚至还有可能赔钱。尽管如此，各家公司还是十分踊跃，原因就在于它们不在乎眼前的利益得失，而是着眼于真正实现直航之后的商机。事实上，台湾一些航空公司早已在大陆设立了办事处，并且与大陆航空公司合作经营港澳转机联营服务。台湾航空业者期盼直航的心情，由此可见一斑。

-88-

拥有自主知识产权的"星光中国芯"数字多媒体芯片

自20世纪80年代以来，中国的电子工业高速发展，已成为国内第一大支柱产业。可是，从超级计算机到信息家电，中国每年数以亿计的微处理器芯片却都依赖国外市场，"空芯化"成为中国信息产业的切肤之痛。"没有自己的核心技术，我们的信息产业大厦就如同建立在

沙滩上。"科技部原部长徐冠华曾为中国IT产业的"芯"病发出如此感叹。芯片，被人形象地比喻为国家的"工业粮食"，是信息产业的核心，是所有整机设备的"心脏"。据国际货币基金组织测算，芯片1元的产值可带动相关电子信息产业10元产值，带来100元的GDP，欧美发达国家也纷纷将芯片产业列入国家战略产业。而当时国内所需芯片大部分都要依靠进口，国产芯片自给率很低，尽快结束中国"无芯"的历史迫在眉睫。

一次偶然的机会，通过导师的介绍，留美博士邓中翰结识了时任中国科协主席的周光召院士，了解到国内芯片产业发展的现状和瓶颈，也深深感到了祖国求贤若渴，希望海外学子学成归国创业的殷切之情。1999年10月，在国家信息产业部的直接领导下，在财政部、发改委、科技部、商务部和北京市人民政府、中关村管委会等有关部门的大力帮助下，邓中翰在北京创立了中星微电子公司。因为有了在硅谷创业的经验，中星微电子公司在创办时结合中国国情，引进"硅谷模式"，吸引了

一大批有专业背景的人才回国，走出了一条有中国特色的高科技企业发展之路。与此同时，"星光中国芯工程"正式启动，中星微电子公司承担该项工程的实施。

"星光中国芯"工程是以数字多媒体芯片为突破口，致力于将"中国芯"率先打入国际市场的国家战略工程。工程自启动以来，一直受到国家各级领导以及社会各界的关注和大力支持。2000年6月，国务院颁布了18号文件《鼓励软件产业和集成电路发展的若干政策》，提出"经过5到10年，让国产集成电路产品能够满足国内市场的部分需求，并有一定数量的出口，同时进一步缩小与发达国家在开发和生产技术上的差距"。

在先进理念的指导下，满怀报国壮志和创业热情，中星微电子公司认真分析市场需求，以数字多媒体芯片为突破口，埋头苦干，攻克一道道技术难关，终于在2001年3月研发出第一枚具有中国自主知识产权的百万门级超大规模数码图像处理芯片"星光一号"，彻底终结了中国无"芯"的历史。2003年，胡锦涛总

书记视察时说："我对你们的选择和取得的成就感到高兴。希望大家瞄准世界科技发展的前沿,努力研发一流产品,创造一流效益,为全面建设小康社会做出贡献。"

2005年12月28日,备受瞩目的"CCTV中国经济年度人物大奖"颁给了一个带着浓浓书卷气的年轻人——37岁的邓中翰。这一年的11月15日,他率领的中星微作为我国电子信息产业中真正具有自主知识产权的芯片设计企业首次登陆纽约纳斯达克,完成了中国企业在原始创新、发展核心技术、走向世界的标志性动作。

2005年以后,建设创新型国家、大力开展自主创新成为全社会刻不容缓的重要任务。所谓创新型国家,是指那些将科技创新作为基本战略,大幅度提高科技创新能力,形成日益强大竞争优势的国家。以胡锦涛为总书记的党中央,在科学分析我国基本国情,全面判断我国战略需求的基础上,将推进自主创新、建设创新型国家当作落实科学发展观的当务之急与重中之重,并上升至国家战略层面。而对芯片设计这种核心技术行业来说,没有创新就无法在全球竞争中占据有力位置,从而受制于人。

中星微电子所坚持的、以自主知识产权为核心竞争力的策略,恰好与国家政策导向保持了高度一致。历经10年来的自主创新,"星光中国芯"工程先后取得了8大核心技术的突破和大规模产业化等一系列重要成果,申请超过1500多项国内外技术专利,取得了全球过亿枚的

◇ 拥有自主知识产权的"星光中国芯"数字多媒体芯片

销售量，产品覆盖16个国家和地区，使得中国在PC图像输入、移动多媒体领域两大重点应用领域取得了全球领先的地位，实现了中国高科技产业由"中国制造"向"中国创造"的迈进。

"星光中国芯"系列数字多媒体芯片使我国集成电路芯片第一次在全球市场份额领先，标志着中国已经在某些重要芯片领域处于世界领先水平，也为我国在数字多媒体芯片领域进一步深入开发及大规模产业化提供了核心技术和知识产权的可靠保障。

到2006年，"星光中国芯"系列数字多媒体芯片全球累计销量突破1亿枚，占全球计算机图像输入芯片60%以上的市场份额。"星光"芯片行销欧洲、美洲、日韩等国家和地区，被三星、惠普、联想等国内外知名企业大批量采用。中星微不仅在国际上创出了自己的品牌，政府的原始投资和创业者的付出也得到了较高的回报。

创新始终是企业的灵魂，邓中翰对这一点深有体会，他曾说过："Made in China不是'中国制造'。Made有新的含义。前面两个字母ma指的是manufacture（制造），后面两个字母de则表示design（设计），所以Made in China应该翻译成'中国制造'加'中国创新'等于'中国创造'。"展出在《复兴之路》展览中的这儿枚"星光中国芯"数字多媒体芯片无疑是对邓中翰这段话最好的诠释。

－ 89 －

农业税完税凭证

在《复兴之路》展览中，有三张农业税完税凭证，分别属于宁夏回族自治区西吉县什字乡农民冯彦明、青海省循化撒拉族自治县积石镇农民黎文、甘肃省定西市安定区西巩驿镇农民刘英祖，时间是2004年。

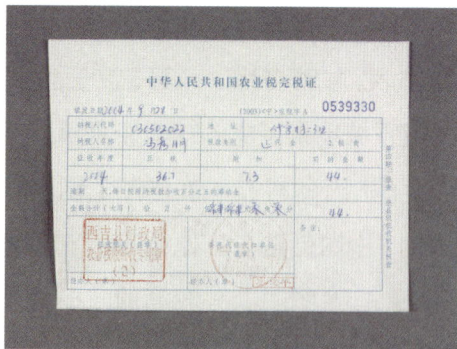

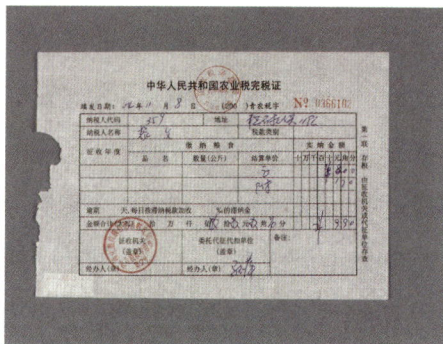

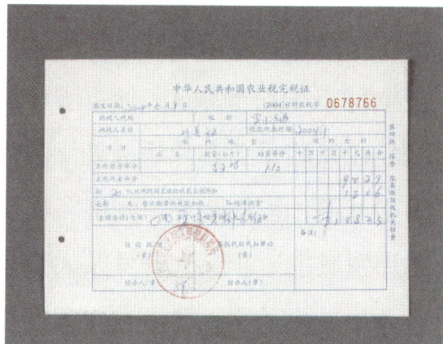

◇ 农业税完税凭证

作为传统的农业国，农业税一直是我国国库收入的主要组成部分，俗称"皇粮国税"。革命战争时期，广大农民用一辆辆装满粮食的小推车，推出了中国革命的胜利；新中国成立后，又为社会主义建设事业做出了巨大贡献。

现行的《中华人民共和国农业税条例》就是1958年6月3日第一届全国人民代表大会常务委员会第96次会议通过并公布，从当日起施行的。农业税的纳税人为在中国境内从事农业生产并取得农业收入的合作经济组织、农场、林场、养殖场、企业、行政单位、事业单位、军事单位、社会团体、其他单位、寺庙、农民和其他个人。应当缴纳农业税的农业收入包括：（1）种植粮食作物的收入，按照粮食作物的常年产量计算；（2）种植薯类作物的收入，按照同等土地种植粮食作物的常年产量计算；（3）种植棉花、麻类、烟叶、油料和糖料作物的收入，参照种植粮食作物的常年产量计算；

（4）园艺作物的收入、其他经济作物的收入和国务院规定或者批准征收农业税的其他收入，由各省、自治区、直辖市人民政府规定计算标准。对于粮食作物和经济作物评定的常年产量，一律折合为当地生产的主要粮食（北方为小麦，南方为稻谷），即以粮食为计算单位，以法定计算单位计算。

该条例实施以来，对于正确处理国家与农民的分配关系、发展农业生产、保证国家掌握必要的粮源、保证基层政权运转等发挥了重要作用。据统计，从1949年至2000年的52年间，农民给国家缴纳了7000多亿公斤粮食，农业税也一直是国家财力的重要支柱。

20世纪八九十年代以来，农民负担问题逐步突出。2000年，湖北省监利县棋盘乡党委书记李昌平以上书总理的方式尖锐地提出了农村中存在的这些问题："我怀着对党的无限忠诚，对农民的深切同情，含着泪水给您写信。我要对您说的是：现在农民真苦，农村真穷，农业真危险！"

针对当时农村税费制度和征收办法不尽合理、农民负担重、收取税费不规范的问题，中共中央、国务院于2000年3月2日作出了进行农村税费改革试点工作的通知。改革的主要内容是：取消乡统筹、农村教育集资等专门向农民征收的行政事业性收费和政府性基金、集资，取消屠宰税，取消统一规定的劳动义务工；调整农业税和农业特产税政策；改革村提留征收使用办法。

从2004年开始，改革进入深化阶段。吉林、黑龙江8个省份全部或部分免征了农业税，河北等11个粮食主产区降低农业税税率3个百分点，其他地方降低农业税税率1个百分点。

2005年，全国有28个省份全面免征了农业税，河北、山东、云南也按中央要求将农业税税率降到2%以下。

同年，中共中央、国务院决定以安徽全省为农村税费改革试点地区。2002年，国务院又将河北、内蒙古、黑龙江等省确定为农村税费改革试点地区。2003年，在试点的基础上，农村税费改革在全国全面推开。2004年年初，为解决"三农"问题，中央下发了一号文件，农民可以直接得到实惠的政策是：降低农业税税率，取消农业特产税和对农民实行直接补贴。

2005年12月29日下午，十届全国人大常委会第19次会议就废止农村税条例进行表决：

"赞成162票；反对0票；弃权1票。"

"通过！"全国人大常委会委员长吴邦国宣布。

会议决定，自2006年1月1日起，国家不再针对农业单独征税。废止农业税条例的通过，标志着中国农民的命运开启了一个不同以往任何历史时期的崭新阶段。这是中国农业发展与世界惯例接轨的标志性事件。从国际上看，当一个国家经济发展到一定程度，无一例外地要对农业实行零税制，并给予相当的财政补贴。在经济全球化的宏观背景下，中国取消农业税，采取"少取、多予、放活"的政策，无疑顺应了时代的要求，适应了世界经济一体化的发展形势。

全面取消农业税后，与农村税费改革前的1999年相比，中国农民每年减负总额将超过1000亿元，人均减负120元左右，这具体落实到老百姓头上是什么状况呢？"以前我出来找工作把地给别人种，14亩地我还倒贴2000多块钱的农业税，但自从2006年取消之后，他现在还在帮我种那些地，但反倒要给我2000多块钱了。"这是在深圳务工的湖南益阳农民老李对于农业税取消后算出来的最简单的经济账。但实际上，取消农业税的意义远不止如此。过去农业税征收的时候，基层政府往往搭车收费，与农民关系恶化。现在废止农业税，各种搭车收费也就无所依托，这必将再一次解放农村生产力，促进中国农业发展。

全面取消农业税表明，我国在减轻农民负担，实行工业反哺农业、城市支持农村方面取得了重要突破，这对中国农业发展具有划时代意义。

- 90 -

神舟五号载人航天飞船的返回舱

对中国航天人来说，1992年是值得永远铭记的一年。这年1月，中共中央作出了发展中国载人航天工程的战略决策。经过航天人的不懈努力，短短10余年间，我国的载人航天工程取得了突破性进展，飞船有效载荷应用中心、现代化的航天发射场、航天测控网、飞船着陆场等相继建成。此后，科研人员又相继攻克了环境控制、生命保障等一系列尖端核心技术。

2003年10月15日9时，在酒泉卫星发射中心，"神舟五号"宇宙飞船将我国首位航天员杨利伟顺利送上了太空。飞船在太空绕地球飞行了14圈，历时21小时23分钟，行程约60万千米，中国首次载人航天

飞行取得圆满成功。后来，杨利伟回忆说："中华民族千年飞天梦想在这一天得以实现，我有幸成为中国首位'太空使者'，圆满完成了自己的神圣使命。"

2005年10月12日，我国第二艘

◇ 神舟五号载人航天飞船的返回舱

载人飞船"神舟六号"成功发射，航天员费俊龙、聂海胜被顺利送上太空，并于17日凌晨在内蒙古自治区安全着陆，这标志着我国在发展载人航天技术方面取得了又一个具有里程碑意义的重大胜利。2008年9月25日，我国第三艘载人飞船"神舟七号"成功发射，3名航天员翟志刚、刘伯明、景海鹏顺利升空。27日，翟志刚身着我国研制的"飞天"舱外航天服，进行了19分35秒的出舱活动。中国由此成为世界上第三个掌握空间出舱活动技术的国家。

空间站是人类探索宇宙奥秘最重要的平台之一，空间交会对接的重大突破将为中国2020年左右建成空间站奠定关键技术基础。

2011年11月3日1时，"神舟"八号和天宫一号成功对接，是中国载人航天工程具有标志意义的一步。"神舟"八号，是中国"神舟"系列飞船的第八艘飞船，于2011年11月1日由改进型"长征二号"F遥八火箭顺利发射升空。升空后两天，"神舟"八号与9月29日发射的"天宫一号"目标飞行器进行了空间交会对接。组合体运行12天后，"神舟"八号飞船脱离天宫一号并再次与之进行交会对接试验，这标志着我国已经成功掌握了空间交会对接及组合体运行等一系列关键技术。11月16日18时30分，"神舟"八号飞船与天宫一号目标飞行器成功分离，返回舱于11月17日19时许返回地面。

继掌握天地往返、出舱活动技术之后，随着"神舟八号"飞船和"天宫一号"目标飞行器完成首次"太空相拥"，中国航天人突破了载人航天三大基础性技术的最后一项——空间交会对接技术。从顺利发射、精准对接到准确回收，中国航天人用完美的表现向世界证明——中国，已成为第三个完整独立掌握空间交会对接技术的国家，成功叩开了空间站时代的大门。

2012年6月16日18时37分，载有景海鹏、刘旺、刘洋三位航天员的"神舟"九号载人飞船成功发射。景海鹏担任指令长，刘旺的主要任务是"交会对接操作岗"，刘洋则主要负责空间医学实验，她是进入太空的中国首位女航天员。

"神舟"九号载人飞船的使命，是与此前发射的天宫一号目标飞行器进行中国首次载人空间交会对接，进一步验证自动交会对接技术。同时，还将全面验证目标飞行器保障支持航天员生活工作的功能、性能，以及组合体管理技术，首次实现地面向在轨飞行器进行人员和物资的往返运输与补给，开展航天医学实验及有关关键技术试验。这是中国航天员首次进入在轨运行的航天器，标志着中国载人航天飞行由验证性飞行试验完全过渡到"真正有人参与的空间飞行试验"。

6月18日和24日，"神舟"九号飞船先后与天宫一号实现自动和手控交会对接，于6月29日顺利返回着陆。至此，在美国、俄罗斯成功进行空间交会对接试验40多年之后，中国完整掌握了空间交会对接技术，具备了以不同对接方式向在轨航天器进行人员输送和物资补给的能力。

"神舟"九号的发射及交会对接任务的圆满成功，标志着我国载人航天工程第二步战略目标取得了具有决定性意义的重要进展。这是建设创新型国家取得的新成就，是中国人民在攀登世界科技高峰征程上铸就的新辉煌，是中华民族为人类探索利用外层空间作出的又一卓越贡献。

在实现载人航天飞行的同时，我国在空间探测方面技术也达到了更高的水平。2007年10月24日18时05分，搭载着我国首颗探月卫星"嫦娥一号"的长征三号甲运载火箭在西昌卫星发射中心三号塔架点火成功发射，"嫦娥一号"带着国人的祝福，成功地进行了中国首次"探月"。

2012年12月2日1时30分，"嫦娥三号"月球探测器携带"玉兔号"月球车开始了奔向38万千米之外的月球之旅。中国因此成为继美俄之后人类第三个在月球实施探测器成功软着陆的国家，这标志着中国的自动化机器人技术、远程遥感通讯控制技术进入了世界先进行列。

"嫦娥"寂静无声，梦想已越千年，当我们抬头仰望璀璨星空的时候，自豪感油然而生。从载人航天，到建立空间站，再到登上月球，中华民族迈向太空的脚步一刻没有停止。而静静矗立在《复兴之路》展览中的神舟五号载人航天飞船的返回舱则向世界表明：我们的飞天梦想未有穷期，浩瀚深邃的宇宙空间必将留下我们中华民族更多辉煌足迹。

－ 91 －

青藏铁路建设者使用过的压力锅

在青藏高原地区，由于这里海拔高，普通的锅根本烧不开水，人们经常用高压锅煮饭。高压锅的密封性好，在煮食物时，水蒸气不易外泄，随着水温的升高，水不断地汽化成水蒸气，锅内气压增大，锅内水的沸点也会升高，这样食物容易煮熟。

在《复兴之路》展览中展出的这口高压锅就是中铁十九局在安多火车站的建设者们烧水做饭用的，约重20公斤。安多是青藏铁路进入西藏的第一大客货两用车站，位于海拔4700米高的西藏那曲地区安多县城南站，全长1601米，占地面积14万平方米。

曾几何时，交通运输设施的落后，严重制约了西藏自治区经济、社会的发展。因此，把铁路延伸到西藏，是中华民族的百年宏愿，也是几代铁路建设者的夙愿。1953年，毛

◇ 青藏铁路建设者使用过的压力锅

泽东亲点王震出任铁道兵司令员。从那时起，让铁路跨越昆仑山，便成为每一位铁路建设者不死的信念、永恒的目标。但青藏铁路的建设却走过了一段非常不平凡的历程。

青藏铁路第一期工程东起高原古城西宁，穿崇山峻岭，越草原戈壁，过盐湖沼泽，西至昆仑山下的戈壁新城格尔木。1958年分段开工建设，1984年5月全段建成通车。

随着国民经济发展和西部大开发的不断加快，这条铁路的运输能力已远远不能适应需求。2001年2月8日，国务院批准建设青藏铁路二期工程，它起自青海省格尔木市，终抵西藏自治区首府拉萨市，全长1142千米。其中翻越唐古拉山的铁路最高点海拔5072米，经过常年白雪皑皑的唐古拉山垭口，被誉为"离天空最近的铁路"。铁路修建者们说，在海拔这么高的地方工作，就好像是"站在巨人的肩膀上修铁路"。

美国火车旅行家保罗·泰鲁曾在《游历中国》一书中写道："有昆仑山在，铁路就永远到不了拉萨。"这足以说明修建青藏铁路的难度之大、障碍之多，实属世界铁路建设史上的罕见工程。然而，勤劳勇敢的中国人并没有被众多的困难所吓倒，他们挑战生命极限，破解了多年冻土、高寒缺氧和生态脆弱三大世界难题，将无数奇迹定格在雪域高原。

多年冻土被列为青藏铁路建设"三大难题"之首，冻土对温度极为敏感，在寒冷的季节，冻土会像冰一样冻结，体积随着温度的降低而膨胀；到了夏季，融化的冻土体积又会缩小。冻土的冻结和融化反复交替出现，会使铺建在上面的铁路随着不同季节，出现波浪形高低起伏。铁路建设者们想出了许多办法，如铺设通风管路基、以桥代路、铺设保温板、采用"热棒"技术和遮阳篷结构等多项设施，创造性地解决了冻土施工难题，提高了冻土路基的稳定性。青藏铁路也因此集世界冻土工程措施于一身，被人们称为"世界冻土工程博物馆"。

青藏铁路穿越了可可西里、三江源、羌塘等自然保护区。铁路建设者根据不同情况，采用了各具特色的环保设计和建设方案，把青藏铁路建设成为我国第一条环保铁路。青藏铁路沿线共设置了33处野生动物通道，并根据不同动物的迁徙习性，将通道设计为桥梁下方、隧道上方及缓坡平交三种形式，为保障野生动物的正常生活、迁徙和繁衍，打开了安全通道。现在，可可西里草原上经常可以看到这样的景象：成群结队的藏羚羊在青藏铁路附近自由自在地觅食、追逐、嬉戏，慢悠悠地穿过动物通道，赶往它们的迁徙地。

经过十多万筑路大军历时五年的艰苦奋战，2006年7月1日，青藏铁路格尔木至拉萨段建成通车。为此，中共中央总书记、国家主席、中央军委主席胡锦涛专程前往格尔木出席青藏铁路通车庆祝大会，并发表重要讲话。他指出：青藏铁路的建成通车，"不仅是中国铁路建设史上的伟大壮举，也是世界铁路建设史上的一大奇迹。这一成功实践再次向世人昭示，勤劳智慧的中国人民有志气、有信心、有能力不断创造非凡的业绩，有志气、有信心、有能力屹立于世界先进民族之林。建成青藏铁路这一壮举将永载共和国的史册"。

青藏铁路是目前世界上海拔最高、线路最长的高原铁路。它突破生命禁区，穿越戈壁昆仑，飞架裂谷天堑，以流畅的线条跨越了古老而神秘的世界屋脊，创造了铁路建筑史上的奇迹。在高原各族人民心中，青藏铁路是不折不扣的致富路、团结路和幸福路。正如一首歌中所唱到的："黄昏我站在高高的山冈，盼望铁路修到我家乡，一条条巨龙翻山越岭，为雪域高原送来安康。"

- 92 -

农民工代表康厚明在十一届全国
人大提出的建议

2008年3月5日，作为首次当选的三位农民工代表，康厚明、朱雪芹、胡小燕出席十一届全国人大一次会议，反映他们所代表的一亿多农民工的心声。

康厚明于1963年出生在重庆永川的一个农村家庭，他是老四。"七个孩子就靠父母做农活养活，家庭的艰辛不用说，大家都知道。"康厚明说，1978年国家一改革开放，他就被贫穷逼出了家庭，外出打工补贴家用。和当时大部分的农民工一样，康厚明全国各地到处走，先后到过广州、武汉、西藏等地，干过粮食加工、石工、工程建设等工作。

1997年重庆直辖后，康厚明回到家乡，加入到重庆建工市政公司工作，当时正赶上盘溪河排污工程

的施工关键期。不想，天连降暴雨，突发大水，塌方不断。面对险情，康厚明第一个跳入齐胸深的河水中，堆码土袋，一干就是六个多小时。因为人正直、工作勤奋，康厚明于2002年加入中国共产党，2005年被评为全国劳动模范。汶川大地震发生后，康厚明带领十名农民工兄弟于5月15日晨赶到青川。在抗震救灾中，忘我工作，被建工集团授予"抗震抢险十佳突击手"，被重庆市委评为"抗震救灾优秀共产党员"。

2008年，康厚明担任重庆市城建控股（集团）第一市政工程公司路面处农工班班长。他回忆说："重庆农民工代表的候选人肯定不止我一个。我是由我们公司工会推荐到重庆市总工会，又由市总工会推荐

到重庆市人大参加选举的。我们公司是国有大企业，光农民工就有十几万人。我的材料都是报上去的，代表们可以根据这些材料了解我。另外，我所在的班组比较出名，当过多年先进，我也当选过全国劳动模范。"

在接到通知的那一刻，康厚明身边的20多名工友比他还兴奋，"我正在上班的时候，工友就跟我说，你当了人大代表，今后你要呼吁给我们农民工更好的福利待遇和生活待遇，让我们的工作条件得到改善"。"我们农民工付出的不只是汗水，更多的是辛酸。"康厚明不仅这样说，也是这样做的，他始终把维护农民工的合法权益作为自己的重要责任。在他看来，走进人民大会堂的时候，他身后矗立着一个两亿多人的庞大群体，而他就是这两亿多人的代言人。

来北京之前，康厚明特地到工地上收集工友们的建议。"我提了四个建议，都交上去了。"康厚明表示，他建议关注农民工职业病，加强农民工的劳动保障，加强对农村留守老人小孩的照顾，加强对农民工的培训。

在这次会议上，康厚明提交的建议主要有：

（一）关于加强农民工职业培训的建议。我国当前农民工职业培训仍面临较大困境，为适应城市和市场的发展，适应企业对高素质技术人才的需求，国家应进一步加强对农民工的职业培训。为此，建议增加农村劳动力培训中心，进行高层次多形式的培训，制定相关政策规定等。

（二）关于提高建筑定额人工单价的建议。建筑定额与目前市场的实际情况仍有相当大的差距，直接影响到农民工待遇的规范化和制度化。为此，建议国家按市场价格及时提高建筑定额人工单价，出台相应规定加强监督管理。

（三）关于加强农民工职业病防治的建议。近些年来，严重危害农民工健康的职业病随着农民的增多而呈上升趋势，如果不采取有效的措施，将给农民工、用人单位和国家造成严重的经济负担。为此，建议用人单位改善工作环境、发放防护用品和劳动保健补贴等；职业病管理机关加强对用人单位工作的指导监督等；农民工学习相关职业卫生知识，学会保护自己等。

会后，在接受记者采访时，康厚明说："刚当上人大代表时，我只是感到非常光荣，认为自己把农民工中间存在的问题，向党和政府提些建议就行了。现在，我更关心的不仅仅是农民工，还有国家和社会的发展。回去以后，我要向工友们宣传大会精神，自己还要学习法律、代表职责等知识。这次会上发了很多书，各种手册、法律法规等，我都装了满满一纸箱。我得先把这些东西基本掌握了，才能履行好代表的职责，否则，去跟人家交涉，都不知道该怎么说。"

在第十一届全国人大一次会议上，康厚明、朱雪芹、胡小燕等人提的建议受到温家宝总理的高度评价。肩负着全国亿万农民工的重托，他们一直积极为维护农民工权益鼓与呼，并得到相关部门和全社会的大力支持，不少建议已经变成了现实。

改革开放以来，农民工成为中国工人的重要组成部分，目前中国农民工的总数已超过两亿，占城市

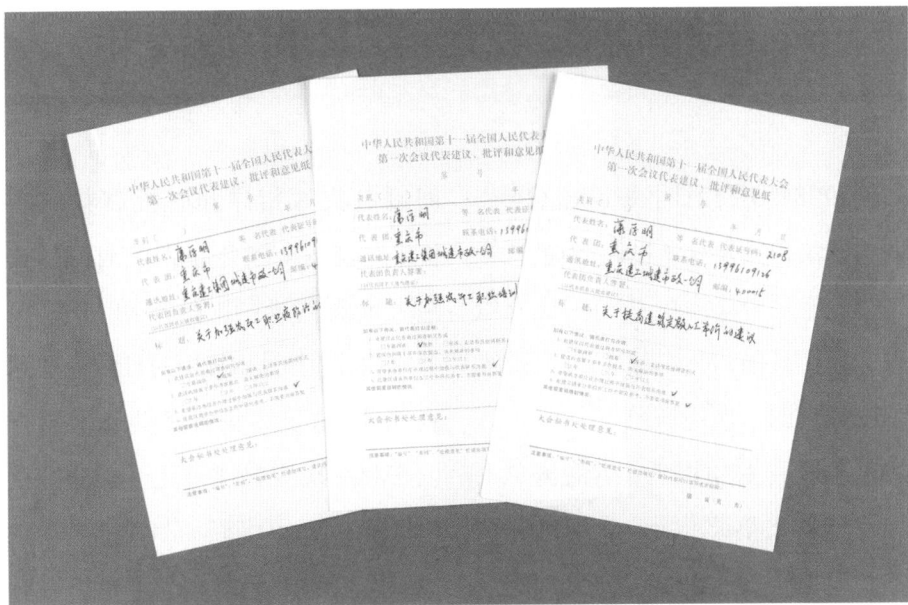

◇ 农民工代表康厚明在十一届全国人大一次会议上提出的建议

劳动力的1/3以上，对经济社会发展贡献很大。从某种意义上说，农民工当选人大代表，本身就意味着广大农民工的诉求将得到更加直接、有效的表达，他们的诉求也必将得到前所未有的尊重，因为这是真正意义上的和谐社会得以实现的基本前提。

随着中国改革开放和城镇一体化步伐的推进，今后必将会有更多农民离开农村，到城市务工。因此，作为一个逐渐为社会所承认的新兴群体，它理应有自己的利益代表和申诉人，体现在人民代表大会制度上，就是应该有农民工中的人大代表。只有在最高国家权力机关增加他们的声音，才更有利于更好保障人民当家做主。

还在十一届全国人大一次会议期间，国家博物馆的同志与康厚明取得联系，顺利收藏了他在会上提出的建议文本，并把它在今天的《复兴之路》展览中展出。

- 93 -

汶川地震赈灾晚会上的捐款箱

2008年5月12日下午14时28分，四川省汶川县发生了里氏8.0级特大地震。这是中华人民共和国成立以来破坏性最强、波及范围最广、救灾难度最大的一次地震。

大地震发生以后，胡锦涛总书记立即作出重要指示，党中央和国务院迅速成立了以温家宝总理为总指挥的抗震救灾总指挥部，第一时间赶赴灾区指导开展抗震救灾工作。为表达全国各族人民对四川汶川大地震遇难同胞的深切哀悼，国务院决定把5月19日至21日设为全国哀悼日，这是中华人民共和国成立以来第一次为普通公民设立全国哀悼日，第一次为平民百姓降半旗。

汶川的大地震振动了我们每一个人，但是更加让我们感到震撼的是灾区人民生命不息、抗争不止的精神，是我们最最亲爱的子弟兵们勇敢向前的铁军精神，是全国人民伸出13亿双手支持灾区的民族团结精神，看到电视上的景象，我们一次次流下了热泪。5月13日，救援人员在一片废墟瓦砾当中发现了一名遇难者，当救援人员确认他已经停止心跳的时候，余震又开始了。救援人员不得不迅速地撤离现场，就在这个时候，救援队的队长以特有的职业敏感又回到了那个废墟当中。因为他看到一名妇女双膝跪地，上身呈匍匐状趴在前面，他确认这样的姿势一定有别的含义，于是又一次地仔细地观察，这时候才发现这名妇女的身下紧紧地护着一个仅仅三四个月大的婴儿，经过努力，婴儿得救了。由于母亲的呵护，这名婴儿毫发未损。当医生给孩子检查的时候，发现在她的襁褓当中有一个手机，上面有一封没有发出的短信。信是这样写的：孩子，如果你能幸免于难的话，你要记住，妈妈爱你！

5月18日，由中宣部、中央外宣办、文化部、国家广电总局、新闻出版总署、解放军总政治部、中国文联、中国作协、中国记协共同发起，中央电视台承办的宣传文化系统抗震救灾大型募捐活动《爱的奉献》于当晚八点在中央电视台现场直播。在《爱的奉献》歌声背景下，中央领导李长春、刘云山、刘延东、陈魁元等同志带头捐款，本次活动共募集善款人民币15亿多。500余名各界名人明星和其他行业代表参加赈灾。晚会见得最多的，就是饱含在主持人、演员、嘉宾眼眶中的泪水，一幕幕平凡却感天动地的场景，一句句朴实却坚定有力的话语，一笔笔

◇ 汶川地震赈灾晚会上的捐款箱

微弱却倾尽全力的善款，都轻易地洗涤着了我们原本变得冷漠的心灵，这一刻，我们是一家人！亲情、友情、爱情，这一刻，都汇聚成中华情！

汶川大地震给四川人民群众的生命财产和经济社会发展造成了巨大损失。但是，在党中央、国务院的坚强领导和亲切关怀下，广大党员干部奋不顾身、舍生忘死、冲锋在前，用鲜血和生命谱写了感天动地的救援篇章，用双手和脊梁挑起了气壮山河的抗灾和灾后重建重担。抗灾中让人感动的故事很多，催人泪下的场景比比皆是。有用自己的奶水喂养孤婴的女民警蒋小娟；有背着病人转移导致自己流产的护士陈晓泸；有用自己的躯体去护佑孩子们的最美女教师袁文婷；有忍着失去10位亲人的巨大悲痛，毅然坚守岗位、认真履行使命的女民警蒋敏；有写好了遗书，从超出平常训练高度5倍以上的5000米高空纵身跃出的15名伞兵；还有冒险挺进灾区，在余震不断的废墟上以命救命的十几万解放军战士。

面对灾难，全国人民万众一心，迸发出了伟大的民族力量。在大灾面前，各级基层党组织迅速成立抗震救灾一线指挥部，团结带领受灾群众开展自救、恢复生产、重建家园，他们在关键时刻成为抗击灾害的中流砥柱、灾区人民的主心骨、受灾群众的贴心人。

中华民族曾经经历过无数次的苦难，但是我们每一次都擦干了眼泪，抬起头颅永远向前。事实已经证明，一轮又一轮的磨难，不但没有压垮中华民族的脊梁，相反万众一心、众志成城、迎难而上、百折不挠已经成为中华民族伟大的时代精神。

- 94 -

北京奥运会开幕式上的缶

2008年8月8日晚上8点，"鸟巢"造型的国家体育场华灯灿烂，流光溢彩。随着开幕式画卷的延伸，激动人心的时刻终于到来。2008名演员整整齐齐敲击着注入现代科技元素的中国古老乐器——缶，大气磅礴的缶阵和"人间哪得几回闻"的缶声，久久震撼着全世界的观众。

北京奥运会开幕式上所用的"缶"是以青铜冰鉴为原型，青铜冰鉴于1977年从湖北随县曾侯乙墓中出土，实为组合器，是由青铜鉴

◇ 北京奥运会开幕式上的缶

和青铜缶套合而成。外套为鉴，鉴为方体，像一个方口的大盆，腹深，平底，四个兽足。缶在其中，缶的外壁和鉴的内壁之间有很大的夹层空间。之所以称为冰鉴，是因为夹层里可以放冰，而缶里则放食物饮料，这就是古代的"小冰箱"。

击缶而歌，不仅仅传递着泱泱华夏的团结奋进，也谱写了中华民族推进和谐世界建设的壮美诗篇。数千年来，爱好和平的中国人创造文明，抗击外侮，靠的就是这种团结奋发的精神。

击缶而歌，展示古代中国悠久的历史传承，深厚的文化底蕴；展示当代中国日新月异、改革开放的豪情壮志；展示一个古老中国和现代中国的完美结合。"有朋自远方来，不亦乐乎？"成为北京奥运会开幕式上最美的迎宾献辞，释放着中国走向世界、拥抱世界的情怀。

中国与奥林匹克运动历经了从疏离、隔绝到慢慢靠近直至热情拥抱的百转千回，既令人感慨，又叫人振奋。现在《复兴之路》展览中展出的这只北京奥运会开幕式上用过的缶，雄辩地向世界证明：中国百年奥运圆梦之路，就是中华民族的自强不息之路，就是中华民族的伟大复兴之路！

20世纪初叶的中国人，被西方人称为"东亚病夫"。这个词最早出自上海《字林西报》（英国人主办的英文报纸）于1896年10月17日登载的一篇文章，作者为英国人。1936年柏林奥运会上，中国申报了近30个参赛项目，派出了69名队员的代表团。在所有的参赛项目中，除撑竿跳高选手进入复赛外，其他人都在初赛中即遭淘汰，最终全军覆没。中国代表团回国途经新加坡时，当地的报刊上发表了一幅外国人的讽刺漫画：在奥运五环旗下，一群头蓄长辫、长袍马褂、形容枯瘦的中国人，用担架扛着一个大鸭蛋，题为"东亚病夫"。从那时开始，"东亚病夫"就成了外国人对中华民族的蔑称。

当时的中国不仅政治、经济病入膏肓，民族心理、国民体魄都存在问题。救亡图存、民族复兴是有识之士的共同奋斗目标。"中国何时能派代表参加奥运会？""中国何时能在奥运会上夺得奖牌？""中国何时才能举办奥运会？"这是1908年天津报刊在一篇题为《竞技运动》的文章中，向所有中国人提出的三个尖锐而痛苦的问题。这就是中国体育史上著名的"奥运三问"。这三问是奥林匹克运动对近代中国产生深远影响的标志性问题。

真正让中国人扬眉吐气的时刻是在改革开放之后的1984年，重回奥运大家庭的中国奥运代表团昂首走进洛杉矶奥运会开幕式会场的时候，世界开始为中国而瞩目。在那届奥运会上，中国运动员一举夺得了15块金牌。许海锋为中国获得了第一块奥运金牌，实现了中国奥运金牌零的突破。

举办奥运会，需要的是国力，需要的是责任。尽管中国曾以一票之差与举办2000年奥运会擦肩而过，但中国人以不屈不挠的精神和意志，终于在2001年7月13日举行的国际奥委会第112次全会上获得2008年第29届夏季奥运会的主办权。从1908年到2008年，中国一步一步地向奥运走来，从一个人，到一队人，再到主办一届奥运会，中国人的奥运梦想一天一天地走向现实。2008年8月8日晚上8时，北京国家体育

场，80多个国家的元首和首脑，204个奥运大家庭成员，1.6万名运动员和教练员，10万名现场观众，数十亿电视观众；东方和西方，中国和世界，我们、你们和他们，一起凝视着，一起见证着奥林匹克和北京今夜的相逢。

我国政府坚持贯彻绿色奥运、科技奥运、人文奥运理念，发挥举国体制作用，依靠广大人民群众，坚持开展国际合作交流，为第29届夏季奥运会的成功举办提供了坚强保障。北京奥运会的巨大成功，广泛弘扬了奥林匹克精神，大力促进了世界各国人民的相互了解和友谊，让"同一个世界、同一个梦想"的口号响彻寰球。

北京奥运会是历史上参赛国家和地区最多的体育盛会，奖牌分布也更加广泛。共有55个国家和地区获得金牌、87个国家和地区获得奖牌。世界各地最优秀的体坛健儿刷新了38项世界纪录和85项奥运会纪录。中国体育健儿取得了51枚金牌、21枚银牌、28枚铜牌的优异成绩，位居金牌榜第一位，创造了中国体育代表团参加奥运会以来的最好成

绩。"这是一届真正的不同凡响的奥运会"，国际奥委会主席罗格评价说。"奥运会的体育和社会遗产让奥林匹克运动最终得益于北京2008：奥运会越来越具广泛性，在促进不同文化和信仰的人们相互理解方面取得了显著的进步"；"促进了奥林匹克运动的普及和不同文化的融合。这是一个伟大的遗产。因为世界体育的重心和中心开始向东方移动！"这是国际奥委会给予2008年北京奥运会最终的高度评价。

北京奥运会圆了中华民族的百年梦想。中国人民以坚韧不拔的执着和努力，实现了中华民族的百年期盼，完成了海内外中华儿女的共同心愿，履行了对国际社会的郑重承诺，赢得了国际社会高度评价，在现代奥林匹克运动史册上深深钤上了彤红的中国印。

- 95 -

从2004年到2010年中央下发的七个一号文件

"三农"问题在中国的改革开放初期曾是"重中之重"，中共中央在1982年至1986年曾经连续五年发布以农业、农村和农民为主题的中央"一号文件"，对农村改革和农业发展作出具体部署。

世纪之交，我国农业和农村发展进入了粮食等主要农产品从长期短缺到总量大体平衡、丰年有余新阶段。但几乎同一时期，工业化、城镇化的"快车"从农村带走大量资源：土地、资金、劳动力……粮食生产出现徘徊、农民增收陷入困境。

随着时代的变迁，"三农"工作提到了前所未有的新高度。2004年2月公布的中央一号文件在时隔18年后重新锁定"三农",拉开了新时期重农、强农、惠农宏伟篇章的序幕。方位决定方略,新时期的"三农"工作,开启了历史性的新航程。对2004年至2010年涉农的中央一号文件的主题进行梳理,有助于我们回顾中央在农村改革和发展方面的政策轨迹。

2004年:千方百计促进农民增收

《关于促进农民增加收入若干政策的意见》。针对近年来全国农民人均纯收入连续增长缓慢的情况,18年后,中央再次把农业和农村问题作为中央"一号文件"的主题。文件要求,要调整农业结构,扩大农民就业,加快科技进步,深化农村改革,增加农业投入,强化对农业支持保护,力争实现农民收入较快增长,尽快扭转城乡居民收入差距不断扩大的趋势。

2005年:提高农业综合生产能力

《关于进一步加强农村工作 提高农业综合生产能力若干政策的意见》。文件要求,要稳定、完善和强化各项支农政策,切实加强农业综合生产能力建设,继续调整农业和农村经济结构,进一步深化农村改革,努力实现粮食稳定增产、农民持续增收,促进农村经济社会全面发展。

2006年:建设社会主义新农村

《关于推进社会主义新农村建设的若干意见》。文件要求,要完善强化支农政策,建设现代农业,稳定发展粮食生产,积极调整农业结构,加强基础设施建设,加强农村民主政治建设和精神文明建设,加快社会事业发展,推进农村综合改革,促进农民持续增收,确保社会主义新农村建设有良好开局。

2007年:发展现代农业

《关于积极发展现代农业 扎实推进社会主义新农村建设的若干意见》。文件要求,发展现代农业是社会主义新农村建设的首要任务,要用现代物质条件装备农业,用现代科学技术改造农业,用现代产业体系提升农业,用现代经营形式推进农业,用现代发展理念引领农业,用培养新型农民发展农业,提高农业水利化、机械化和信息化水平,提高土地产出率、资源利用率和农业劳动生产率，提高农业素质、效益和竞争力。

2008年：强调农业基础设施建设

《关于切实加强农业基础设施建设　进一步促进农业发展农民增收的若干意见》。文件强调，按照统筹城乡发展要求切实加大"三农"投入力度，巩固、完善、强化强农惠农政策，形成农业增效、农民增收良性互动格局，探索建立促进城乡一体化发展的体制机制，并制定一系列政策措施。加强以农田水利为重点的农业基础设施建设是强化农业基础的紧迫任务。

2009年：把保持农业农村经济平稳较快发展作为首要任务

《关于促进农业稳定发展农民持续增收的若干意见》。文件指出，必须切实增强危机意识，充分估计困难，紧紧抓住机遇，果断采取措施，坚决防止粮食生产滑坡，坚决防止农民收入徘徊，确保农业稳定发展，确保农村社会安定。千方百计保证国家粮食安全和主要农产品有效供给，千方百计促进农民收入持续增长，为经济社会又好又快发展继续提供有力保障。

2010年：加大统筹城乡发展力度

《关于加大统筹城乡发展力度　进一步夯实农业农村发展基础的若干意见》。文件指出，当前，我国农业的开放度不断提高，城乡经济的关联度显著增强，气候变化对农业生产的影响日益加大，农业农村发展的有利条件和积极因素在积累增多，各种传统和非传统的挑战也在叠加凸显。面对复杂多变的发展环境，促进农业生产上新台阶的制约越来越多，保持农民收入较快增长的难度越来越大，转变农业发展方式的要求越来越高，破除城乡二元结构的任务越来越重。

中央连续出台的这些一号文件，对于在连续增产增收的基础上确保粮食生产不滑坡、农民收入不徘徊、农村发展好形势不逆转，为经济平稳较快发展和社会和谐稳定继续提供有力支撑，意义重大。

农业是经济社会全局发展的基础支撑。七个中央一号文件贯穿一个主题：始终把"三农"工作放在"重中之重"的地位，因为农业、

◇ 中央下发的七个"一号文件"（2004—2010）

农村、农民问题关系党和国家事业发展全局。从基本要求、基本方略到基本判断，从基本方针到基本任务，七个中央一号文件把统筹城乡发展新理念化作一系列具有里程碑和划时代意义的制度安排。这是一个由"取"向"予"的伟大转折。短短几年间，从粮食直补、农机具购置补贴，到良种补贴、农资综合补贴；从新型农村合作医疗、农村免费义务教育，到农村最低生活保障、新型农村社会养老保险，公共财政的灿烂阳光开始普照农民的生产生活，这也是一个增强活力的生动实践。从全面放开粮食购销市场到农村税费改革，从集体林权制度改革到扶持农业产业化经营，一系列重大改革举措极大激发了广大农民的积极性，增添了农业农村发展的动力和活力。

目前，这七个一号文件正在《复兴之路》展览中展出，透过七个一号文件不难看出，把农业作为安天下、稳民心的战略产业，把农村作为全面建设小康社会的重点难点，是七个中央一号文件一以贯之的主线。

七个中央一号文件，如同七根坚强的柱石，支撑起统筹城乡发展的制度框架，成为我国"三农"发展的旗帜，指明了新时期"三农"工作的奋斗方向，体现了亿万农民群众的共同心愿。

后 记

身为展览项目组成员，在《复兴之路》展览开幕后不久，我就萌发了撰写展览背后故事的想法。然而，由于种种原因，当然更多的是惰性，本书的进展缓慢。幸好有出版社同志的不断督促，才使本书得以付梓。

在撰写、出版过程中，得到了师友、同事的帮助，谨向他们表示感谢。尤其是国家博物馆保管二部的杨红林研究馆员，他提供的图片为本书增色非浅。

由于水平有限、时间投入不足，所以本书错漏之处一定不少，恳请师友、同行和各位读者批评指正。

黄黎

2016年12月12日